Elmar Brähler und Hans-Jürgen Wirth (Hg.)
Entsolidarisierung

AF611831

Reihe »Forschung psychosozial«

Elmar Brähler und
Hans-Jürgen Wirth (Hg.)

Entsolidarisierung

Die Westdeutschen am Vorabend
der Wende und danach

Psychosozial-Verlag

Die Deutsche Bibliothek - CIP-Einheitsaufnahme
Entsolidarisierung: die Westdeutschen am Vorabend der Wende und danach / Elmar Brähler und Hand-Jürgen Wirth (Hg.). - Gießen : Psychosozial-Verl., 2000
(Reihe „Forschung psychosozial")
ISBN 978-3-89806-042-4

© 2000 Psychosozial-Verlag
E-Mail: info@psychosozial-verlag.de
www.psychosozial-verlag.de
Erste Auflage im Westdeutschen Verlag, Opladen
Alle Rechte, insbesondere das des auszugsweisen Abdrucks und das der photomechanischen Wiedergabe, vorbehalten.
Umschlagabbildung: Roehrbein (Der Spiegel, Nr.10, 1999)
Umschlaggestaltung: Till Wirth nach Entwürfen des Ateliers Warminski, Büdingen
ISBN 978-3-89806-042-4

Vorwort zur 2. Auflage

Wir freuen uns, daß fünf Jahre nach Erscheinen der ersten Auflage eine zweite Auflage des vorliegenden Buches erscheinen kann. Obgleich das Buch auf einer Befragung der Westdeutschen direkt vor der Wende basiert bzw. auf Untersuchungen in Ost und West kurz nach der Wende, so haben die in diesem Buch versammelten Beiträge doch eine verblüffende Aktualität behalten. Bis heute sind über 5000 Bücher mit insgesamt 23.000 Literaturstellen über die Vereinigung erschienen (www.wiedervereinigung.de). Doch es stellt sich immer mehr heraus, daß Hoffnungen oder Erwartungen nach der Wende sich nicht erfüllt haben und die Situation in Ostdeutschland und zwischen Ost- und Westdeutschen noch längst nicht zufriedenstellend ist, ja daß es sogar Tendenzen gibt, daß die viel besprochene Mauer in den Köpfen bzw. die Gräben zwischen Ost und West höher bzw. tiefer werden. Zehn Jahre nach der Vereinigung ist eine ernüchternde Bilanz zu ziehen. Obgleich sich die Lebensbedingungen in den neuen Ländern auch im Vergleich zu den Nachbarländern Tschechien und Polen sehr verbessert haben, so ist doch eine tiefe Unzufriedenheit in den neuen Ländern vorhanden. Statt der erwarteten gerechten Welt, in der der Staat gleiche Lebensbedingungen für alle durchsetzt, fühlt man sich im Osten nun benachteiligt und erinnert sich mit Wehmut an die positiven Seiten der untergegangenen DDR, die man sich zwar nicht mehr zurückwünscht, doch deren heimelige Wärme man gern wieder hätte. Daß die Entwicklung so schief gelaufen ist, liegt unseres Erachtens vor allem begründet im Zustand der Menschen der ehemaligen Bundesrepublik zum Zeitpunkt der Wende. Genau dies ist ja auch Thema des vorliegenden Buches. Die Westdeutschen wurden zu einem ungünstigen Zeitpunkt unerwartet von der Wiedervereinigung getroffen. Sie hatten eine Entwicklung in den 80er Jahren durchgemacht zu einer Ellbogengesellschaft, in der Solidarität mit Schwächeren nicht mehr angesagt war. »Sie nahmen die Kälte nicht wahr«, wie es in dem Titel eines Beitrages des vorliegendes Buches heißt. Der in dem Buch beschriebene Grundzustand der Westdeutschen zum damaligen Zeitpunkt ist der Schlüssel für die ungünstigen Entwicklungen, die nach der Wende im Verhältnis von Ost und West eingetreten sind. Inzwischen gibt es jedoch Anzeichen, daß im Westen eine Rückkehr vom Egokult stattfindet (vgl. Oliver Decker und Elmar Brähler (Hg.): Deutsche – 10 Jahre nach der Wende. *psychosozial* 80, 23. Jhg., 2000) und daß, nachdem der Westen dem Osten eine ziemlich ungezähmte Spielart des Kapitalismus gebracht hat, nun die eher solidarischen Verhaltensweisen der Ostdeutschen zu einer Vorbildfunktion für die Westdeutschen werden könnten.

Leipzig und Gießen, im Juni 2000

Elmar Brähler und Hans-Jürgen Wirth

Inhalt

Vorwort

In den Jahren nach der Vereinigung ist es üblich geworden, einen großen Teil der gesellschaftlichen Entwicklung und der gesellschaftlichen Phänomene in den alten Bundesländern als Folge der Vereinigung zu beschreiben.

So wird häufig das Wiedererstarken des Nationalismus in Deutschland auf die Vereinigung zurückgeführt. Nach 1945 vermochte es der demokratische Rumpfstaat BRD zwar, sich an die Spitze der Weltwirtschaftsmächte emporzuarbeiten und erwirtschaftete einen Lebensstandard, der zu den höchsten in der Welt zählt, beschied sich aber auf der weltpolitischen Bühne mit einer Statistenrolle. Die BRD zeichnete sich jedenfalls nicht durch größere weltpolitische Ambitionen aus, sondern übte sich in der besonders treuen Gefolgschaft zum großen Partner USA. Durch die Vereinigung, so lautet eine populäre These, sei nun nach 1989 so etwas wie nationaler Größenwahn entstanden.

Eine ähnliche Argumentationslinie existiert hinsichtlich der in den letzten Jahren aufbrechenden Fremdenfeindlichkeit. Auch diese sei eine Folge der Vereinigung: Die alten Bundesländer seien durch die latente, unter dem Deckmantel der "internationalen Solidarität" nur mühsam verborgene Fremdenfeindlichkeit in der ehemaligen DDR, gleichsam infiziert worden. Außerdem werde die untergründige Ablehnungshaltung der Westdeutschen ihren neuen (und zugleich alten) Brüdern und Schwestern gegenüber auf die "wirklich Fremden" verschoben.

Beiden weit verbreiteten Ansichten liegt die Überzeugung zugrunde, daß es durch die Wiedervereinigung zu einer Überforderung der Westdeutschen gekommen sei. Die finanziellen Einbußen, hervorgerufen durch die Transferleistungen von West nach Ost, hätten zu einer Verschlechterung der Lebensbedingungen geführt. Die Solidarität habe sich als Folge von Überforderung aufgelöst und als weitere Folge die Fremdenfeindlichkeit hervorgebracht.

Die zentrale These dieses Buches ist nun, daß die Entsolidarisierung der Westdeutschen nicht erst nach der Wende stattgefunden hat, sondern daß diese Entwicklung schon weitaus früher (wir vermuten mit Beginn der Ära Kohl ab 1982) einsetzte und zum Zeitpunkt der Vereinigung bereits an einem Höhepunkt angelangt war. Wir glauben, diese These belegen zu können anhand einer empirischen Untersuchung, die fast zeitgleich mit der Wende 1989 durchgeführt wurde. In einer Repräsentativbefragung wurden über 2000 Westdeutsche nach ihren Einstellungen zur Zukunft, nach ihrer Einstellung zu den Gewerkschaften, ihrer Einstellung zu Randgruppen, nach Persönlichkeitsmerkmalen und nach vielen anderen Bereichen befragt.

Im ersten Teil des Buches werden die Einzelaspekte dieser Untersuchung dargestellt.

Im ersten Beitrag von Brähler und Richter wird deutlich, daß sich das Selbstkonzept der Deutschen seit 1975 gravierend verändert hat, und zwar in Richtung auf mehr narzißtische Ellbogenmentalität und weniger soziale Rücksichtnahme. In ihrem zweiten Beitrag beschreiben Brähler und Richter das Selbstkonzept von Republikaner-Wählern im Jahre 1989. Sie arbeiten heraus, daß die Republikaner-Wähler an der Spitze der gesellschaftlichen Entwicklung zu mehr Ellbogenmentalität stehen. Zu dem damaligen Zeitpunkt hatten die Republikaner genauso viele Anhänger wie heute. Das heißt, das Erstarken rechter Wählerschichten ist nicht als Folge der Vereinigung zu betrachten, sondern die Vereinigung erfolgte zu einem Zeitpunkt, als in Westdeutschland rechte Auffassungen bereits hoffähig waren.

Während die Republikaner-Wähler gekennzeichnet sind durch ein hohes Maße an Autoritarismus, gepaart mit Gefügigkeit, zeigen die Grünen, die in dem Artikel von Brähler portraitiert werden, ein hohes Ausmaß an Dominanz und an antiautoritären Einstellungen. Besonders auffallend ist die Dominanz der Grünen-Wählerinnen und die große Depressivität der Grünen-Wähler. Die depressiven Neigungen der männlichen Grünen-Wähler kann man allerdings - das sei ausdrücklich betont - auch als Fähigkeit zur Selbstreflexion interpretieren.

In dem Beitrag von Brähler, Köhl und Wirth zeigt sich, daß die Deutschen 1989 mit sehr viel Sorge in die Zukunft blickten, vor allem, was die wirtschaftliche Entwicklung anging.

Brähler und Wirth beschreiben in ihrem Beitrag, daß die Gewerkschaft offensichtlich kein Hort der Solidarität mehr ist. Lediglich die Gewerkschafterinnen zeichnen sich noch durch ein solidarisches Selbstverständnis aus. In dem Beitrag von Wirth und Brähler werden darüber hinaus noch weitere Differenzierungen vorgenommen, indem verschiedene Typen von Gewerkschaftlern dargestellt werden, die vom rot-grünen Gewerkschaftler bis zum konservativen Gewerkschaftsmitglied reichen.

Hinsichtlich der Solidaritätsbereitschaft schneiden in einem weiteren Beitrag von Wirth und Brähler auch die Kirchenmitglieder, von denen man eigentlich annehmen müßte, daß sie als Gralshüter der Solidarität zu gelten hätten, sehr schlecht ab. Gemessen an ihrem Anspruch scheinen die Kirchen kaum Einfluß auf ihre Mitglieder in Richtung auf christliche Solidaritätsprinzipien auszuüben.

Vorurteile gegen Fremde und Fremdenfeindlichkeit sind auch nicht erst ein Produkt der Nachwendezeit, wie in dem Artikel von Köhl und Schürhoff nachgewiesen wird. Vielmehr waren Vorurteile gegen alle Formen der Randgruppen bereits 1989 sehr verbreitet, insbesondere auch bei Kirchenmitgliedern und Gewerkschaftlern, bei denen man zunächst eine andere Haltung vermuten würde.

In dem Beitrag von Brähler und Wirth über die Entwicklung der jüngeren Generation seit 1975 wird deutlich, daß sich auch die Generation der 18-27jährigen von 1975 bis 1989 dem allgemeinen Trend zur Ellbogengesellschaft nicht entziehen konnte. Während früher vor allem junge Leute mit höherem Bildungsgrad sich solidarisch verhielten oder fühlten, ist dies 1989 nicht mehr der Fall. Hier findet man Relikte eines solidarischen Selbstverständnisses eher noch rudimentär bei Hauptschülern. Bemerkenswert ist allerdings auch, daß in der jüngeren Generation der gut Gebildeten autoritäre Denkmuster an Bedeutung verlieren.

In dem Artikel von Brähler, Wirth und Scheer wird ein Vergleich gezogen zwischen Studierenden 1968 und 1989. Hier zeigt sich, daß die Studenten ihre Avantgarde-Funktion inzwischen verloren haben, da sich die Durchschnittsbevölkerung den avantgardistischen Orientierungen von '68 in vielerlei Hinsicht angeglichen hat.

Im zweiten Teil des Buches werden aktuelle Ost-West-Aspekte behandelt. Schauenburg beschreibt die unterschiedlichen Zukunftserwartungen und Kontrollüberzeugungen von Studierenden in Ost und West. Brähler untersucht die Lebenszufriedenheit, die körperliche Befindlichkeit und das erinnerte elterliche Erziehungsverhalten von Studierenden in Ost und West. In beiden Beiträgen werden die unterschiedlichen Sozialisationsverläufe in Ost und West verdeutlicht. Geyer und andere beschreiben die Veränderungen sozialer und gesundheitlicher Parameter nach der Vereinigung im Ost-West-Vergleich.

Michael Geyer charakterisiert anschließend die ehemals Westdeutschen aus der Sicht eines ehemals Ostdeutschen. Dabei ist der Titel "Sie nehmen die

Kälte nicht wahr" nicht nur metaphorisch gemeint. Hans-Jürgen Wirth beschreibt die Vereinigung der beiden deutschen Staaten als "Szenen einer Ehe", und zum Abschluß führt Horst-Eberhard Richter aus, daß sich nur durch die selbstkritische Rücknahme von Projektionen die Fähigkeit zur Versöhnung entwickeln kann.

Wir möchten an dieser Stelle Frau Knöß und Frau Klingauf für die Gestaltung von Manuskripten danken, Herrn Till Wirth für die graphische Gestaltung. Unser besonderer Dank gilt der Hans-Böckler-Stiftung, die durch ihre finanzielle Unterstützung erst die Untersuchungen möglich gemacht hat, die im ersten Teil beschrieben wurden.

Gießen/Leipzig, im September 1994

Elmar Brähler, Hans-Jürgen Wirth

1. Die Westdeutschen am Vorabend der Wende

Die Westdeutschen am Vorabend der Wende

Wie hatten sie sich seit 1975 verändert?

Elmar Brähler und Horst-Eberhard Richter

Einleitung

Im Juni und Juli 1989, am Vorabend der Wende, wurden nach 1968 und 1975 die 18- bis 60jährigen Bundesbürger zum dritten Mal mit dem Gießen-Test befragt, wie sie sich selber psychologisch sehen. Die repräsentative Erhebung wurde vom Institut GFM-GETAS vorgenommen und am Zentrum für Psychosomatische Medizin in Gießen, wo der Test entwickelt worden war, ausgewertet.

Hauptziel der durchgeführten Untersuchung war, die Einstellung der Bundesbürger zu den Gewerkschaften und zu den Aufgaben der Gewerkschaften zu erkunden sowie die Einschätzung zur politischen und wirtschaftlichen Situation zu erfragen und etwas über die Zukunftserwartungen der Bundesbürger zu erfahren (vgl. Brähler, Köhl, Wirth in diesem Band).

Die folgende Analyse befaßt sich mit dem Vergleich der Westdeutschen zwischen 1975 und 1989. Wie anders sahen sich 1989 die Frauen, die Männer, die Jüngeren, die Älteren, und welchen Einfluß hatten Bildungsunterschiede? Zunächst werden jedoch die Gesamtstichproben betrachtet: In welcher psychologischen Verfassung befanden sich die Westdeutschen am Vorabend der Wende, und in welche Richtung war der Gesamttrend seit 1975 gegangen?

Stichproben und Methoden

Die Erhebung 1975 fand im Rahmen eines größeren Forschungsprojektes zur Arzt-Patient-Beziehung statt. Zur Grundgesamtheit gehörten alle während des Befragungszeitraumes (6.5.-2.7.1975) in der Bundesrepublik und in West-Berlin in Privathaushalten lebenden Personen zwischen 18 und 60 Jahren. Die Erhebung an insgesamt 1601 Personen wurde von Infratest (München) durchgeführt.

Die Erhebung 1989 wurde vom Meinungsforschungsinstitut GFM-Getas (Hamburg) durchgeführt. Zur Grundgesamtheit gehörten alle während des Befragungszeitraumes (3.6.-11.7.1989) in der Bundesrepublik und in West-Berlin lebenden deutschen Bundesbürger im Alter von über 18 Jahren. Die realisierte Stichprobe betrug n = 2025 Personen.

Die Auswahl der Befragungspersonen erfolgte in beiden Erhebungen durch eine mehrstufige geschichtete Zufallsstichprobe, die in bezug auf Alter, Geschlecht, Gemeindegrößenklasse und Bundesland an die amtliche Bevölkerungsstatistik angeglichen wurde. Nach Bericht der Interviewer verliefen beide Befragungen problemlos. Die Summe der systematischen Ausfälle betrug 1975 25 % und 1989 34 %, wobei vor allem die Verweigerungsquote stark angestiegen ist von 3,8 % auf 9,8 %. Genauere Angaben zu den Erhebungen finden sich bei Beckmann u. a. 1983 und 1991.

Für die nachfolgenden Betrachtungen sind die über Sechzigjährigen ausgelassen, um die Vergleichbarkeit mit den früheren repräsentativen Erhebungen von 1968 und 1975 zu erhalten, bei denen eine spezielle Fragestellung zu dieser Altersbegrenzung geführt hatte. Diese Stichprobe umfaßt daher 1575 Personen zwischen 18 und 60 Jahren.

In beiden Erhebungen wurde zur Erfassung des Selbstkonzeptes der Gießen-Test eingesetzt (vgl. Beckmann u. a. 1983, 1991). Der Gießen-Test (GT) weicht von üblichen Persönlichkeitsfragebögen ab, da vom Ansatz her psychoanalytische und sozialpsychologische Gesichtspunkte berücksichtigt. Der GT dient der Erfassung des Selbstkonzeptes einer Person. Mit der Beantwortung des Fragebogens entwirft der Proband ein Selbstbild von sich anhand von 40 Items, die bipolar 7stufig formuliert sind. Dadurch können die Befragten ihr psychologisches Selbstportrait sehr differenziert beschreiben im Unterschied zu Ja/Nein-Fragebögen. Der GT enthält Fragen nach:

- der emotionalen Befindlichkeit wie Ängstlichkeit, Grundstimmung und Selbstkontrolle,
- Ich-Qualitäten wie Introspektion, Phantasie, Durchlässigkeit etc.,
- elementaren Merkmalen des sozialen Befindens wie Nähe, Abhängigkeit, Vertrauen u.a.,
- sozialen Reaktionen und sozialer Resonanz.

Der Gießen-Test ist in der Bundesrepublik nach dem MMPI und dem Freiburger Persönlichkeitsinventar der am häufigsten verwendete. Fragebogen zur Psychodiagnostik. Inzwischen liegt eine große Anzahl von Untersuchungen mit dem Gießen-Test vor. Uns sind momentan über 1000 Publikationen bekannt, in denen über Untersuchungen mit dem Gießen-Test berichtet wurde (vgl. Brähler 1991). Die Anwendungsgebiete liegen z.B. bei psychosomatischen und bei psychoneurotischen Erkrankungen, in der Familientherapie und der Sozialtherapie, in der forensischen Psychiatrie, bei Suchterkrankungen, bei neurologischen Störungen, in der Psychoonkologie, in der Sozialpsychologie, in der Soziologie und in der differentiellen Psychologie.

Der Gießen-Test wurde inzwischen in mehr als ein Dutzend Sprachen übersetzt und wird international vielfältig genutzt.

Ergebnisse

Bei 20 der 40 Items kommt es von 1975 bis 1989 zu hochsignifikanten Veränderungen ($p < 0.001$).

Ein Entwicklungszug sticht besonders hervor. Das ist der erhöhte Drang, sich egozentrisch kämpferisch durchzusetzen. Mehr als 14 Jahre vorher glaubten die Menschen im deutschen Westen 1989:

- Ich bin stark daran interessiert, andere zu übertreffen (vgl. Abb. 1).
- Ich bin im Vergleich zu anderen besonders eigensinnig.
- Ich gerate besonders häufig in Auseinandersetzungen mit anderen Menschen.
- Ich neige eher dazu, meinen Ärger abzureagieren.
- Ich mache mir selten Selbstvorwürfe.
- Ich mache mir verhältnismäßig selten Sorgen um andere Menschen (vgl. Abb. 2).
- Eine Änderung meiner äußeren Lebensbedingungen würde meine seelische Verfassung wenig beeinflussen.

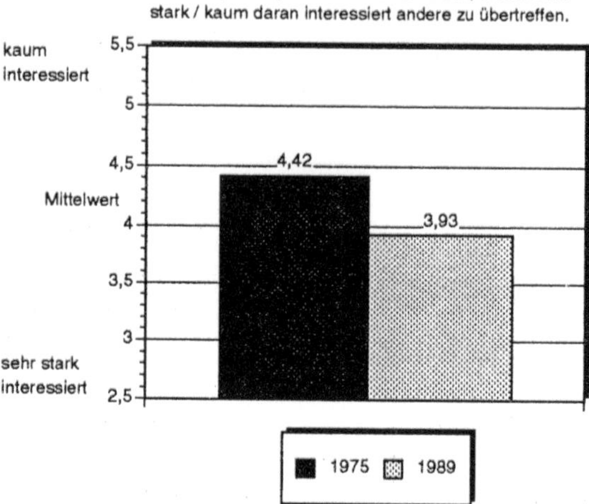

Abb. 1 - (Item 7): Ich habe den Eindruck, ich bin sehr stark / kaum daran interessiert andere zu übertreffen.

Hier also ist der Unterschied zu 1975 besonders markant. Es geht um mehr Ehrgeiz in der Rivalität, um mehr aggressive Selbstbehauptung. Man macht seinem Ärger leichter nach außen Luft, leistet sich dafür weniger Selbstkritik. Scharf pointiert könnte man sagen: Mehr narzißtische Ellbogenmentalität, weniger soziale Rücksichtnahme. Man hat weniger Skrupel, Unmut auf andere abzuladen. Dazu paßt auch, daß die Menschen heute anders als damals glauben, sich eher selten große Sorgen um andere zu machen.

Individuelle Selbstverwirklichung geht also anscheinend über alles. Um sich diese zu verschaffen, ist man weniger zimperlich oder - anders formuliert -

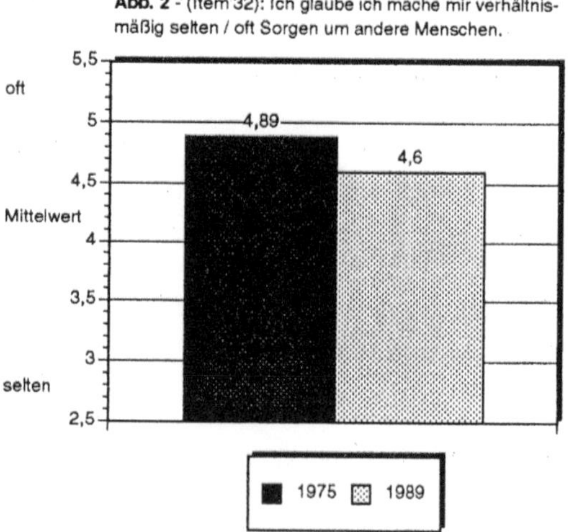

Abb. 2 - (Item 32): Ich glaube ich mache mir verhältnismäßig selten / oft Sorgen um andere Menschen.

bringt man weniger soziales Mitgefühl auf. Und das läßt schon aufhorchen. Denn schließlich ist die Bereitschaft zu mitfühlender Anteilnahme, zu Mitleid, nach Schopenhauer die Grundlage aller Tugenden der Menschlichkeit.

Wo immer wir diesen Befund auch diskutierten, bekamen wir zu hören: Das kann doch auch gar nicht anders sein. Warum? Da heißt es: So ist nun einmal die Gesellschaft. Unerbittlicher Wettbewerb; wer nicht mitkommt, wird abgehängt. Also braucht man eine gesunde Härte und muß mit seinen sozialen Gefühlen sparsam umgehen. Aber ist es so, daß dieser Trend nur von dem Rivalitätsprinzip der Wirtschaft bestimmt wird? Oder definieren sich die Menschen nicht schon von sich aus nach einem Leitbild egozentrischer Größe und Stärke?

Wenn das soziale Mitgefühl zurückgeht, könnte das heißen, daß sich die Menschen allgemein verhärtet hätten und verschlossener geworden wären. Aber offenbar betrifft die Schrumpfung nur die fürsorglichen Gefühle. Im übrigen sahen sich die Bundesdeutschen 1989 weniger gehemmt und befangen als 1975. Mehr als damals glaubten sie 1989, daß sie:

- anziehend wirken und beliebt sind (vgl. Abb. 3),
- gut schauspielern können,
- eher viel von sich preisgeben und aus sich herausgehen,
- viel von ihren Liebesbedürfnissen zeigen (vgl. Abb. 4) und
- in der Liebe auch intensiv erlebnisfähig sind.

Abb. 3 - (Item 16): Ich schätze, es gelingt mit eher schwer / leicht, mich beliebt zu machen.

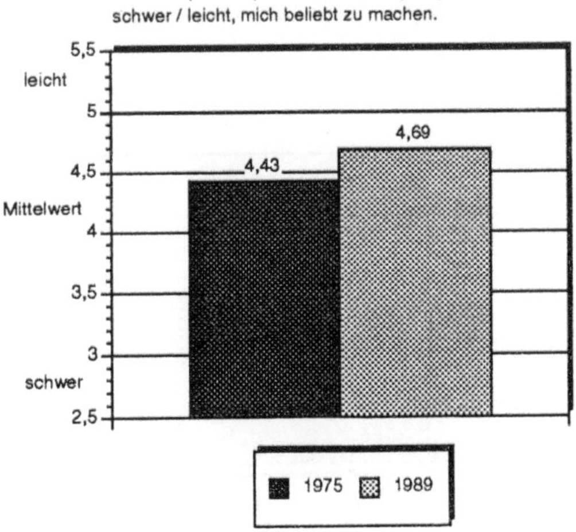

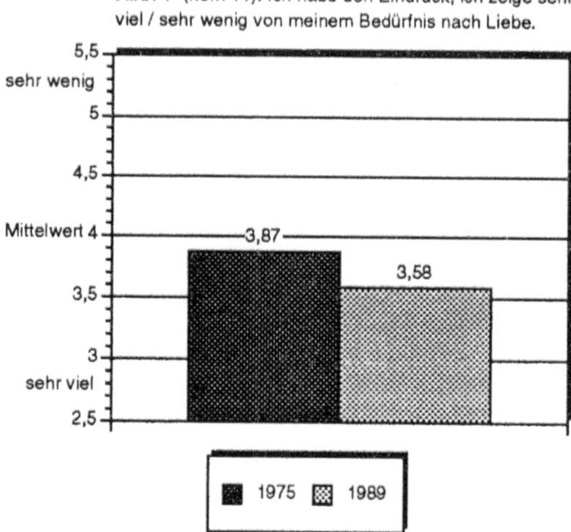

Abb. 4 (Item 11): Ich habe den Eindruck, ich zeige sehr viel / sehr wenig von meinem Bedürfnis nach Liebe.

Also ist ganz klar, daß von der Einschränkung lediglich die karitativen Gefühle betroffen sind. Im übrigen sahen sich die Deutschen 1989 lockerer, freier in ihren Ausdrucksmöglichkeiten. Sie verbargen nicht, daß man sie gernhaben soll. Und im erotischen Bereich konnten sie sich augenscheinlich besser ausleben als früher.

Weniger Kontrolle, mehr Bequemlichkeit scheinen zu bedeuten, daß man das klassische Image des deutschen Volkscharakters revidieren müßte: Es sah ganz danach aus, als würden sich die Menschen hierzulande weniger als früher 'zusammenreißen', als würden sie sich mehr 'gehen lassen'. Denn unsere Befragten meinten im Durchschnitt, daß sie:

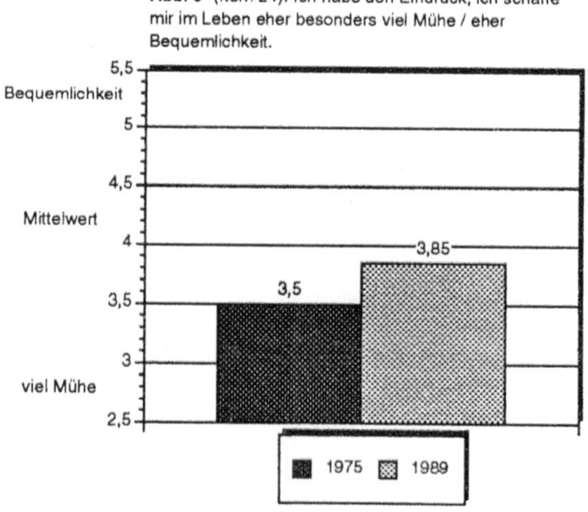

Abb. 5 (Item 24): Ich habe den Eindruck, ich schaffe mir im Leben eher besonders viel Mühe / eher Bequemlichkeit.

- sich weniger Mühe als Bequemlichkeit schaffen (vgl. Abb. 5),
- eher schlecht mit Geld umgehen können,
- und daß man mit ihrer Arbeitsleistung eher unzufrieden ist.

Sollten die Deutschen sich 1989 also weniger anstrengen, sollten sie träger und unordentlicher geworden sein? Vielleicht aber waren sie vorher eher übereifrig und überordentlich.

Auch ein anderes für typisch gehaltenes deutsches Merkmal schien sich abzuschwächen, nämlich der Hang, grübelnd in sich zu gehen. Häufiger wird 1989 gesagt:

- Ich mache mir eher selten über meine inneren Probleme Gedanken (vgl. Abb. 6),
- ich halte mich selten für bedrückt.

Abb. 6 (Item 5): Ich habe den Eindruck, daß ich mir eher selten, / besonders häufig Gedanken über meine inneren Probleme mache.

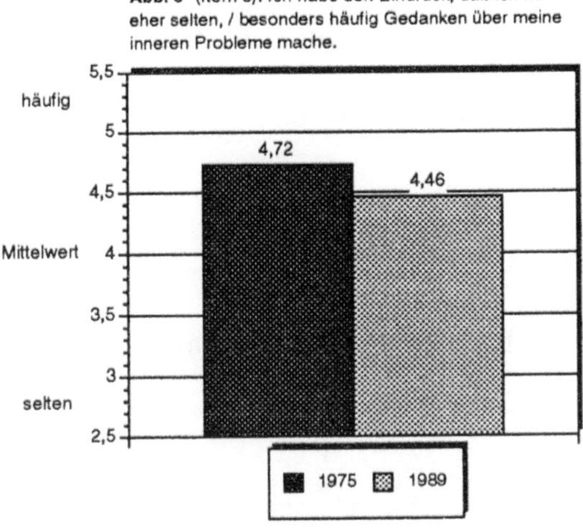

So sehr überraschen kann das nicht mehr, nachdem insgesamt zahlreiche Hinweise dafür sprechen, daß man sich neuerdings intensiver nach außen auslebt. Der Trend geht in Richtung Extraversion. Läßt man seinen Unmut leichter an anderen aus, wie zugestanden wird, dann macht man sich automatisch weniger selbstkritische Gedanken. Wem die kämpferische Selbstdurchsetzung über alles geht, der verschwendet nicht gern Energien für die Beschäftigung mit seiner Innenwelt. So werden ja heute auch leicht nachdenkliche Grübler als langweilige Träumer und Spinner bespöttelt. Attraktiv sind die Entertainer-Typen, die lockeren Macher.

- Höherer Bildungsgrad (mindestens Mittlere Reife) verbindet sich mit dem Wunsch, sich aggressiv durchzuboxen. Denn diese Schicht bekennt vergleichsweise noch mehr Konkurrenzehrgeiz, Dominanzwünsche, Eigensinn, Verwicklung in Auseinandersetzungen, äußere Abfuhr von Ärger.
- Erstaunlich fällt der Vergleich zwischen den Geschlechtern aus. Nachdem sich zwischen 1968 und 1975 die Männer stärker psychologisch verändert und die Frauen sich weniger von der Stelle gerührt hatten (vgl. Beckmann u. a. 1983), wird der Wandel seit 1975 eindeutig von den Frauen bestimmt.
- Gesamteindruck: Die Frauen fühlen sich neuerdings selbstsicherer und stärker. Ihre Ängstlichkeit - 1975 noch ein sehr markantes Merkmal - ist erheblich zurückgegangen. Die jungen Frauen sahen sich 1989 schon nahezu genauso dominant wie die jungen Männer. Ihre Tendenz, andere übertreffen zu wollen, hat relativ noch stärker als bei den Männern zugenommen.

In den nachfolgend genannten Eigenschaften haben sich die Männer seit 1975 nur unbedeutend oder gar nicht verändert, während die Frauen bei sich einen deutlicheren Unterschied sehen, nämlich in Richtung:

- größere Ausgeglichenheit in der Stimmung,
- mehr Nähe zu anderen Menschen,
- reichere Phantasie,
- offenerer Ausdruck von Liebesbedürfnissen (vgl. Abb. 7),
- leichter ausgelassen sein können,
- eher stärker wirkend (vgl. Abb. 8).

Wenn die Frauen im Vergleich zu den Männern immer noch sagen, daß sie

Abb. 7 (Item 11): Ich habe den Eindruck, ich zeige sehr viel / sehr wenig von meinem Bedürfnis nach Liebe.

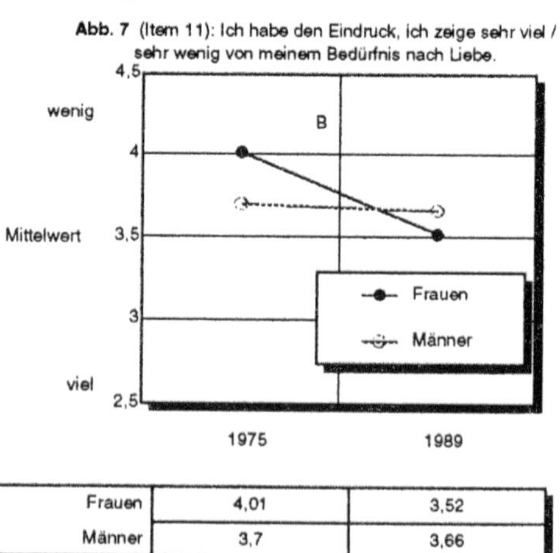

	1975	1989
Frauen	4,01	3,52
Männer	3,7	3,66

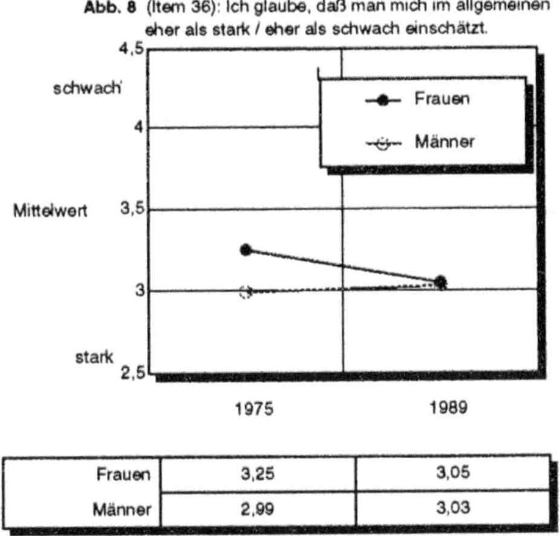

Abb. 8 (Item 36): Ich glaube, daß man mich im allgemeinen eher als stark / eher als schwach einschätzt.

	1975	1989
Frauen	3,25	3,05
Männer	2,99	3,03

sich relativ häufiger bedrückt fühlen (vgl. Abb. 9), so bleibt unentschieden, ob man dies als größere emotionale Instabilität bewerten will oder als Fähigkeit, bedrückende Erfahrungen sensibler und weniger verdrängend zu verarbeiten.

Bei acht von 20 Fragen, die 1975 von den Geschlechtern unterschiedlich beantwortet wurden, ist diese Differenz 1989 verschwunden. Aber in zwei Fragen gibt es einen neuen Unterschied:

- Heute fühlen sich die Frauen jugendlicher,
- und sie empfinden sich als attraktiver.

Ob man nun die Frauenbewegung als Ursache oder als Symptom einer allge-

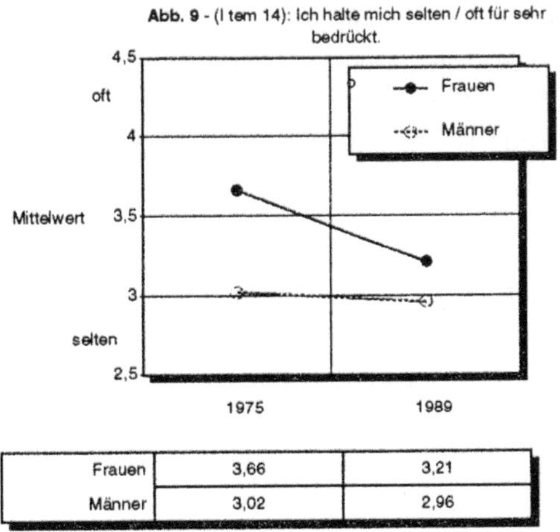

Abb. 9 - (I tem 14): Ich halte mich selten / oft für sehr bedrückt.

	1975	1989
Frauen	3,66	3,21
Männer	3,02	2,96

meinen Tendenz versteht - Tatsache ist, daß sich der traditionelle Geschlechtergegensatz schach/stark, gefügig/dominant mehr verwischt. Ganz allgemein sehen sich die Frauen im Unterschied zu 1975 weniger gehemmt und befangen.

Dabei erscheinen sie nach wie vor sozialer und zugleich selbstkritischer: Ihrer Selbstdarstellung nach sorgen sie sich immer noch erheblich mehr um andere Menschen als die Männer. Sie sind auch eher als diese bereit, über ihre inneren Probleme nachzudenken.

So erscheint es im ganzen nicht vermessen, in ihnen eher die gesellschaftlichen 'Hoffnungsträger' zu erblicken. Denn ohne ihre die männliche Ellbogenmentalität ausbalancierende soziale Sensibilität wäre es um die psychologischen Voraussetzungen zur Durchsetzung von mehr Humanität und ökologischer Rücksicht in der Gesellschaft nicht gut bestellt.

Welchen Einfluß hat das Alter auf die Psychologie der Deutschen? Wir bezeichnen als Jüngere die 18- bis 34jährigen, als Ältere die 35- bis 60jährigen. Insgesamt hat sich der Unterschied zwischen diesen Altersgruppen verringert. Nur noch bei 19 Fragen gegenüber 26 von 1975 sind die Antworten altersabhängig. Nach wie vor aber bleibt eine Reihe von altersspezifischen Zügen sichtbar.

Mehr als die Jüngeren glauben die Älteren neuerdings, daß sie:

- sich im Leben mehr Mühe machen,
- eher besonders ordentlich sind,
- eher gut mit Geld umgehen können,
- nicht leicht ausgelassen sein können,
- weniger von ihren Liebesbedürfnissen zeigen und auch weniger intensiv in der Liebe erlebnisfähig sind,
- im Umgang mit dem anderen Geschlecht eher befangen sind,
- sehr engen Anschluß an einen anderen Menschen eher meiden,
- weniger Wert darauf legen, schön auszusehen, und
- äußeren Lebensbedingungen mehr Einfluß auf ihre seelische Verfassung einräumen.

Die meisten dieser Altersunterschiede überraschen wenig. Man erwartet, daß Älterwerden gleichbedeutend sei mit Ruhigerwerden, daß die Impulsivität zurückgehe und die Selbstkontrolle zunehme. Auch hält man es für normal, daß Ältere weniger Wert auf attraktives Aussehen legen. Aber verstehen sich all diese Erwartungen eigentlich von selbst? Warum leisten sich die Älteren nicht mehr Unbefangenheit und Lockerheit? Warum halten sie ihre Gefühle, auch im erotischen Bereich, stärker zurück? Warum legen sie weniger Wert auf ein attraktives Äußeres und halsen sich im allgemeinen mehr Mühe auf? Gewiß wachsen in der Phase zwischen 35 und 60 die Verpflichtungen. Aber es sieht so aus, als kämen dadurch wichtige psychologische Bedürfnisse zu kurz. Die Älteren geraten unter verstärkten sozialen Druck und plagen sich unfreiwillig mehr. Dafür spricht jedenfalls deutlich die Antwort auf die Frage:

Ich glaube, eine Änderung meiner äußeren Lebensbedingungen würde meine seelische Verfassung sehr stark ... sehr wenig beeinflussen.

Die Älteren sehen da einen großen Einfluß. Indirekt sagen sie: Meine äußeren Verhältnisse sollten sich verbessern, dann würde ich mich wohler fühlen. Voll dem Streß unserer Hochleistungsgesellschaft ausgesetzt, droht ihnen allem Anschein nach eine vorzeitige Verödung ihrer Gefühlswelt, eine erotische Verkümmerung und die Erfahrung von relativer sozialer Isolation.

Allerdings sind die psychologischen Altersdifferenzen, wie gesagt, eher etwas zurückgegangen, und die Älteren sagen neuerdings sogar - hierin vom Gesamttrend abweichend -, daß sie eher jugendlicher zu wirken glauben. Ob sie damit eine tatsächlich vorhandene längere Frische ausdrücken oder sich nur dem gesellschaftlichen Jugendlichkeitsideal lange nahe fühlen wollen, weil Alter als Mangelzustand schreckt, bleibt offen. Im Zweifelsfall mag man sich an das Sprichwort halten, wonach es nur darauf ankomme, wie alt man sich fühle.

Diskussion

Wir haben 1990 die vorliegenden Ergebnisse wie folgt kommentiert (vgl. Brähler und Richter 1990):

Da ist zu bedenken, daß die gewaltigen politischen Umwälzungen im Ostblock, die ja bereits zum Zeitpunkt unserer Repräsentativerhebung 1989 im Gange waren, einer systematischen Ablenkungspropaganda entgegenkamen, die es nach dem Fall des DDR-Systems noch um vieles leichter hat: Bezeugt nicht das reihenweise politisch-ökonomische Scheitern der sozialistischen Regime indirekt die absolute Vortrefflichkeit unseres Zustands? Wer will sich noch über hiesige Mißstände beschweren, da uns gewaltige Ströme von Übersiedlern doch die großartige Attraktivität unseres Systems bescheinigen? Gibt es denn irgendeinen Punkt, in dem wir etwa den Verhältnissen in der DDR nicht überlegen sind?

Wurde die Diskussion interner eigener Mängel bereits vor einem Jahr nur zaghaft ausgetragen bzw. von oben wirksam gezügelt, so ist sie nun erst recht gehemmt: Wie gut nimmt sich alles bei uns aus, vergleichen wir uns mit dem

Schlechten drüben! Warum sich über hiesige Fehler und hiesiges Unrecht Gedanken machen, da die Fehler und das Unrecht drüben offenbar so viel schwerer wiegen, so daß die im Osten nichts sehnlicher wünschen, als uns bis aufs I-Tüpfelchen zu kopieren? Wollen nicht drei Viertel der DDR-Bevölkerung laut Umfrage unsere anscheinend perfekte Ordnung ohne Vorbehalt übernehmen?

Es ist eine der in der Sozialpsychologie bekannten Situationen, die kleinere Gruppen oder auch große soziale Einheiten massiv dazu zu verführen pflegen, sich durch Projektion kritischen Eigenwahrnehmungen zu entziehen. Aber diese Phase der Verleugnung dürfte nicht sehr lange anhalten. Die heute unsere Zustände verklärenden Teile der DDR-Bevölkerung werden vermutlich sogar als erste die oberflächliche westliche Selbstgerechtigkeit und Selbstverherrlichung erschüttern, wenn sie, durch die Realität ernüchtert, ihre Idealisierung revidieren.

Wichtig wäre, daß die vorläufig eingeschüchterten kritischen Kräfte hierzulande, die klar vor Augen haben, was Profitegoismus und Machtmißbrauch an sozialen und ökologischen Schäden anrichten, sich so rasch wie mögich wieder zu Wort melden. Denn je länger sich die nachgewiesenen enormen sozialen und ökologischen Befürchtungen in der politischen Auseinandersetzung ungenügend artikulieren, desto eher könnten sie in Resignation und apathie umzuschlagen. Die Erkenntnis, daß Engagement von unten in Bürgerbewegungen etwas bewirken kann, ist erfreulich. Aber entscheidend ist, daß sie praktisch beherzigt wird.

Literatur

Beckmann, D., Brähler, E., Richter, H.E. (1983): Der Gießen-Test (GT). Ein Test für Individual- und Gruppendiagnostik. Handbuch. Bern (Huber).

Beckmann, D., Brähler, E., Richter, H.E. (1991): Der Gießen-Test (GT). 4. Auflage. Bern (Huber).

Brähler, E., Richter, H.E. (1990): Wie haben sich die Deutschen seit 1975 psychologisch verändert? Mehr Individualismus, mehr Ellbogen, stärkere Frauen. In: Richter, H.E. (Hg.), (1990): Russen und Deutsche. Alte Feindbilder weichen neuen Hoffnungen. Hamburg (Hoffmann und Campe).

Brähler, E. (1991): Bibliografie zum Gießen-Test. Bibliografien zur Psychologie. IZPID, Trier.

Selbstkonzept von Republikaner-Wählern 1989

Elmar Brähler und Horst-Eberhard Richter

Wir haben im Rahmen der Repräsentativerhebung auch die bekannte Frage gestellt: Welche Partei würden Sie wählen, wenn am nächsten Sonntag Bundestagswahl wäre?

Unser besonderes Interesse galt da den Anhängern der Republikaner. Wir wollten wissen, ob und gegebenenfalls wie die Republikaner-Sympathisanten vom Durchschnitt der Bevölkerung psychologisch abweichen.

Wie kaum anders zu erwarten, fanden wir unter den Anhängern dieser Partei weit mehr Männer als Frauen, deutlich abweichend vom Geschlechterverhältnis bei den anderen Parteien. Um nun den Vergleich der Psychoprofile nicht zu verfälschen, haben wir lediglich die männlichen Rep-Wähler mit dem Durchschnitt aller Männer unserer Stichprobe psychologisch verglichen.

Vorweg läßt sich sagen: Die Republikaner-Anhänger denken nicht nur politisch anders als der Durchschnitt, sie sind auch psychologisch anders beschaffen. Zwar wissen wir schon aus früheren Untersuchungen (vgl. Richter 1978), daß Extremwähler auch immer eine besondere Psychologie haben. Aber wie sieht diese Psychologie nun bei den Republikanern aus?

Nachdenklich hat uns eine Feststellung gemacht: Die Republikaner charakterisieren sich vor allem durch Merkmale, die im Zeittrend liegen. Das heißt, sie bilden so etwas wie eine Vorhut in der Richtung, in der sich auch der Durchschnitt der deutschen Männer seit 1975 allgemein verändert hat. Dies betrifft die ausführlich erläuterte Tendenz zu narzißtischer kämpferischer Selbstdurchsetzung.

Noch mehr als die Gesamtheit der deutschen Männer wollen die Republikaner-Anhänger
- vornean sein,
- andere beherrschen,
- ihren Willen ungeachtet dadurch heraufbeschworener Konflikte durchsetzen,
- und noch weniger gestehen sie sich fürsorgliches Mitgefühl zu.

So betonen sie vergleichsweise am krassesten, daß sie
- andere übertreffen wollen (vgl. Abb. 1),
- dominieren müssen,
- eigenwillig sind,
- sich häufig in Auseinandersetzungen verwickeln (vgl. Abb. 4)
- und sich um andere weniger Sorgen machen (vgl. Abb. 2).

Abb. 1 (Item 7): Ich habe den Eindruck, ich bin sehr stark / kaum daran interessiert, andere zu übertreffen.

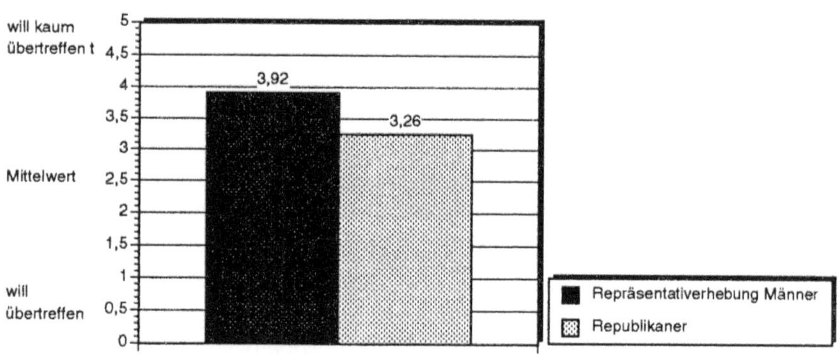

Abb. 2 (Item 32): Ich glaube ich mache mir verhältnismäßig selten / oft große Sorgen um andere Menschen.

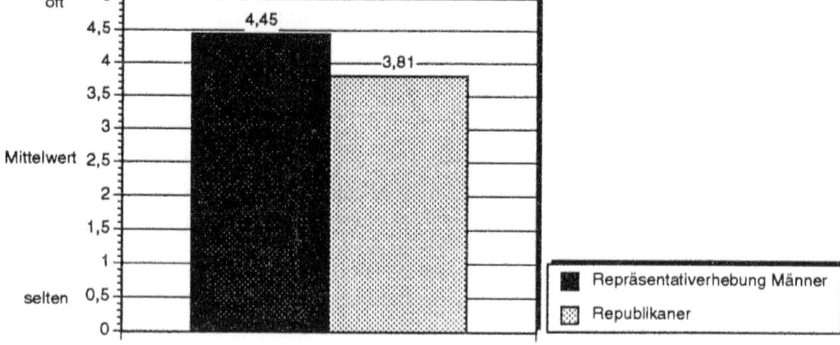

Kein Wunder, daß sie sich - ein anderer Befund - in enger Zusammenarbeit mit anderen eher schwer zu tun glauben. Und ebensowenig erstaunt, daß sie sich eine besondere Tendenz zum Mißtrauen bescheinigen (vgl. Abb. 3).

Abb. 3 (Item 10): Ich glaube, ich habe zu anderen Menschen eher viel / besonders wenig Vertrauen.

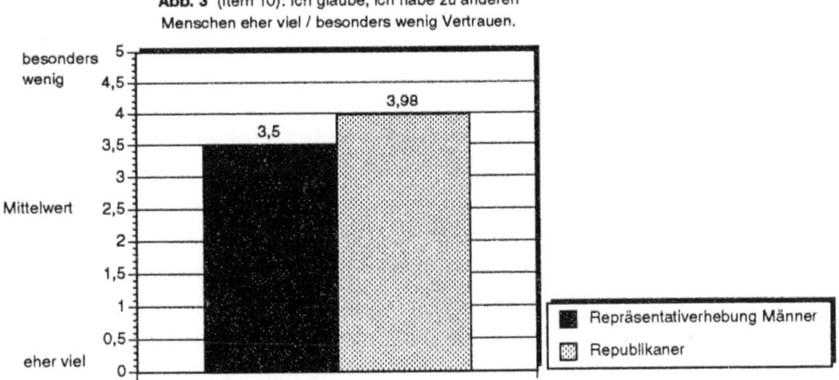

Dieses Bild legt einige Folgerungen nahe:

1. Es ist eine Gruppe, die ihre Binnenkonflikte kaum lange bewältigen wird, wenn sie sich nicht gegen Außenfeinde stärker solidarisieren kann. Denn hier kommen ja Leute zusammen, die nach eigenem Urteil schwer zusammenarbeiten können. Beim Eingeständnis von so viel Eigensinn und so wenig sozialer Sensibilität ist das auch kaum anders zu erwarten. Wie sollen diese Leute mit ihrem selbst eingestandenen Mißtrauen fertig werden, wenn sie sich mit diesem nicht mehr an einem gewaltigen Außenfeind abarbeiten können? Die Verteufelung von Ausländern, Asylanten, Linken, Homosexuellen und anderen mehr wird vermutlich kaum ausreichen, um ein Zurückschlagen von Argwohn und überschüssigem Aggressionspotential in die eigene Gruppe hinein zu verhüten. Die autodestruktiven internen Streitigkeiten und Rivalitäten in den verschiedenen Regionalgruppen passen zu dieser Erwartung ebenso wie der rücksichtslose Machtkampf um die Führungsposition.
2. Im politischen Kampf der Republikaner spiegelt sich die Psychologie ihrer Anhänger deutlich wider. Es bestätigt sich wieder einmal: Die Menschen sind so wie die Politik, an die sie glauben. Dies festzustellen ist deshalb von Belang, weil das Vorurteil weit verbreitet ist, die Republikaner seien keine anderen Menschen als alle übrigen. Sie hätten halt nur eine von der

Mehrheit abweichende politische Einstellung. Diese sogar von Soziologen verbreitete These ist offensichtlich unrichtig. Anhänger dieser Partei erleben sich selbst in der Weise anders, wie sie die Welt anders sehen - anders als der Bevölkerungsdurchschnitt. Sie gehen, wie man ihrem Selbstporträt entnehmen muß, mit ihren Bezugspersonen argwöhnisch und autoritär um, so wie sie sich auch den Umgang der deutchen Nation mit der übrigen Welt vorstellen. Ihrem persönlichen Drang, die anderen zu beherrschen, entspricht ihre Idee von einem großmächtigen, dominanten Deutschland. Und ihr mißtrauischer Wesenszug kehrt in der Projektion wieder, daß das unschuldige Deutschland beständig auf der Hut vor anderen Gruppen und Nationen sein müsse, die dieses Volk übervorteilen, ausnutzen, überfremden wollen.

3. Bedenklich aber ist an unseren Befunden vor allem, daß die Republikaner-Anhänger, wie gesagt, einige psychologische Eigenschaften nur besonders kraß hervorkehren, die auch die Wandlung des deutschen Durchschnittsmannes zwischen 1975 und 1989 charakterisieren. Das ist der Trend, Egoismus offener und mit weniger sozialer Einfühlung und Rücksicht auszuleben, sich kämpferisch durchzusetzen (vgl. Abb. 4) und andere zu dominieren.

Abb. 4 (Item 22): Ich schätze, ich gerate häufig / besonders selten in Auseinandersetzungen mit anderen Menschen.

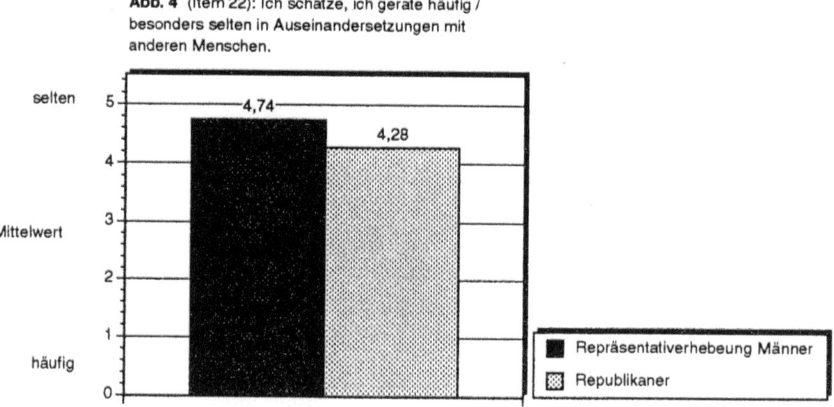

Diese Parallelität läßt aufhorchen. Daß die Republikaner - nicht zuletzt wegen ihrer internen Querelen und Intrigen - vorläufig einiges an Popularität eingebüßt haben, kann nicht darüber hinwegtäuschen, daß manches von ihren auftrumpfenden ressentimenthaften Größenideen unter anderen Vorzeichen weiterlebt. Betrachtet man etwa den herrscherlichen Stil, wie die bundesdeutschen Regierenden mit den DDR-Landsleuten umspringen, so verraten sich darin durchaus Züge von selbstgefälliger Arroganz, deren Wiederaufleben kritische Betrachter seit längerem gefürchtet haben. Wenn überlegene Macht schon gegenüber den eigenen Landsleuten zu solchen unsensiblen Umgangsformen verleitet, was haben dann erst andere, Schwächere zu erwarten, wenn dieses Volk von 75 Millionen sich wieder als politische Ganzheit präsentiert?

Jedenfalls besteht Anlaß, sich über den psychologischen Trend und seinen Ausdruck im politischen Verhalten Gedanken zu machen. Prognostische Schlüsse sind Spekulation. Aber zu wachsamer kritischer Selbstbeobachtung sind wir nach den vorliegenden Zeichen aufgerufen. Durch unseren gewachsenen politischen Spielraum - nach der Auflockerung der Blockstrukturen und nach dem Fall der Mauer - ist unsere deutsche Lernbereitschaft auf die bedeutendste Probe seit 1945 gestellt.

Teilweise aus der Satellitenrolle entlassen, haben wir nun zu beweisen, wie wir unsere erweiterte politische Selbständigkeit und den ermöglichten Vereinigungsprozeß handhaben. Ob wir daraus lernen, wenn empfindsame Teile der ostdeutschen Bevölkerung signalisieren, wie bedrückend sie ihre autoritäre Bevormundung durch maßgebliche westdeutsche Politiker erleben. Noch genießen wir Deutschen weltweit großes Vertrauen - bei den Russen sogar einen fast idealisierenden Respekt (vgl. Andreeva u.a. 1990, S. 63 ff.). Aber wir sollten aufpassen und Macht- und Geltungswünsche aus eigenem Antrieb so zügeln, daß die Einbindung in verpflichtende alte und neue internationale Strukturen nur eine zusätzliche, aber nicht eine Hauptgarantie für ein rücksichtsvolles soziales Wohlverhalten eines künftigen größeren Deutschland bilden wird.

Literatur

Andreeva, G. M., Gozman, L., Richter, H.-E., Schürhoff, R., Wirth, H.-J. (1990): Russen und Deutsche - Wie denken sie über sich selbst, übereinander und über Politik? Eine vergleichende sozialpsychologische Studie. In: H.-E. Richter (Hg.), (1990): Russen und Deutsche. Alte Feindbilder weichen neuen Hoffnungen. Hamburg (Hoffmann u. Campe).

Richter, H.-E. (1978): Zur Psychologie des deutschenRechtsradikalismus. Eine repräsentative Testanalyse von NPD-Wählern. In: Richter, H.-E. (1978): Engagierte Analysen. Reinbek (Rowohlt).

Dominante Frauen, depressive Männer

Das Selbstporträt der Grünen-WählerInnen

Elmar Brähler

Im Sommer 1989 haben wir mit einer repräsentativen Erhebung bei 2025 Personen in der BRD und Berlin-West zum drittenmal nach 1968 und 1975 die psychologische Selbsteinschätzung der Bundesdeutschen ermittelt. Im Spiegel 44/89 haben wir über die Veränderungen berichtet, die sich seit 1975 ergeben haben (Mehr Action, weniger sozial). Außerdem hatten wir das Selbstporträt der («im Kern mißtrauisch») männlichen Republikanerwähler dargestellt (vgl. Brähler und Richter im vorangegangenen Beitrag). An dieser Stelle beschreiben wir auffällige Abweichungen der Selbsteinschätzungen der 75 männlichen und 114 weiblichen Personen, die bei unserer Befragung angegeben hatten, „Die Grünen" zu wählen.

Männliche und weibliche Grünen-Wähler weichen vom Durchschnitt ihrer GeschlechtsgenossenInnen in folgender Richtung auffällig ab:

- Sie glauben, sich besonders eigensinnig zu benehmen (vgl. Abb. 1),
- fühlen sich eher wenig ordentlich,
- glauben, eher schlecht mit Geld umgehen zu können (vgl. Abb. 2),
- fühlen sich in der Liebe intensiv erlebnisfähig (vgl. Abb. 3),
- fühlen sich im Umgang mit dem anderen Geschlecht unbefangen.

Fraglich ist, ob dieses Selbstkonzept besonderer Eigensinnigkeit als Egoismus, querulatorisches Potential oder märtyrerische Unbeugsamkeit zu werten ist. Erklärungshilfe könnte uns der Befund geben, daß der erhöhte Eigensinn ein charakteristisches Zeichen von Personen mit erhöhtem Bildungsgrad ist, die unter den Grünen-WählerInnen besonders häufig sind. Nachdenklich sollte jedoch stimmen, daß auch bei den männlichen Rep-Fans der Eigensinn ausgeprägt ist. Die Grünen-WählerInnen stellen sich als die selbsternannte Avantgarde des Eigensinns dar.

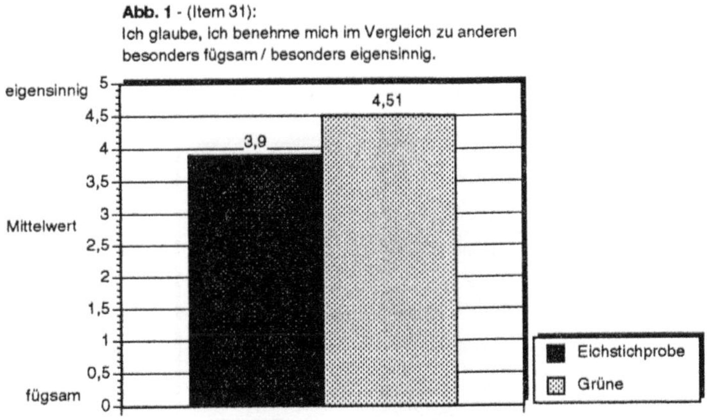

Die Selbstcharakterisierung als wenig ordentlich und eher unfähig, mit Geld umgehen zu können, ist Ausdruck eines von den Grünen-WählerInnen verinnerlichten Vorurteils gegenüber Grünen selbst. Mit diesem wird offensiv umgegangen. Eine anale Zwangsstruktur ist den Grünen-WählerInnen damit nicht nachzusagen, sondern das schiere Gegenteil.

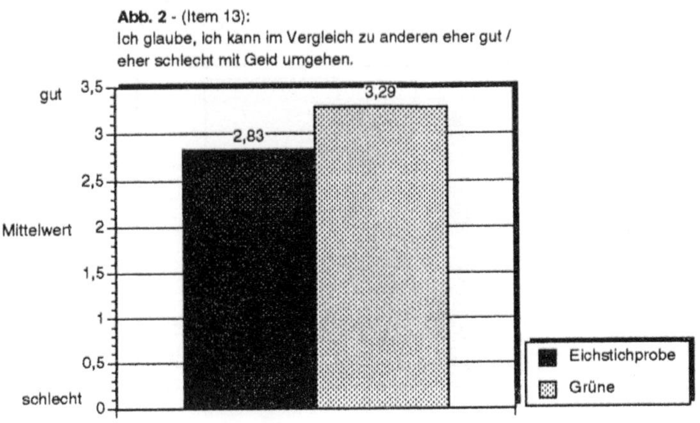

Die Erlebnisfähigkeit in der Liebe und die Unbefangenheit zwischen den Geschlechtern stellen von den Grünen programmatisch hochbesetzte Aspekte im Umgang der Menschen dar, die bei den GrünwählerInnen als persönlich umgesetzt empfunden werden.

Abb. 3 - (Item 34):
Ich glaube, ich bin im Vergleich zu anderen in der Liebe intensiv / wenig erlebnisfähig.

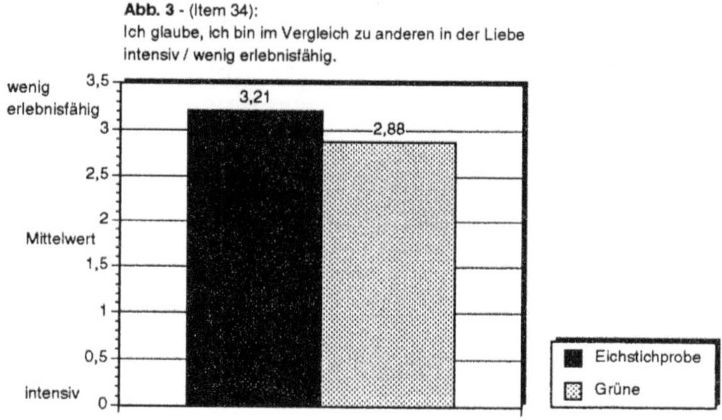

Bei den GrünwählerInnen gibt es eine ganze Reihe von geschlechtsdifferenten Abweichungen zu den durchschnittlichen Männern und Frauen. Die männlichen Grünen-Sympathisanten haben eher als der Durchschnittsmann den Eindruck,

Abb. 4 - (Item 5):
Ich habe den Eindruck, daß ich mir eher selten / eher besonders häufig über meine inneren Probleme Gedanken mache

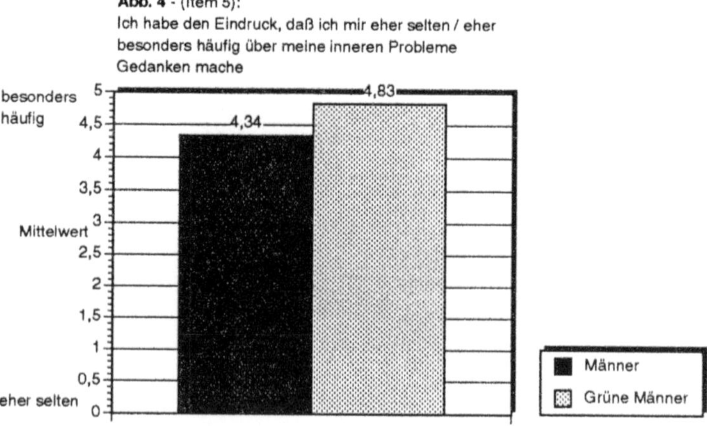

Abb. 5 - (Item 30):Ich glaube, ich kann einem Partner außerordentlich viel / wenig Liebe schenken.

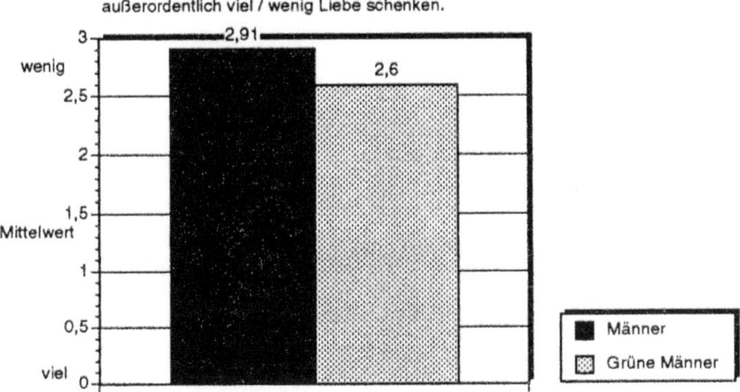

- sich besonders häufig über innere Probleme Gedanken zu machen (vgl. Abb. 4),
- sich eher bedrückt zu fühlen,
- sich häufig Selbstvorwürfe zu machen,
- einem Partner viel Liebe schenken zu können (vgl. Abb. 5).

Die Grünen-Wähler stellen sich damit eher als selbstreflexiv dar, sie bemühen sich und sind dabei leicht depressiv. Sie vermitteln den Eindruck, daß sie trotz aller Anstrengung für den anderen das Gefühl haben, nicht genug zu tun. Sie leiden an der Welt.

Ganz anders ist das Bild der Grün-Sympathisantinnen. Sie weichen von der Durchschnittsfrau in folgender Richtung ab:

Abb. 6 - (Item 6): Ich schätze, daß ich eher dazu neige, meinen Ärger in mich hineinzufressen / meinen Ärger irgendwie abzureageiren.

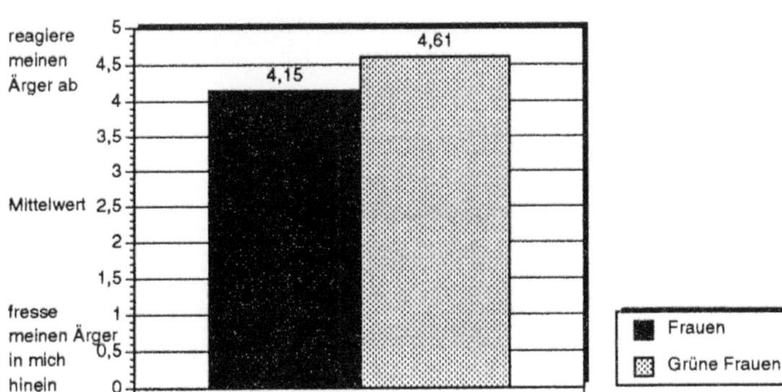

Abb. 7 - (Item 36):
Ich glaube, daß man mich im allgemeinen eher als stark / eher als schwach einschätzt.

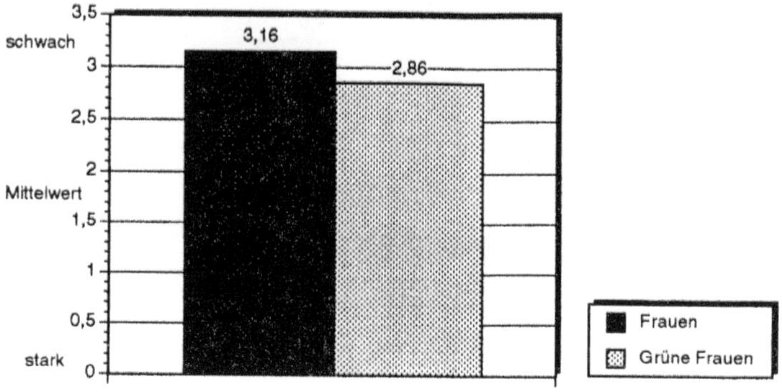

3,5
schwach
3
2,5
2
Mittelwert
1,5
1
0,5
stark
0
3,16
2,86
Frauen
Grüne Frauen

- Sie sind eher ungeduldig,
- reagieren ihren Ärger nach außen ab (vgl. Abb. 6),
- geraten häufig in Auseinandersetzungen mit anderen Menschen,
- glauben, daß man sie als stark einschätzt (vgl. Abb. 7),
- können leichter ausgelassen sein,
- schaffen sich eher Bequemlichkeit (vgl. Abb. 8),
- suchen die Geselligkeit,
- gehen mit der Wahrheit eher großzügig um,
- können gut schauspielern.

Abb. 8 - (Item 24):
Ich habe den Eindruck, ich schaffe mir im Leben eher besonders viel Mühe / eher Bequemlichkeit.

schaffe mir Mühe
4,5
4
3,5
3
Mittelwert
2,5
2
1,5
1
0,5
Bequemlichkeit
0
3,72
4,01
Frauen
Grüne Frauen

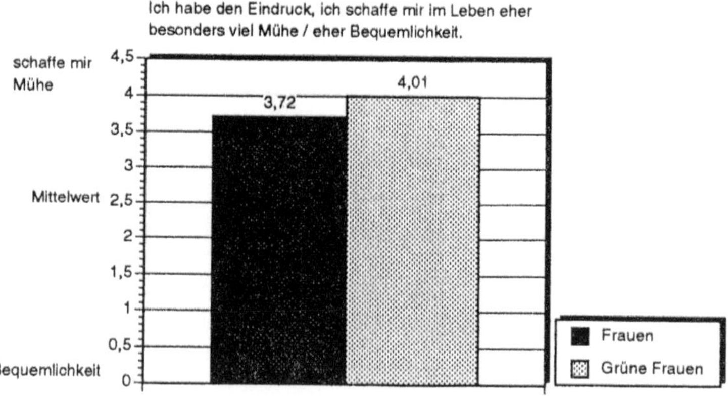

Die Grünen-Wählerinnen vermitteln das Selbstporträt von starken, dominaten, tatkräfigen Frauen, die sich durchsetzen können und dabei auch fähig sind, lässig der Geselligkeit zu frönen. Dabei kommt ihnen alles - nicht nur die Wahrheit - locker über die Lippen, und sie bedienen sich der Gestik und Mimik in starkem Maße.

Im Selbstporträt der Grünen-Wählerinnen wird vieles über Bord geworfen, was in unserer Gesellschaft zum Rollenklischee der Frauen gehört, die ja fügsam, brav und ehrlich alle Arbeiten verrichten sollen.

Die normalerweise vorhandenen Geschlechtsunterschiede, daß die Frauen
- sich eher bedrückt fühlen,
- sich eher von anderen lenken lassen,
- eher glauben, daß ihre Psyche von äußeren Umständen beeinflußt wird,
- nicht daran interessiert sind, andere zu lenken,

finden sich bei grünen Männern und Frauen nicht.
Dagegen ist die Geschlechtsdifferenz, daß Frauen ängstlicher sind, auch bei den Grünen anzutreffen, während die Geschlechtsdifferenz bei den Grünen bezüglich des Items «Wert darauf legen, schön auszusehen» noch größer als bei dem Durchschnitt der Bevölkerung ist (vgl. Abb. 9).

Abb. 9 - (Item 27):
Ich glaube, ich lege kaum / sehr viel Wert darauf schön auszusehen.

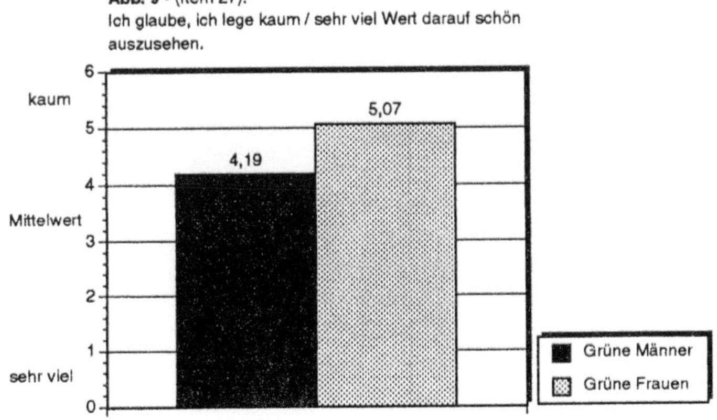

Bei den Grünen fällt eine Geschlechtsdifferenz auf, die es in der Durchschnittsbevölkerung nicht gibt: Die Männer fühlen sich geduldiger als die Frauen (vgl. Abb. 10).

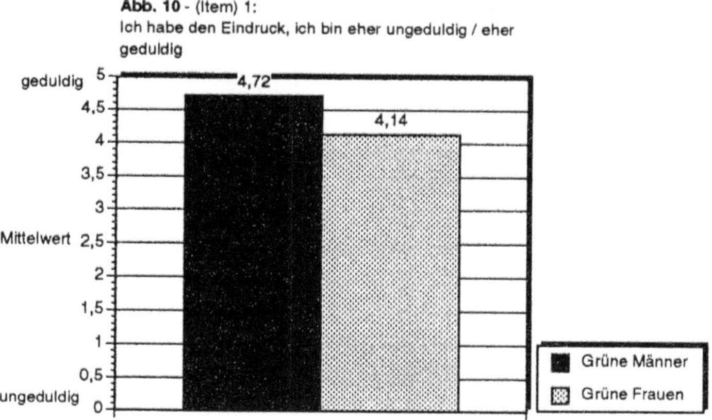

Insgesamt vermitteln die Ergebnisse unserer Untersuchung den Eindruck, daß die Grünen-Wähler/-innen ein Selbstkonzept haben, das dem Klischee entspricht, das den Mitgliedern der Grünen zugeschrieben wird.

Ergebnisse einer repräsentativen Befragung über die politische und wirtschaftliche Situation, Zukunftserwartungen und zur Gewerkschaft

Elmar Brähler, Albrecht Köhl und Hans-Jürgen Wirth

Ziele und Methoden

Ziel einer von uns durchgeführten bundesweiten Untersuchung war, die Einstellung der Bundesbürger zu den Gewerkschaften und zu den Aufgaben der Gewerkschaften zu ermitteln.

In dieser Arbeit berichten wir über einige Teilaspekte.

Die Erhebung wurde vom Meinungsforschungsinstitut GFM-Getas (Hamburg) durchgeführt. Zur Grundgesamtheit gehören alle während des Befragungszeitraumes (3.6. - 11.7.1989) in der Bundesrepublik und Westberlin lebenden deutschen Bundesbürger im Alter von über 18 Jahren. Die Auswahl der Befragungspersonen erfolgte durch eine mehrstufige geschichtete Zufallsstichprobe, die in bezug auf Alter, Geschlecht, Gemeindegrößenklasse und Bundesland an die amtliche Bevölkerungsstatistik angeglichen wurde.

Die realisierte Stichprobe betrug n = 2025 Personen. Die Summe der systematischen Ausfälle betrug 33.8 % (Standardisierung 1975 25 %, 1968 24 %). Sie gliedern sich in:

- im Haushalt niemand angetroffen	6.6 %
- Haushalt verweigert jegliche Auskunft	9.8 %
- Zielperson trotz mehrfacher Besuche nicht angetroffen	4.6 %
- Zielperson vorübergehend krank	0.5 %
- Zielperson verweigert das Interview	8.6 %
- Zielperson verreist, in Urlaub	3.0 %

In die folgende Untersuchung konnte wegen zu vieler fehlender Angaben 19 Personen nicht einbezogen werden, so daß noch 2006 Personen verblieben.

Wir werden zunächst die Ergebnisse zu den Items der Fragebögen vorstellen. Es handelt sich um Fragebögen :

1. zu Zukunftserwartungen
2. zur gegenwärtigen wirtschaftlichen Situation
3. zur Rolle der Gewerkschaften
4. zum Politikverständnis

Die Fragebögen wurden von einer Arbeitsgruppe der Universität Gießen unter Zuhilfenahme bereits erprobter Instrumente aus anderen Studien (vgl. u. a. Jugendwerk der Deutschen Shell 1981, Adorno u.a. 1950, Lederer 1981) entwickelt. Im Anschluß daran wird die Bildung von Skalen beschrieben, bei der Items der verschiedenen Fragebögen zusammengefaßt werden. Die Skalenwerte werden dann untersucht im Hinblick auf verschiedene Außenkriterien wie Alter, Geschlecht, Parteipräferenz etc.

Zukunftserwartungen

In einem Fragebogen von 9 Items wurden die Zukunftserwartungen behandelt. Die Tabelle 1 zeigt die Items mit ihren Mittelwerten. Die Abfrage erfolgte auf einer 7-stufigen Skala von 1 = „trifft überhaupt nicht zu" bis 7 = „trifft voll und ganz zu". In der Tabelle wurden 1,2,3 zur Ablehnung zusammengefaßt, sowie 5,6,7 zur Zustimmung.

Tabelle 1: Zukunftserwartungen (Angaben in %)

	Ablehnung	unentschie.	Zustimmung
1. Technik und Chemie werden die Umwelt zerstören.	24.1	19.0	56.8
2. Die Welt wird in einem Atomkrieg untergehen.	64.8	15.4	19.8
3. Wir werden einen wirtschaftlichen Aufschwung erleben.	38.8	28.7	32.6
4. Es wird gelingen die Umweltprobleme zu lösen.	45.1	23.4	31.4
5. Die wirtschaftliche Krise wird sich verschärfen.	40.5	22.5	37.1
6. Es wird immer weniger Arbeitsplätze geben, noch mehr Menschen werden arbeitslos werden.	27.8	20.5	51.7
7. In Europa werden die Atomwaffen auf beiden Seiten abgeschafft.	44.4	24.9	30.7
8. Es wird für alle einen angemessenen Arbeitsplatz geben, die Arbeitslosigkeit wird verschwinden.	69.0	18.5	12.3
9. Wie werden den Kampf gegen die AIDS-Krankheit gewinnen.	29.2	27.5	43.3

Von diesen neun Items enthalten fünf eine optimistische und die restlichen vier eine pessimistische Zukunftserwartung. Dabei ist zunächst bemerkenswert, daß die optimistischen Aussagen fast alle mehrheitlich für unzutreffend gehalten werden; eine Ausnahme bildet lediglich das letzte Item „Wir werden den Kampf gegen die AIDS-Krankheit gewinnen", dem die Bundesbürger mehrheitlich zustimmen.

Bei den pessimistisch formulierten Zukunftserwartungen ist das Bild uneinheitlich: Während die Mehrheit der Bundesbürger glaubt, daß Technik und Chemie die Umwelt zerstören werden (Item 1), daß es immer weniger Arbeitsplätze geben wird und daß noch mehr Menschen arbeitslos werden (Item 6), wird andererseits die Möglichkeit eines atomaren Holocausts für unwahrscheinlich gehalten (Item 2). Daß sich die wirtschaftliche Krise verschärfen wird, halten etwa so viele Bundesbürger für wahrscheinlich wie es andere für unwahrscheinlich halten (Item 5).

Insgesamt überwiegen die pessimistischen Aussagen, wobei die negativen Zukunftserwartungen am ausgeprägtesten in den Bereichen Umweltzerstörung und Arbeitslosigkeit zu finden sind (Item 1, 6 und 8).

Mehrheitlich hoffnungsvoll sind die Bürger nur in der Meinung, daß die Welt nicht in einem Atomkrieg untergehen wird und daß wir den Kampf gegen die AIDS-Krankheit gewinnen werden.

Einschätzung der wirtschaftlichen Situation

In einem zweiten Fragebogen mit 15 Items wurde die gegenwärtige wirtschaftliche Situation behandelt. Auch hier wurde eine 7-stufige-Antwort-Skala verwendt von 1 = „stimme überhaupt nicht zu" bis 7 = „stimme voll und ganz zu". Die Itemformulierungen und Prozentraten der Zustimmung bzw. Ablehnung sind der Tabelle 2 zu entnehmen.

Am meisten Zustimmung erfahren die Aussagen, daß aus Profitinteresse viel Schädliches produziert wird (Item 9) sowie daß die Armen immer ärmer und die Reichen immer reicher werden (Item 3).

Viel Zustimmung erfahren auch die Aussagen, daß wir uns auf dem Weg in eine totale Ellenbogengesellschaft befinden (Item 4), daß der technische Fortschritt immer mehr Arbeitsplätze kaputt macht (Item 5), daß die entstandene neue Armut zu großen sozialen Spannungen führen wird (Item 7), aber auch, daß die Friedens- und Umweltbewegung viel bewirken könnte (Item 8) und daß es uns ohne Gewerkschaften wesentlich schlechter ginge (Item 15). Es wird auch bejaht, daß der Einfluß der Wirtschaftsverbände auf die Politik im allgemeinen stark unterschätzt wird (Item 10). Stark abgelehnt wird die Aussage, daß unsere Wirtschaft eine wesentliche Verringerung der Rüstungsaufgaben überhaupt nicht verkraften könnte (Item 1).

Eine mehrheitlich zustimmende Antworttendenz findet sich noch bei den Aussagen, daß die Lebensbedingungen für die nächste Generation erheblich schlechter sein werden (Item 12) und daß die Mitbestimmung in den Unternehmen wesentlich erweitert werden sollte (Item 14).

Tabelle 2: Fragen zur wirtschaftlichen Situation (Angaben in %)

	Ablehnung	unentschieden	Zustimmung
1. Unsere Wirtschaft könnte eine wesentliche Verringerung der Rüstungsausgaben überhaupt nicht verkraften.	57.0	23.4	19.7
2. Weitere Arbeitszeitverkürzungen sind unbedingt erforderlich.	42.8	20.7	35.4
3. Die Armen werden immer ärmer und die Reichen immer reicher.	18.2	17.5	64.3
4. Wir befinden uns auf dem Weg in die totale Ellenbogengesellschaft.	19.9	18.4	61.5
5. Der technische Fortschritt macht immer mehr Arbeitsplätze kaputt.	20.8	18.9	60.2
6. Die Forderung nach Lohn- bzw.. Gehaltsverzicht bei Arbeitszeitverkürzung besteht zu Recht.	41.0	24.7	34.3
7. Die entstandene neue Armut wird zu großen sozialen Spannungen führen.	19.3	18.4	62.2
8. Die Friedens- und die Umweltbewegung können sehr viel bewirken.	17.3	22.2	60.5
9. Aus Profitinteresse wird vieles produziert, was Menschen und Natur längerfristig gefährdet oder schädigt.	10.2	11.5	78.3
10. Der Einfluß der Wirtschaftsverbände auf die Politik wird im allgemeinen stark unterschätzt.	18.3	22.0	59.6
11. Unter den Arbeitslosen sind sehr viele Faulenzer.	35.4	20.0	44.6
12. Die Lebensbedingungen für die nächste Generation werden erheblich schlechter sein.	23.8	22.6	53.5
13. Arbeitnehmer und Arbeitgeber sitzen eigentlich im selben Boot.	38.1	20.2	41.8
14. Die Mitbestimmung in den Unternehmen sollte wesentlich erweitert werden.	21.1	23.8	55.1
15. Ohne Gewerkschaften ginge es uns wesentlich schlechter.	20.6	21.6	57.8

Zustimmung und Ablehnung sind ungefähr gleich stark bei den Meinungen,

- daß weitere Arbeitszeitverkürzungen unbedingt erforderlich seien (Item 2),
- daß die Forderung nach Lohn- bzw. Gehaltsverzicht bei Arbeitszeitverkürzung zu Recht besteht (Item 6),
- daß unter den Arbeitslosen sehr viele Faulenzer seien (Item 11),
- daß Arbeitnehmern und Arbeitgeber eigentlich im selben Boot säßen (Item 13).

Insgesamt zeigt die Beantwortung dieses Fragebogens charakteristische Tendenzen:

- Die Bundesbürger zeigen mehrheitlich eine kritische Haltung gegenüber der ökonomischen Entwicklungslogik; sie sehen eng damit verbunden soziale und ökologische Folgeprobleme.
- Trotz pessimistischer Erwartungen sieht die Mehrheit der Bundesbürger wirksame Handlungsmöglichkeiten, z. B. in der Friedens- und Umweltbewegung, aber auch in der Demokratisierung des Wirtschaftslebens.
- Konkrete Maßnahmen der aktuellen Wirtschaft- und Gewerkschaftspolitik sind dagegen umstritten, so z. B. die Notwendigkeit weiterer Arbeitszeitverkürzungen oder die Forderung nach Lohn- bzw. Gehaltsverzicht bei Arbeitszeitverkürzung.
- Schließlich erscheinen die alten Ideologismen des Wirtschaftsliberalismus als obsolet. Entsprechende Formulierungen (z. B. Item 11 und Item 13) provozieren nicht mehr die Zustimmung der Mehrheit.

Erwartungen an die Gewerkschaften

Der dritte Fragebogen enthält 17 Items über Einstellungen zu den Erwartungen an die Gewerkschaften (vgl. Tab. 3).

Die Abfrage erfolgte 7-stufig von 1 = „stimme überhaupt nicht zu“ bis 7 = „stimme voll und ganz zu“.

Größte Zustimmung finden die Aussagen, daß die Gewerkschaften sich für den Erhalt von Arbeitsplätzen einsetzen, für den sozialen Fortschritt notwendig sind und für ihre Mitglieder die Möglichkeit bieten, ihre Interessen gemeinsam mit anderen zu verfolgen.

Strikt abgelehnt werden die Aussagen, daß die Gewerkschaften zu wenig streiken, in Zukunft immer unwichtiger werden, sich zu wenig um die Ausländer kümmern und daß sie sich zu wenig kämpferisch verhalten.

Insgesamt finden die hinsichtlich der Gewerkschaften affirmativ formulierten Items überwiegend Zustimmung bis auf eine Ausnahme: ihre gesellschaftliche Macht wird nicht als unzureichend angesehen (Item 11). Von den übrigen 11 kritisch formulierten Items werden sechs mehrheitlich abgelehnt und vier finden mehrheitlich Zustimmung. Letztere sind die Behauptungen, die Gewerkschaften kümmerten sich nur um ihre eigenen Mitglieder, sie gingen nicht sorgfältig genug mit Beiträgen ihrer Mitglieder um, sie setzten sich zu wenig für umweltschonende Produktionsverfahren ein und sie lenkten die Betriebs- und Personalräte von außen.

Tabelle 3: Einstellungen zur Gewerkschaft (Angaben in %) Die Gewerkschaften ...	Ableh- nung	unent- schieden	Zustim- mung
1. .. bieten jedem die Möglichkeiten, seine Interessen gemeinsam mit anderen zu verfolgen.	20.3	22.0	57.6
2. .. setzen sich sehr für den Erhalt von Arbeitsplätzen ein.	16.9	19.2	63.8
3. .. sind für den technischen Fortschritt eher hinderlich.	53.7	22.8	23.5
4. .. kümmern sich viel zu wenig um die Ausländer.	55.7	25.0	19.2
5. .. streiken zu wenig.	71.7	16.5	11.8
6. .. kümmern sich viel zu wenig um Arbeitslose.	34.1	23.4	42.5
7. .. werden in Zukunft immer unwichtiger werden.	20.0	19.9	60.0
8. .. sind für den sozialen Fortschritt notwendig.	18.5	21.8	59.7
9. .. sind für junge Menschen unattraktiv.	48.6	23.6	27.8
10. .. können sehr viel zum Schutz der Umwelt beitragen.	38.0	23.9	38.2
11. .. haben in unserer Gesellschaft viel zu wenig Macht.	54.0	23.4	22.6
12. .. verhalten sich viel zu wenig kämpferisch.	57.8	20.2	21.9
13. .. lenken die Betriebs- und Personalräte von außen.	26.0	27.9	46.1
14. .. können zu einer besseren Völkerverständigung beitragen.	31.9	24.9	43.2
15. .. kümmern sich nur um ihre eigenen Mitglieder.	28.0	21.4	50.7
16. .. gehen nicht sorgfältig genug mit den Beiträgen ihrer Mitglieder um.	30.7	20.8	48.5
17. .. setzen sich zu wenig für umweltschonende Produktionsverfahren ein.	28.5	28.5	43.0

Zusammengefaßt läßt sich unter den Bundesbürgern mehrheitlich eine bejahende Einstellung zur Bedeutung der Gewerkschaften konstatieren. Es wird erwartet, daß sie ihre Einflußmöglichkeiten grundsätzlich im Interesse des sozialen Fortschritts geltend machen, ohne den technischen Fortschritt zu behindern. Kritische Einwände beziehen sich lediglich auf die Art und Weise gewerkschaftlicher Interessenspolitik, wobei jedoch nicht beklagt wird, die Gewerkschaften streikten zu wenig und verhielten sich viel zu wenig kämpferisch.

Zum Politikverständnis

Der vierte Fragebogen (vgl. Tab. 4) enthält 10 Items zum Politikverständnis. Auch hier erfolgt die Abfrage 7-stufig von 1 = „lehne voll und ganz ab" bis 7 = „stimme voll und ganz zu".

Tabelle 4: Fragebogen zum Politikverständnis (Angaben in %)	Ablehnung	unentschieden	Zustimmung
1. Zu den wichtigsten Eigenschaften, die jemand haben kann, gehört disziplinierter Gehorsam der Autorität gegenüber.	48.2	19.7	32.1
2. Die derzeitige Kriminalität und die sexuelle Unmoral lassen es unumgänglich erscheinen, mit gewissen Leuten härter zu verfahren, wenn wir unsere moralischen Prinzipien wahren wollen.	28.4	18.7	52.9
3. Wir sollten dankbar sein für führende Köpfe, die uns sagen können, was wir tun sollen und wie.	46.5	20.6	32.9
4. Im allgemeinen ist es einem Kind im späteren Leben nützlich, wenn es gezwungen wird, sich den Vorstellungen der Eltern anzupassen.	56.9	17.4	25.6
5. Leute wie ich haben so oder so keinen Einfluß darauf, was die Regierung tut.	34.3	17.2	48.5
6. Neben den Wahlen gibt es keinen anderen Weg, um Einfluß darauf zu nehmen, was die Regierung tut.	36.5	14.8	48.9
7. Ich glaube nicht, daß sich die Politiker viel darum kümmern, was Leute wie ich denken.	23.1	18.1	58.7
8. Die Parteien wollen nur die Stimmen der Wähler, ihre Ansichten interessieren sie nicht.	19.4	17.9	62.7
9. Die ganze Politik ist so kompliziert, daß jemand wie ich gar nicht versteht, was vorgeht.	44.8	19.9	35.4
10. Im allgemeinen verlieren die Abgeordneten im Bundestag ziemlich schnell den Kontakt zum Volk.	15.1	15.3	69.7

Den Politikern und Parteien wird nicht das größte Vertrauen entgegengebracht, es wird stark den Aussagen zugestimmt, daß die Abgeordneten schnell den Kontakt mit dem Volk verlieren, daß die Parteien die Wähler nur als Stimmvieh sehen und daß die Politiker sich nicht darum kümmern, was die Leute denken.

Bei den 4 Fragen zu autoritären Einstellungen, die von Lederer (1981) übernommen wurden, werden 3 eher abgelehnt, vor allem, daß es einem Kind in späteren Leben nützlich ist, wenn es gezwungen wird, sich den Vorstellungen der Eltern anzupassen.

Stark zugestimmt wird jedoch der Aussage, daß sexuelle Unmoral und derzeitige Kriminalität es unumgänglich erscheinen lassen, daß man mit gewissen Leuten härter verfahren muß, wenn wir unsere moralischen Prinzipien wahren wollen.

Skalenbildung

Die 51 Fragen aus den vier Fragebögen wurden gemeinsam einer Faktorenanalyse unterzogen, um zu ermitteln, welche Dimensionen enthalten sind bzw. welche Fragen in ähnlicher Weise beantwortet werden. Nach formalen und inhaltlichen Gesichtspunkten erwies sich die 7-Faktorenlösung als optimal. Anschließend wurden 7 Skalen gebildet und einer Itemanalyse unterzogen und anschließend noch verbessert. Die Skalen enthalten 4 bis 9 Items, sie werden im folgenden beschrieben.

1. Fortschrittskritik (niedrig/hoch)

Dazu gehören folgende Items:

- Technik und Chemie werden die Umwelt zerstören,
- die wirtschaftliche Krise wird sich verschärfen,
- es wird immer weniger Arbeitsplätze geben,
- die Armen werden immer ärmer und die Reichen immer reicher,
- wir befinden uns auf dem Weg in die totale Ellenbogengesellschaft,
- der technische Fortschritt macht immer mehr Arbeitsplätze kaputt,
- die neue entstandene Armut wird zu großen sozialen Spannungen führen,
- aus Profitinteresse wird vieles produziert, was Menschen und Natur längerfristig gefährdet oder schädigt,
- die Lebensbedingungen für die nächste Generation werden erheblich schlechter sein.

Die drei ersten Fragen stammen aus dem Fragebogen zu Zukunftserwartungen, die anderen aus dem Fragebogen zur wirtschaftlichen Situation. Bei diesen Fragen geht es um Auswirkungen der gegenwärtigen Situation auf die Zukunft. Der Mittelwert bei dieser Skala beträgt 43.0 (vgl. Tab. 5) gegenüber einem fiktiven Mittelwert von 9 x 4 = 36. Dies bedeutet, daß die negativen Zukunftserwartungen mit zustimmender Tendenz geäußert wurden.

2. Positive Zukunftserwartungen (niedrig/hoch)

Zu dieser Skala gehören die Items:

- Wir werden einen wirtschaftlichen Aufschwung erleben,
- es wird gelingen, die Umweltprobleme zu lösen,
- in Europa werden die Atomwaffen auf beiden Seiten abgeschafft,
- es wird für alle einen angemessenen Arbeitsplatz geben, die Arbeitslosigkeit wird verschwinden,
- wir werden den Kampf gegen die AIDS-Krankheit gewinnen.

Die fünf Items, die zur Skala 2 gehören, entstammen alle dem Fragebogen zu Zukunftserwartungen. Erstaunlich ist, daß diese Fragen eine von Skala 1 unabhängige Skala bilden.

Bei den Items, die zu dieser Skala gehören, ist die Formulierung jeweils sehr positiv. Die heißt, daß sich die Zukunftserwartungen nicht in eine Skala optimistisch/pessimistisch zusammenfassen lassen, sondern daß dieses Feld mit Ambivalenzen besetzt ist: Wer Positives erwartet, kann auch Negatives nicht ausschließen und wer Befürchtungen hat, kann dennoch auch Positives erwarten.

Der Mittelwert von 18,3 (vgl. Tab. 5) liegt etwas unterhalb des theoretischen Mittelwerts von 5 x 4 = 20.

3. Autoritärer Charakter (autoritär versus antiautoritär)

Zu dieser Skala gehören die Items:

- Zu den wichtigsten Eigenschaften, die jemand haben kann, gehört disziplinierter Gehorsam der Autorität gegenüber,
- die derzeitige Kriminalität und die sexuelle Unmoral lassen es unumgänglich erscheinen, mit gewissen Leuten härter zu verfahren, wenn wir unsere moralischen Prinzipien wahren wollen,
- wir sollten dankbar sein für führende Köpfe, die uns sagen können, was wir tun sollen und wie,
- im allgemeinen ist es einem Kind im späteren Leben nützlich, wenn es gezwungen wird, sich den Vorstellungen der Eltern anzupassen,
- unter den Arbeitslosen sind sehr viele Faulenzer.

Die vier ersten Fragen stammen aus dem Fragebogen zu politischen Einstellungen, das letzte Item stammt aus dem Fragebogen zur wirtschaftlichen Situation.

Bei dieser Skala gibt es kaum eine Abweichung vom theoretischen Mittelwert, d. h. es gibt keine ausgeprägte Tendenz der Mehrheit.

4. Gewerkschaftliche Gestaltungsmöglichkeiten (viel/wenig)

Zu dieser Skala gehören folgende Items:

- Die Friedens- und die Umweltbewegung können sehr viel bewirken,
- ohne Gewerkschaften ginge es uns wesentlich schlechter,
- die Gewerkschaften bieten jedem Mitglied die Möglichkeit, seine Interessen gemeinsam mit anderen zu verfolgen,
- die Gewerkschaften setzen sich sehr für den Erhalt von Arbeitsplätzen ein,
- die Gewerkschaften sind für den sozialen Fortschritt notwendig,
- die Gewerkschaften können sehr viel zum Schutz der Umwelt beitragen,
- die Gewerkschaften können zu einer besseren Völkerverständigung beitragen.

Die beiden ersten Items stammen aus dem Fragebogen zur wirtschaftlichen Situation, die anderen aus dem Fragebogen zu den Gewerkschaften. Der tatsächliche Mittelwert von 32.7 liegt deutlich über dem theoretischen Mittelwert von 7 x 4 = 28, d. h. den Gewerkschaften werden tendenziell die Gestaltungsmöglichkeiten zugesprochen.

5. Gewerkschaftliche Defizite (niedrig/hoch)

Zu dieser Skala gehören folgende 6 Items:

- Die Gewerkschaften kümmern sich zu wenig um Arbeitslose,
- die Gewerkschaften sind für junge Menschen unattraktiv,
- die Gewerkschaften lenken die Betriebs- und Personalräte von außen,
- die Gewerkschaften kümmern sich nur um ihre eigenen Mitglieder,
- die Gewerkschaften gehen nicht sorgfältig genug mit den Beiträgen ihrer Mitglieder um,
- die Gewerkschaften setzen sich zu wenig für umweltschonende Produktionsverfahren ein.

Die Fragen dieser Skala stammen alle aus dem Fragebogen zur Gewerkschaft. Es handelt sich ausschließlich um Aussagen, die gewerkschaftliche Defizite beinhalten. Es zeigt sich keine nennenswerte Tendenz, vom theoretischen Mittelwert abzuweichen.

6. Kämpferische Gewerkschaften (zu wenig/zu viel)

Zu dieser Skala gehören folgende 4 Items:

- weitere Arbeitszeitverkürzungen sind unbedingt erforderlich,
- die Gewerkschaften streiken zu wenig,
- die Gewerkschaften haben in unserer Gesellschaft zu wenig Macht,
- die Gewerkschaften zeigen sich zu wenig kämpferisch.

Die erste Frage stammt aus dem Fragebogen zur wirtschaftlichen Situation, die anderen aus dem Fragebogen zur Gewerkschaft. Bei den Items geht es um die Durchsetzung gewerkschaftlicher Vorstellungen. Der Mittelwert liegt mit 13.1 eher in Richtung der Zustimmung zu den Items als der theoretische Mittelwert von 3 x 4 = 12 (vgl. Tab. 5), d.h. die Gewerkschaften werden eher kämpferischer erwartet.

7. Politische Ohnmacht (ohnmächtig/einflußreich)

Zu dieser Skala gehören folgende 6 Items:

- Leute wie ich haben so oder so keinen Einfluß, was die Regierung tut,
- neben den Wahlen gibt es keinen anderen Weg, um Einfluß darauf zu nehmen, was die Regierung tut,
- ich glaube nicht, daß sich die Politiker viel darum kümmern, was Leute wie ich denken,
- die Parteien wollen nur die Stimmen der Wähler, ihre Ansichten interessieren sie nicht,
- die ganze Politik ist so kompliziert, daß jemand wie ich gar nicht versteht, was vorgeht,
- im allgemeinen verlieren die Abgeordneten im Bundestag ziemlich schnell den Kontakt mit dem Volk.

Die Fragen, die zu dieser Skala gehören, entstammen alle dem Fragebogen zur Politik. Die Items kreisen alle um die Gegensätze Ohnmacht und Einflußmöglichkeiten. Der tatsächliche Mittelwert von 27.2 weicht erheblich gegenüber dem theoretischen Mittelwert von 6 x 4 = 24 ab (vgl. Tab. 5). Es herrscht eine Tendenz, sich in politischen Angelegenheiten ohnmächtig zu fühlen.

Die Tabelle 5 zeigt die Skalenkennwerte zu den 7 Skalen.

Tabelle 5: Teststatistische Kennwerte der 7 Skalen

	Zahl der Items	x	s	Korrel. der Hälft.	Cronbach alpha	durchschn. Trennsch. (korr.)	durchschn. Iteminter-korrel.
1	9	43.0	9.6	.76	.84	.55	.36
2	5	18.3	5.1	.55	.66	.42	.29
3	5	19.1	6.6	.70	.79	.58	.44
4	7	32.7	7.5	.71	.78	.51	.34
5	6	25.3	6.1	.49	.63	.37	.22
6	4	13.1	4.9	.50	.70	.49	.38
7	6	27.2	7.8	.75	.84	.62	.48

Die teststatistischen Kennwerte sind ganz gut bis auf Skala 5, bei der sie nur befriedigend sind. Damit sind die Skalen zur Erfassung von Einstellungen zu Gewerkschaft, politische Einflußmöglichkeiten und Zukunftserwartungen sehr gut geeignet.

Tabelle 6 zeigt die Interkorrelation der Skalenwerte

Tabelle 6: Interkorrelation der 7 Skalen

	2	3	4	5	6	7
1	.32	-.06	.29	.10	.31	.36
2	x	.26	.07	.11	-.08	-.03
3	x	x	-.08	.09	-.16	.32
4	x	x	x	-.14	.23	.09
5	x	x	x	x	.07	.19
6	x	x	x	x	x	.12

Die Skalen sind - auch konstruktionsbedingt - relativ unabhängig voneinander:

- Die höchste Korrelation weisen die Skalen 1 und 7 auf, d. h. negative Zukunftserwartungen korrespondieren mit dem Gefühl politischer Ohnmacht.
- Zukunftserwartungen (Skala 2) und Fortschrittskritik (Skala 1) korrelieren mit r = -.32. Hier würde man einen größeren Zusammenhang erwarten, doch es handelt sich offensichtlich um weitgehend unabhängige Dimensionen.
- In der gleiche Höhe (r = .32) korrelieren die Skalen 3 und 7 miteinander, d. h. Personen mit eher autoritärer Einstellung verspüren auch eher politische Ohnmacht.
- Mit r = .31 korrelieren die Skalen 1 und 6 , d. h. Personen mit eher großer Fortschrittskritik wünschen sich eher kämpferische Gewerkschaften.
- Personen mit negativen Zukunftserwartungen (Skala 1) schreiben den Gewerkschaften mehr Gestaltungsmöglichkeiten zu (Skala 3, r = .25).
- Personen mit eher autoritärem Charakter (Skala 3) äußern eher positive Zukunftserwartungen (Skala 2, r = .26).

Die Einstellungen in Abhängigkeit von Alter und Geschlecht

Tabelle 7 zeigt die Ergebnisse von Zweiwegvarianzanalysen über die 7 Skalen mit den beiden Faktoren Geschlecht und Alter (18 - 34, 35 - 60, > 60 Jahre).

Tabelle 7: Einstellungenen in Abhängigkeit von Alter und Geschlecht
2-Weg-Varianzanalyse: a) Geschlecht b) Alter 18 - 34, 35 - 60, > 60

	Alter	Geschlecht	A x G	
1. Fortschrittskritik	.77	11.55***	.15	w > m
2. Positive Zukunftserwartungen	15.92***	16.52***	.24	j < ä, w < m
3. Autoritarismus	189.42***	.20	4.56	ä > j
4. Gewerkschaftliche Gestaltungsmöglichkeiten	.79	6.39**	1.07	w < m
5. Gewerkschaftliche Defizite	4.21*	1.32	2.95	18 - 34 < älter
6. Kämpferische Gewerkschaften	28.49***	3.78	1.81	j > ä
7. Politische Ohnmacht	28.86***	35.61***	3.43	j < ä, w > m

* $p < 0.05$ ** $p < 0.01$ *** $p < 0.001$

- Bei der 1. Skala unterscheiden sich die Männer von den Frauen in der Weise, daß die Frauen eher größere Fortschrittskritik äußern als die Männer.
- Bei der 2. Skala - positive Zukunftserwartungen - stellt sich heraus, daß diese bei den Jüngeren geringer sind als bei den Älteren. Hier ist der Zusammenhang auch linear über die drei Altersgruppen. Auch bei den Frauen sind die Zukunftsvorstellungen nicht so positiv wie bei den Männern. Zusammengenommen bedeutet dies, daß vor allen Dingen jüngere Frauen keine positive Zukunftserwartungen haben, diese werden am ehesten von alten Männern gehegt. Die am meisten Zukunft vor sich haben, die Jüngeren, äußern die meiste Fortschrittskritik, während die Alten, die die kürzeste Zeitspanne Zukunft vor sich haben, diese am positivsten einschätzen.
- Bei Skala 3 zeigen die Älteren (> 60) eine autoritärere Einstellung als die mittleren Jahrgänge (35 - 60). Am antiautoritärsten sind die 18 - 34 jährigen.

- Bei Skala 4 gibt es Geschlechtsunterschiede in der Weise, daß die Frauen die gewerkschaftlichen Gestaltungsmöglichkeiten geringer einschätzen als die Männer.
- Bei Skala 5 sehen die über 35-jährigen mehr Defizite der Gewerkschaften als die Jüngeren.
- Bei Skala 6 - kämpferische Gewerkschaften - wünschen sich vor allem die Jüngeren die Gewerkschaften kämpferischer als die Älteren. Dieses Einstellungsgefälle geht über die drei Altersgruppen linear.
- Bei Skala 7 - politische Ohnmacht - fühlen sich vor allem die Frauen ohnmächtiger als die Männer und die Älteren ohnmächtiger als die Jüngeren. Auch diese Entwicklung verläuft linear über das Alter. Das bedeutet zusammengefaßt, daß die Einschätzung politischer Ohnmacht bei den älteren Frauen am stärksten anzutreffen ist, während die politische Mitwirkungsmöglichkeit vor allem von den jungen Männern sehr stark gesehen wird.

Einstellungen und politische Selbsteinschätzung

Den Befragten wurde eine 10-stufige Links-Rechts-Skala vorgegeben, bei der sie sich politisch selbst einschätzen sollten.

Zwischen dieser Einschätzung und den Skalen ergaben sich folgende Zusammenhänge, wobei die Personen in die 3 Gruppen „Rechte“, „Mitte“ und „Linke“ eingeteilt wurden:

- Die „Linken“ äußern mehr Fortschrittskritik als die „Rechten“ (Skala 1).
- Die „Rechten“ haben mehr positive Zukunftserwartungen als die „Linken“ (Skala 2).
- Die „Rechten“ sind autoritärer als die „Linken“ (Skala 3).
- Die „Linken“ sehen mehr gewerkschaftliche Gestaltungsmöglichkeiten als die „Rechten“ (Skala 4).
- Die „Linken“ sehen weniger Defizite der Gewerkschaften als die „Mitte“ und die „Rechten“ (Skala 5).
- Die „Linken“ wünschen sich Gewerkschaften kämpferischer als die “Rechten“ (Skala 6).
- Die „Linken“ und die „Rechten“ fühlen sich politischer weniger ohnmächtig als die „Mitte“.

Einstellungen und soziale Schicht

Von den Befragten haben sich 1802 einer Schicht zugeordnet, davon die überwältigende Mehrheit folgenden Schichten:

1. Arbeiterschicht	613 Personen	(34,97 %)
2. Mittelschicht	972 Personen	(55,45 %)
3. obere Mittelschicht	168 Personen	(9,58 %)

Bei den Skalen gab es folgende Abhängigkeiten von der sozialen Schichtzugehörigkeit:

- Die Fortschrittskritik ist bei der Arbeiterschicht am stärksten, gefolgt von der Mittelschicht, während sie bei der oberen Mittelschicht am geringsten sind (Skala 1).
- Bei Skala 2 'Positive Zukunftserwartungen' gibt es umgekehrt eine Tendenz von der Arbeiterschicht über die Mittelschicht zur oberen Mittelschicht hin in Richtung positiver Zukunftserwartungen.
- Je höher die Schicht, desto niedriger ist der Grad des Autoritarismus: Die Arbeiterschicht ist am autoritätsgläubigsten (Skala 3).
- Die gewerkschaftlichen Gestaltungsmöglichkeiten (Skala 4) werden von der Arbeiterschicht am höchsten eingeschätzt, in der Mittelschicht eher mittel, während sie in der oberen Mittelschicht eher verneint werden.
- Bei Skala 5 'gewerkschaftliche Defizite' gibt es keine Differenzen.
- Bei Skala 6 'kämpferische Gewerkschaften' gibt es Differenzen zwischen der Arbeiterschicht einerseits und der Mittelschicht und oberen Mittelschicht andererseits: die Arbeiterschicht wünscht sich die Gewerkschaften kämpferischer.
- Bei Skala 7 'Politische Ohnmacht' fühlen sich die Mitglieder der Arbeiterschicht am ohnmächtigsten, die der oberen Mittelschicht am wenigsten ohnmächtig und die der Mittelschicht liegen in der Mitte.

Einstellungen und Parteipräferenz

Tabelle 8 zeigt die Mittelwerte der 7 Skalen für die verschiedenen politischen Gruppierungen und die dezidierten Nichtwähler.

Tabelle 8: Einstellungen und Parteipräferenz

In der rechten Spalte sind die Werte nach aufsteigender Folge gruppiert.

	NW	CDU/ CSU	SPD	FDP	Grüne	Rep.	p	Reihen-folge
	0	1	2	3	4	5		
1. Fortschrittskritik	45.0	39.4	44.8	40.1	46.6	44.5	***	135204
2. Positive Zukunfts-erwartungen	16.5	19.4	18.0	19.6	16.5	18.9	***	402513
3. Autoritarismus	18.7	21.7	18.6	19.2	13.1	22.1	***	420315
4. Gewerkschaftliche Gestaltungs-möglichkeiten	31.9	30.9	34.6	32.2	33.7	30.4	***	510342
5. Gewerkschaftliche Defizite	24.6	25.5	24.8	26.0	25.1	27.3	**	024135
6. Kämpferische Gewerkschaften	13.2	11.3	13.7	11.8	15.5	13.1	***	135024
7. Politische Ohnmacht	30.0	26.6	28.0	25.3	24.3	28.0	***	431250

- Bei der ersten Skala, der Fortschrittskritik, gibt es eine Zweiteilung von Anhängern der CDU/CSU und FDP auf der einen und den SPD-, Grüne- und Rep-Anhängern und Nichtwählern auf der anderen Seite. Die CDU/CSU und FDP-Wähler zeigen nicht so viel Fortschrittskritik.
- Bei den positiven Zukunftsaussichten (Skala 2) sind die Anhänger der FDP und der CDU/CSU am optimistischsten, gefolgt von den Republikanern, während die Nichtwähler und die Grünen hier pessimistisch sind und die SPD-Anhänger in der Mitte liegen, obgleich sie sich auch noch signifikant von der CDU unterscheiden.
- Beim Autoritarismus (Skala 3) fallen die Anhänger der Grünen durch ihre antiautoritäre Orientierung besonders auf, wobei sie sich von allen anderen Gruppierungen unterscheiden. Doch auch die SPD-Anhänger und die Nichtwähler unterscheiden sich noch von den CDU/CSU-Anhängern und Republikaner-Anhängern, die sehr autoritär eingestellt sind. Die FDP-Anhänger, die etwa in der Mitte liegen, unterscheiden sich immerhin noch von den CDU-Anhängern bezüglich mehr Liberalität.
- Die gewerkschaftlichen Einflußmöglichkeiten (Skala 4) werden besonders stark von den Grünen und den SPD-Anhängern betont, am geringsten von den CDU/CSU- und den Republikaner-Anhängern.

- Gewerkschaftliche Defizite werden vor allem von den Republikaner-Anhängern angesprochen (Skala 5).
- Bei Skala 6 wünschen sich vor allem die Grünen kämpferischere Gewerkschaften. Doch auch die Nichtwähler und die Sozialdemokraten wünschen sich die Gewerkschaften noch signifikant kämpferischer als die CDU/CSU. Auch den Freien Demokraten sind die Gewerkschaften kämpferisch genug.
- Die Nichtwähler sind am ehesten der Meinung, politisch ohnmächtig zu sein (Skala 7). Auch die Republikaner-Anhänger und die SPD-Anhänger tendieren eher zu dieser Meinung, während die Grünen-Anhänger am entschiedensten politische Einflußmöglichkeiten sehen, gefolgt von der FDP und den CDU/CSU-Anhängern.

Skalen und Selbstkonzept

Tabelle 9 zeigt die Zusammenhänge der Einstellungsskalen mit den sechs Skalen des Gießen-Tests, die durch folgende Eigenschaftspaare zu beschreiben sind:

Skala 1: negativ sozial resonant versus positiv resonant,
Skala 2: dominant versus gefügig
Skala 3: unterkontrolliert versus zwanghaft,
Skala 4: hypomanisch versus depressiv.
Skala 5: durchlässig versus retentiv
Skala 6: sozial potent versus sozial impotent.

Tabelle 9: Korrelationen der Einstellungsskalen mit den GT-Skalen:

	Sk 1	Sk 2	Sk 3	Sk 4	Sk 5	Sk 6
1. Fortschrittskritik	.00	.04	-.03	.11***	-.01	.01
2. Positive Zukunfts-erwartungen	.04	.00	.03	-.07	-.03	-.02
3. Autoritarismus	.01	.21***	.25***	.03	.09***	.07
4. Gewerkschaftliche Gestaltungs-möglichkeiten	.08***	.12***	.03	.00	-.13***	-.10
5. Gewerkschaftliche Defiziter	-.03	-.02	.04	.02	.09***	.07
6. Kämpferische Gewerkschaften	-.10***	-.11***	-.19***	.03	-.01	.05
7. Politische Ohnmachtt	-.05	.16***	.05	.07	.08***	.10

*** : $p < 0.001$

- Fortschrittskritik korrespondiert mit Depressivität (GT-Skala 4).
- Autoritarismus geht einher mit Gefügigkeit, Zwanghaftigkeit und Verschlossenheit (GT-Skalen 2, 3 und 5).
- Kämpferische Gewerkschaften werden gewünscht von Personen, die sozial resonant, dominant und weniger zwanghaft sind (GT-Skalen 1,2,und 3).
- Gewerkschaftliche Gestaltungsmöglichkeiten sehen Personen, die sozial resonant, gefügig und durchlässig sind (GT-Skalen 1,2 und 5).
- Politisch ohnmächtig sehen sich Personen, die sich als gefügig und verschlossen beurteilen (GT-Skalen 2und 5).
- Gewerkschaftliche Defizite werden eher von Personen gesehen, die sich selber als mißtrauisch und verschlossen darstellen.
- Politische Ohnmacht empfinden diejenigen Befragten signifikant häufiger, die sich in ihrem Selbstkonzept als gefügig und verschlossen erleben.

Literatur

Adorno, Th.W., Frenkel-Brunswik, E., Levinson, D.F., Stanford, R.N. (1950): The Authoritarian Personality. Studies in Prejudice. New York.

Jugendwerk der Deutschen Shell (1981): Jugend '81. Lebensentwürfe, Alltagskulturen, Zukunftsbilder. 3 Bände. Hamburg (vervielfältigter Bericht).

Lederer, G. (1981): Jugend und Autorität. Opladen (Westdeutscher Verlag).

Abwendung von sozialen Orientierungen: Auf dem Weg in einen modernisierten Sozialdarwinismus?*

Elmar Brähler und Hans-Jürgen Wirth

Einleitung

Mit einer repräsentativen Erhebung haben wir im Sommer 1989 zum dritten Mal (nach 1968 und 1975) die psychologische Selbsteinschätzung der Bundesdeutschen (West) ermittelt. Hauptziel der durchgeführten Untersuchung war, die Einstellung der Bundesbürger zu den Gewerkschaften und zu den Aufgaben der Gewerkschaften zu erkunden sowie die Einschätzung zur politischen und wirtschaftlichen Situation zu erfragen und etwas über die Zukunftserwartungen der Bundesbürger zu erfahren.

Als Gesamttrend der Veränderungen, insbesondere bei Frauen, haben wir mehr "egoistische Unbekümmertheit" konstatiert und das Fazit gezogen: Im Durchschnitt zeigt das Selbstporträt der Bundesdeutschen bei einem Rückgang an sozialer Anteilnahme einen Anstieg von Narzißmus, Selbstwertgefühl, Lockerheit und aggressiver Rivalitätsbereitschaft. Die Frauen sind den Männern dichter denn je auf den Fersen (vgl. Brähler, Richter 1989; 1990; Wirth, Brähler 1994).

Hier soll dargestellt werden, wie sich die jungen Menschen von 18-25 Jahren im Jahre 1989 von denen des Jahres 1975 im Selbstkonzept unterscheiden. Es geht dabei um die Frage, ob sich die gesamtgesellschaftlich beobachtbaren Tendenzen auch bei der Altersgruppe der jungen Erwachsenen zeigen, ob sie gar Trendsetter dieser Entwicklung sind oder ob andere Veränderungen in dieser Altersgruppe auch andere Trends für die Zukunft im gesamtgesellschaftlichen Rahmen signalisieren. Wir werden deshalb auch beschreiben, in

---

*Zuerst erschienen in: Wilhelm Heitmeyer, Juliane Jacobi (Hg.): Politische Sozialisation und Individualisierung. Weinheim 1991 (Juventa), S. 77-97.

welchen Merkmalen, die wir 1989 erhoben haben, sich die jungen Menschen (18-25 Jahre) von den älteren Menschen (ab 26 Jahre) unterscheiden. Außer dem Selbstkonzept werden Einstellungsskalen zu Politikverständnis, Zukunftserwartungen, Aufgaben der Gewerkschaften und zum Autoritarismus herangezogen.

Stichproben und Methoden

Wir betrachten hier die Teilstichproben der 18- bis 25jährigen aus den beiden Erhebungen. 1975 gehörten zu dieser Altersgruppe 247 Personen, 121 weibliche und 126 männliche. 1989 waren es 259 Personen, 141 weibliche, 118 männliche. Zwischen 1975 und 1989 hat sich der Bildungsgrad sehr gewandelt. Während 1975 nur 41 % der 18- bis 25jährigen mindestens einen Mittelschulabschluß besaßen, waren es 1989 69 %.

In beiden Erhebungen wurde zur Erfassung des Selbstkonzeptes der Gießen-Test eingesetzt (vgl. Beckmann u. a. 1983; 1991).

Die Erhebungen 1975 und 1989 wurden in den Beiträgen von Brähler und Richter und Brähler, Köhl und Wirth in diesem Band beschrieben.

Bei der Erhebung 1989 wurden zusätzlich vier weitere Fragebögen eingesetzt über:

- *Zukunftserwartungen* (9 Items)
- *Gegenwärtige wirtschaftliche Situation* (15 Items)
- *Rolle der Gewerkschaften* (17 Items)
- *Politikverständnis* (10 Items).

Die 51 Fragen aus den vier Fragebögen wurden gemeinsam einer Faktorenanalyse unterzogen, um zu ermitteln, welche Dimensionen enthalten sind bzw. welche Fragen in ähnlicher Weise beantwortet werden. Nach formalen und inhaltlichen Gesichtspunkten erwies sich die 7-Faktorenlösung als optimal. Anschließend wurden 7 Skalen gebildet, einer Itemanalyse unterzogen und anschließend noch verbessert. Es ergaben sich folgende Skalen (vgl. Brähler u.a. im vorigen Beitrag):

1. *Fortschrittskritik*
2. *Positive Zukunftserwartungen*
3. *Autoritärer Charakter*
4. *Gewerkschaftliche Gestaltungsmöglichkeiten*
5. *Gewerkschaftliche Defizite*

6. Kämpferische Gewerkschaften
7. Politische Ohnmacht

Um die Veränderungen 1989 gegenüber 1975 auch in Abhängigkeit von Geschlecht und Bildungsgrad zu überprüfen, wurden für die sechs Gießen-Test-Skalen und die 40 Items 3-Weg-Varianzanalysen durchgeführt mit den drei Faktoren a) Zeitpunkt (1975/1989), b) Geschlecht und c) Bildung (weniger als Mittelschulabschluß / mehr als Mittelschulabschluß).

In einem zweiten Schritt wurde anhand der Stichprobe von 1989 überprüft, in welcher Weise die 18- bis 25-jährigen sich von den Älteren (26 bis 90 Jahre) hinsichtlich der Skalen zu Politikverständnis, Zukunftserwartungen, Aufgaben der Gewerkschaft und zum Autoritarismus unterscheiden.

Wohin geht der Gesamttrend?

Wohin geht der Gesamttrend der psychosozialen Entwicklung bei den 18- bis 25jährigen? Eine Veränderung zwischen 1975 und 1989 fällt besonders ins Auge: Das ist die erhöhte Fähigkeit zur *sozialen Resonanz* (Skala 1, $p<0.05$). Mehr als 14 Jahre zuvor glauben die jungen Erwachsenen heute:

- *Ich habe es sehr leicht, auf andere anziehend zu wirken.*
- *Es gelingt mir eher leicht, mich beliebt zu machen.*
- *Ich gebe im allgemeinen viel von mir preis.*
- *Ich bin eher darauf eingestellt, daß man mich für wertvoll hält.*
- *Ich bin selten sehr bedrückt.*
- *Ich bin stark daran interessiert, andere zu übertreffen.*

(für alle Items $p<0.05$)

Den Jugendlichen gelingt es - nach ihrem eigenen Urteil - heute besser, sich im sozialen Kontakt mit anderen so darzustellen, daß sie *attraktiv wirken* und *sich beliebt machen.* Um bei anderen Anerkennung zu finden, sind sie bereit, sich *im sozialen Kontakt offener* darzustellen und *mehr von sich preiszugeben.* Die gestiegene Fähigkeit, *soziale Resonanz* zu erwirken, hat auch Auswirkungen auf ihr *Selbstwertgefühl,* das heutzutage *gefestigter* zu sein scheint. Dazu paßt auch, daß die Jugendlichen sich heute *seltener bedrückt* fühlen als früher.

In diesem Trend zur erhöhten Kompetenz im sozialen Kontakt mag sich die gestiegene Bedeutung der peer-group für die psychosoziale Entwicklung der Jugend abbilden. Im Hinblick auf das "Individualisierungstheorem" (Beck 1986; Heitmeyer, Olk 1990) könnte man sagen, daß der beschriebene psychosoziale Entwicklungstrend dem "Prozeß der Zivilisation" im Sinne von Norbert Elias (1939) entspricht. Da "das Verhalten von immer mehr Menschen aufeinander abgestimmt, das Gewebe der Aktionen immer genauer und straffer durchorganisiert sein muß, damit die einzelne Handlung darin ihre gesellschaftliche Funktion erfüllt" (Elias 1939, S. 316 f), ist das Individuum gezwungen, ein immer höheres Maß an sozialer Kontaktfähigkeit zu entwickeln, um seine eigenen Handlungen und Interessen mit denen anderer Menschen abzustimmen und auszutarieren.

Das folgende Ergebnis scheint auf den ersten Blick nicht so recht in das beschriebene Bild zu passen. Wir hatten folgende Frage gestellt: *Ich glaube, ich kann einem Partner außerordentlich viel ... wenig Liebe schenken.* Der Trend von 1975 nach 1989 geht dahin, daß die Jugendlichen heute im Schnitt eher glauben, einem Partner nur wenig Liebe schenken zu können. Zwei Interpretationen bieten sich an: Zum einen könnte es sein, daß die Jugendlichen ihre soziale Kontaktfähigkeit im Bereich alltäglicher und relativ oberflächlicher Kontakte weiterentwickelt haben, dieser Fortschritt aber auf Kosten ihrer sozialen Bindungsfähigkeit in intimen Beziehungen erkauft wurde. Andererseits könnte es aber auch sein, daß die Erwartungen an die emotionale Erfüllung, die die Zweierbeziehung bringen soll und damit einhergehend die Ansprüche an sich selbst, welche Leistungen für das Gelingen einer Zweierbeziehung zu erbringen seien, enorm gestiegen sind. Auf dem Hintergrund dieser gestiegenen Erwartungen und Ansprüche - an sich selbst und an die Zweierbeziehung - würde verständlich, warum Jugendliche heute von sich eher annehmen, einem Partner nur wenig Liebe schenken zu können. Dieser Interpretation wird auch durch die Überlegungen von Beck (1986) sowie Beck und Beck-Gernsheim (1990) unterstützt, die davon ausgehen, daß die Zweierbeziehung heute - trotz aller Kritik, die an ihr geübt wird - mit enormen Erwartungen überfrachtet wird und auch deshalb so häufig scheitert (vgl. z.B. Beck 1986, S. 175).

Weiteren Aufschluß bringt hier die Betrachtung dieses Items in Abhängigkeit von Geschlecht und Bildungsgrad: Während 1975 bei beiden Geschlechtern die besser Gebildeten meinten, einem Partner nur wenig Liebe schenken zu können, glauben dies 1989 eher die Frauen mit höherem und die Männer mit niedrigem Bildungsgrad. Der Einfluß der Bildung besteht wohl darin, daß das Durchlaufen der Systeme höherer Bildung vom Einzelnen ein hohes Maß an individueller Leistung und an Bereitschaft, sich in der Konkurrenz mit anderen zu behaupten, erfordert. Und darunter leidet dann die Bereitschaft und die Fähigkeit, einem Partner außerordentlich viel Liebe schenken zu können. Dies galt 1975 für die besser Gebildeten beider Geschlechter. Daß bei den besser gebildeten Frauen 1989 der Trend dahin geht, einem Partner nur wenig Liebe schenken zu *können,* liegt wohl daran, daß sie es nicht mehr *wollen.* Sie haben sich stärker auf ihre eigenen Interessen besonnen und sind deshalb auf Distanz gegangen zur traditionell weiblichen Haltung des Liebeschenkens.

Bei den Männern mit niedrigem Bildungsgrad liegen die Dinge anders. Im Unterschied zu 1975 empfinden sie 1989 ihre geringere Bildung als Mangel, den sie sich als persönliches Versagen zuschreiben. Wie ihre überdurchschnittliche *Depressivität* und ihre starken *Selbstwertkonflikte* - auf die wir noch zurückkommen werden - zeigen, fühlen sie sich als Versager, d.h. sie können sich selbst nicht richtig lieben und deshalb auch einem Partner nur wenig Liebe schenken.

Welchen Einfluß hat die Bildungsexpansion?

Dieser letzte Befund hat schon deutlich gemacht, daß der Bildungsgrad große Bedeutung hat. Das ist auch nicht anders zu erwarten, muß doch die Bildungsexpansion in den sechziger, siebziger und achtziger Jahren als eine der einschneidendsten Veränderungen in der Nachkriegsgesellschaft angesehen werden. Seit Beginn der fünfziger Jahre hat sich die Zahl derer, die eine höhere Schulausbildung absolviert haben, bei den Jungen fast verdoppelt und bei den Mädchen fast verdreifacht (vgl. Beck 1986, S. 128). Ein ähnliches Bild ergibt sich bei den Hochschulen. Hier haben "die Frauen fast mit den Männern gleichgezogen. (...) Die Bildungsexpansion war im wesentlichen auch eine Bildungsexpansion für die Frauen" (ebd.). Ulrich Beck spricht sogar von einer "Feminisierung der Bildung" (ebd.). Vor diesem Hintergrund erscheint es lohnend, die psychologischen Veränderungen seit 1975 in Abhängigkeit vom Bildungsgrad und vom Geschlecht genauer zu betrachten.

Ganz gravierende Veränderungen gab es in Abhängigkeit vom Bildungsgrad. Zum Teil kam es zwischen den besser Gebildeten und den schlechter Gebildeten sogar zu gegenläufigen Entwicklungen. Dies zeigt sich beispielsweise bei dem Gießen-Test-Item: *Ich mache mir häufig / selten Gedanken über meine inneren Probleme.* Während die jungen Erwachsenen mit höherem Bildungsgrad sich 1975 noch häufiger über ihre inneren Probleme Gedanken machten als ihre Altersgenossen mit niedrigem Bildungsgrad, haben sich die Unterschiede 1989 nivelliert.

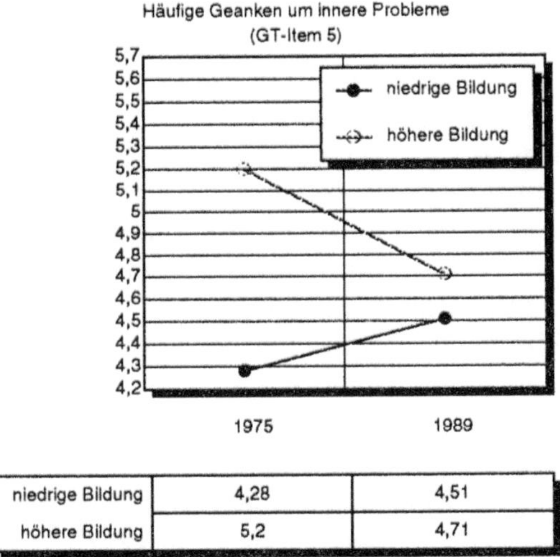

	1975	1989
niedrige Bildung	4,28	4,51
höhere Bildung	5,2	4,71

Diese Angleichung ist auf zwei gegenläufige Entwicklungen zurückzuführen: Auf der einen Seite sind die höher Gebildeten heute weniger bereit, sich über ihre inneren Probleme Gedanken zu machen als 1975, während auf der anderen Seite bei den niedriger Gebildeten die Entwicklung in die entgegengesetzte Richtung verlief. Sie machen sich 1989 mehr Gedanken über ihre inneren Probleme als 14 Jahre zuvor.

Noch krasser verliefen die Veränderungen bei der Frage, ob man sich selten oder immer *Selbstvorwürfe* mache.

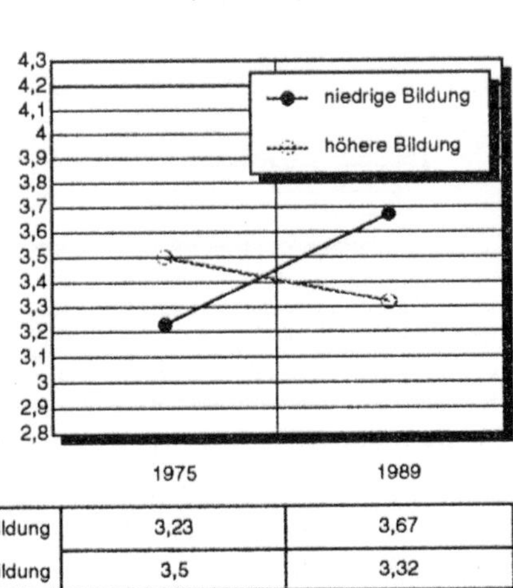

	1975	1989
niedrige Bildung	3,23	3,67
höhere Bildung	3,5	3,32

Während 1975 die höher Gebildeten sich mehr Selbstvorwürfe machten als ihre Altergenossen mit niedrigem Bildungsgrad, haben sich die Verhältnisse 1989 genau umgekehrt: Heute machen sich die jungen Erwachsenen mit niedrigem Bildungsgrad mehr Selbstvorwürfe als die mit höherem.

Dieser Trend zeigt sich auch auf der Gießen-Test-Skala 4 *depressiv versus hypomanisch*. Während 1975 die Personen mit höherem Bildungsgrad eher depressiv bzw. selbstreflexiv waren, ist dieser Unterschied 1989 verschwunden. Die jungen Erwachsenen mit höherer Bildung sind genauso hypomanisch geworden wie die mit niedriger Bildung.

Höhere Bildung ist heute offenbar nicht mehr so eng verbunden mit Depressivität und mit Selbstreflexion wie noch vor 14 Jahren. Man kann vermuten, daß es die jungen Erwachsenen Mitte der siebziger Jahre noch als Privileg empfanden, in den Genuß einer höheren Bildung zu kommen. Die soziale Bevorzugung implizierte Schuldgefühle, Selbstvorwürfe und die innere Verpflichtung zum sozialen Engagement (vgl. Wirth 1979). Diese Interpretation wird durch einen weiteren Befund gestützt:

Jugendliche mit höherem Bildungsgrad machen sich 1989 weniger oft *große Sorgen um andere Menschen* als ihre Altersgenossen mit niedrigem Bildungsgrad.

Oft Sorgen um andere Menschen
(GT-Item 32)

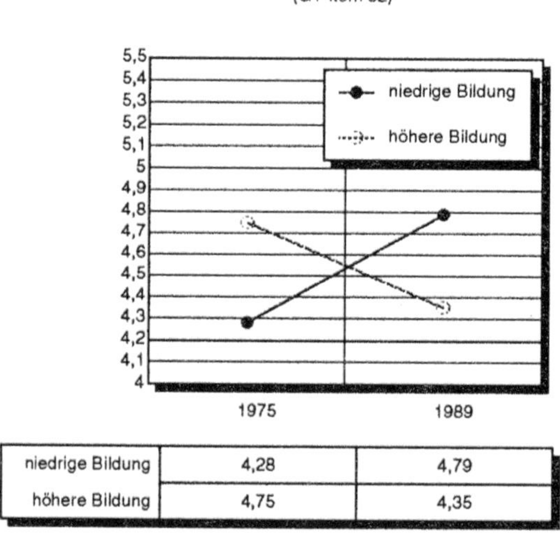

	1975	1989
niedrige Bildung	4,28	4,79
höhere Bildung	4,75	4,35

14 Jahre zuvor war es noch genau umgekehrt. Damals hatten die höher Gebildeten noch das größere soziale Verantwortungsgefühl. Sie empfanden ihre bevorzugte Situation als besondere Gunst, die sie veranlaßte, sich um das Wohl anderer Menschen zu sorgen.

Das Privileg der höheren Bildung wurde Mitte der siebziger Jahre noch als Verpflichtung zur sozialen Verantwortung und zur Solidarität empfunden. Das "Lernziel Solidarität" - so ein Buchtitel von Horst-Eberhard Richter (1974) - stand hoch im Kurs. Im übrigen paßte diese Grundhaltung der Solidarität auch zur alternativen Orientierung, die das soziale und politische Bewußtsein insbesondere der akademischen Jugend Mitte der siebziger Jahre maßgeblich bestimmte (vgl. Wirth 1984; Thiel 1989).

Diese Befunde lassen sich aber auch als Ergebnis der Veränderungen interpretieren, die in den Institutionen der höheren Bildung in den letzten Jahren stattgefunden haben. Schule und Hochschule scheinen demnach immer weniger in der Lage, ihren Absolventen die Fähigkeit zur Selbstreflexion und das Gefühl der sozialen Verantwortung zu vermitteln. Träfe diese Interpretation zu, würde dies eine sehr grundlegende Kritik unseres gesamten Bildungssystems implizieren (vgl. Leuzinger-Bohleber, Mahler 1993). Einen ähnlichen institutionskritischen Befund fanden wir schon einmal in einer Untersuchung über Studenten und ihre Urteile über die Universität (vgl. Beckmann u.a. 1970). Damals kam heraus, daß Medizinstudenten zwar zu Beginn ihres Studiums eine hohe soziale Motivation aufweisen, diese aber im Laufe ihres Studiums verlieren.

Nach diesen Befunden überrascht es nicht, daß die besser Gebildeten ihre Ängstlichkeit verloren haben.

Unsere Frage lautete: *Ich halte mich für wenig ... besonders ängstlich.* Jugendliche mit höherem Bildungsgrad waren 1975 viel ängstlicher als ihre Altersgenossen mit niedrigem Bildungsgrad. 1989 war dies umgekehrt.

Halte mich für ängstlich
(GT-Item 8)

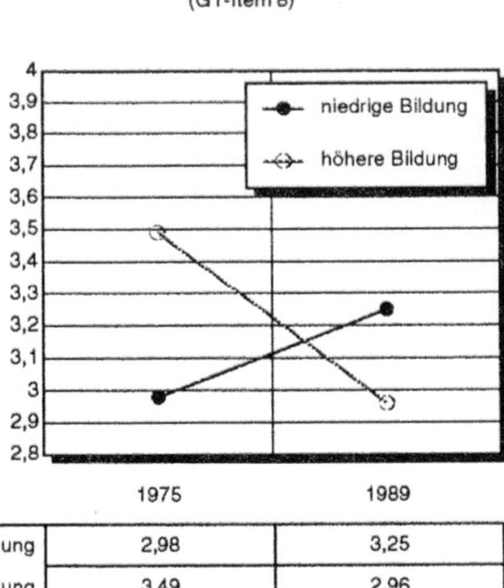

	1975	1989
niedrige Bildung	2,98	3,25
höhere Bildung	3,49	2,96

Die gleiche psychosoziale Dynamik bildet sich auch bei einer Frage nach der *Zufriedenheit mit der eigenen Arbeitsleistung* ab.

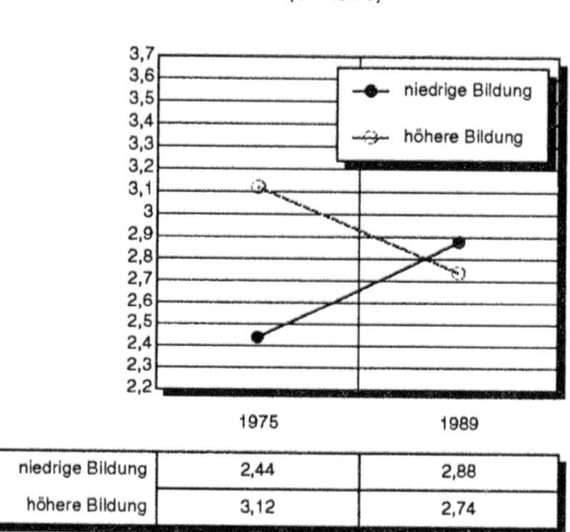

	1975	1989
niedrige Bildung	2,44	2,88
höhere Bildung	3,12	2,74

1989 sind die jungen Erwachsenen mit höherer Bildung mehr als ihre Altersgenossen mit niedriger Bildung der Meinung, daß andere mit ihrer Arbeitsleistung besonders zufrieden sind, während dies 1975 genau umgekehrt der Fall war.

Und auch hinsichtlich der *sozialen Potenz* (GT-Skala 6) haben sich die Verhältnisse zwischen den beiden Bildungsgruppen genau umgekehrt: Während sich 1975 eher die höher Gebildeten *sozial impotent* bewerteten, tun dies heute eher die weniger Gebildeten.

Möglicherweise war für die höher Gebildeten 1975 die Entscheidung, eine weiterführende Schule zu besuchen, noch mehr mit Selbstzweifeln verknüpft. Es war noch eher etwas Besonderes und bedurfte einer spezifischen und hohen Motivation. Man stellte also besonders hohe Ansprüche an sich und war sich deshalb unsicher, ob die anderen mit der eigenen Arbeitsleistung zufrieden sein würden.

Hinzu kommt, daß sich Mitte der siebziger Jahre viele junge Akademiker in einer sozialen Außenseiterposition fühlten. In ihrer Situation als Studenten hatten sie das Gefühl, sie seien trotz ihrer höheren Bildung gesellschaftlich nicht voll anerkannt und wegen ihrer alternativen Orientierung und Lebensweise vielleicht sogar gesellschaftlich geächtet (vgl. den Beitrag von Scheer, Brähler, Wirth in diesem Band). Man erinnere sich: 1975 war die Alternativ-Bewegung auf ihrem Höhepunkt. Viele Abiturienten und Studenten identifizierten sich mit alternativen Wertmustern und Lebensvorstellungen und mußten erfahren, daß die übrige Gesellschaft ihnen diese alternative Orientierung als mangelnde Leistungsbereitschaft vorwarf. Heute herrscht an den Hochschulen ein anderes Klima. Höhere Bildung gilt als absolutes Muß für sozialen und beruflichen Aufstieg und der Studentenstatus erscheint nicht mehr so eng verknüpft mit alternativen Orientierungen.

Auf jeden Fall sprechen unsere Befunde dafür, daß die gesellschaftliche Anerkennung der Arbeiten, die aufgrund von höherer Bildung ausgeübt werden, zugenommen und die Anerkennung für Tätigkeiten, die aufgrund eines niedrigen Bildungsniveaus ausgeübt werden, abgenommen hat. Diese veränderte gesellschaftliche Wertung dürfte auch bei dem folgenden Befund eine Rolle spielen:

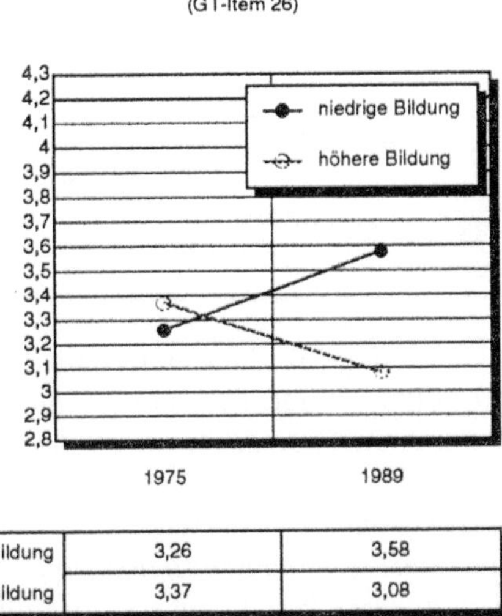

niedrige Bildung	3,26	3,58
höhere Bildung	3,37	3,08

Jugendliche mit höherem Bildungsgrad sind 1989 stärker als ihre Altersgenossen mit niedriger Bildung davon überzeugt, daß sie über *besonders viel Phantasie* verfügen. 1975 gab es hier noch keinen signifikantenUnterschied. Hinzu kommt ein weiteres Ergebnis: Jugendliche mit höherem Bildungsgrad glauben 1989 mehr, daß man sie *als stark einschätzt,* als ihre Altersgenossen mit niedrigem Bildungsgrad. 1975 war dies noch umgekehrt der Fall.

Pointiert könnte man sagen: früher war "Stärke" mit körperlicher Arbeit und körperlicher Kraft assoziiert, heute ist sie mit geistiger Arbeit verbunden. Unter diesem Gesichtspunkt kann man die Body-building-Kultur, insofern sie besonders unter Arbeiter-Jugendlichen verbreitet ist, als Kompensationsversuch für die gesellschaftliche Entwertung körperlicher Arbeit verstehen.

Bei Jugendlichen mit höherem Bildungsgrad hingegen hat das Betreiben von body-building häufig die Funktion, der totalen Vergeistigung, die als Auflösung von haltgebenden Strukturen erlebt wird, durch die besondere Betonung von Köperlichkeit entgegenzuwirken.

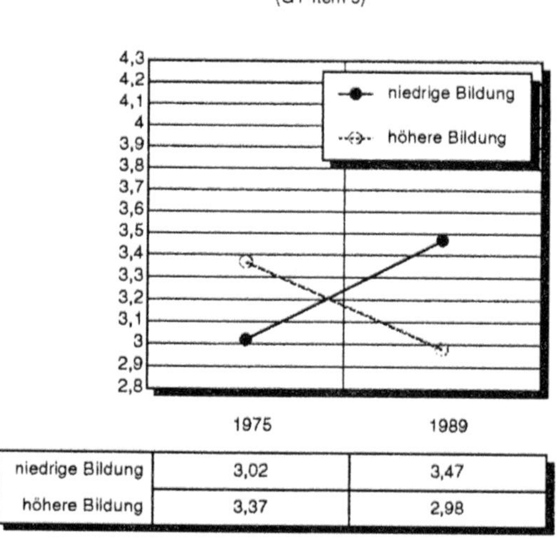

	1975	1989
niedrige Bildung	3,02	3,47
höhere Bildung	3,37	2,98

Im übrigen zeigen sich einige Bildungsunterschiede, die gleichermaßen für 1975 und für 1989 gelten. Junge Erwachsene mit höherem Bildungsgrad unterscheiden sich von ihren Altersgenossen u.a. dadurch, daß sie

- *es mehr darauf anlegen, andere zu lenken,*
- *stärker daran interessiert sind, andere zu übertreffen,*
- *sich im Vergleich zu anderen besonderes eigensinnig benehmen und wesentlich dominanter sind (Skala 2).*

Hierbei handelt es sich offenbar um Eigenschaften, die besonders eng mit dem Bildungsgrad verknüpft sind.

Zusammenfassend kann man sagen, daß sich die höher Gebildeten auf dem Wege zur Ellbogen-Gesellschaft befinden. Die junge Generation, jedenfalls was die höher Gebildeten anbelangt, hat sich dem Trend zur Ellbogen-Gesellschaft, den wir für den Durchschnitt der Bevölkerung festgestellt haben (vgl. Brähler, Richter 1990), nicht entziehen können. Die besser gebildeten jungen Erwachsenen sind *selbstzufriedener, weniger selbstreflexiv, durchsetzungsfähiger, ehrgeiziger in der Rivalität* und dafür *weniger sozial orientiert,* als sie es noch Mitte der siebziger Jahre waren. In diesen Befunden scheint sich die Tatsache widerzuspiegeln, daß der Bildungsgrad immer mehr Bedeutung dafür erlangt, ob man sich in unserer Gesellschaft in der Konkurrenz zu behaupten vermag. Bildung und Wissen ("Wissen ist Macht") werden heute viel ungenierter benutzt, um sich in der Rivalität durchzusetzen. Während 1975 die Selbstreflexivität und Depressivität, die gleichzeitig mit der Bildung vermittelt wurden, dem besser Gebildeten dazu verhalfen, seine mit der Bildung erworbenen höheren Durchsetzungschancen im Zaume zu halten, sind die besser gebildeten Jugendlichen heute von solchen "Hemmungen" befreit und können ihrer Dominanz und ihrer Konkurrenzlust ungehindert frönen.

Auf der anderen Seite stehen die jungen Erwachsenen mit niedriger Bildung. Sie empfinden ihre geringere Bildung zunehmend als persönliches Defizit, das sie sich als "*inneres Problem*" anlasten. Sie fühlen sich als Bodensatz, als Leute, die in der Konkurrenz abgehängt worden sind. Dieses Gefühl des Abgehängtseins und des Nicht-konkurrieren-Könnens bei den Jugendlichen, die höchstens einen Hauptschulabschluß haben, ist heute ausgeprägter als 1975, da inzwischen ein höheres Bildungsniveau zur sozialen Norm geworden ist. Deshalb geht bei ihnen die psychosoziale Entwicklung in die umgekehrte Richtung wie bei den Gebildeteren. Die weniger gebildeten jungen Erwachsenen sind heute *depressiver, unsicherer* und *gefügiger, machen sich* allerdings dafür *mehr Gedanken über innere Probleme* und *mehr Sorgen um andere Menschen.* Dieser letzte Befund überrascht. Möglicherweise wird die Einstellung der Solidarität aus der Not geboren, weil die weniger Gebildeten glauben, sich sonst überhaupt nicht mehr im Konkurrenzkampf behaupten zu können.

Welche geschlechtsspezifischen Entwicklungstrends zeichnen sich ab?

Da, wie gesagt, der Anteil der Frauen an der höheren Bildung im Vergleich zu früher besonders stark gestiegen ist, muß man erwarten, daß sich für Frauen mit höherer Bildung, für Frauen mit niedriger Bildung, für Männer mit höherer Bildung und für Männer mit niedriger Bildung ganz spezifische psychologische Konstellationen herausgebildet haben.

Eine markante Veränderung gab es bei der Frage: *Ich habe den Eindruck, ich bin eher ungeduldig ... eher geduldig.* Während sich 1975 die männlichen Jugendlichen - unabhängig von ihrem Bildungsgrad - eher geduldig sahen, sind 1989 die männlichen Jugendlichen mit niedrigem Bildungsgrad und die weiblichen Jugendlichen mit hohem Bildungsgrad eher ungeduldig.

Die gestiegene Ungeduld der Männer mit niedrigem Bildungsgrad ist vermutlich als Ärger über die empfundene Benachteiligung zu verstehen, die durch die Zunahme und durch die gewachsene gesellschaftliche Bedeutung der höheren Bildung entstanden ist. Diese Ungeduld ist der direkte psychische Ausdruck des gesellschaftlichen Entwertungsprozesses, den die Hauptschule in den letzten 20 Jahren durchgemacht hat.

Die Ungeduld der Frauen mit hohem Bildungsgrad hat hingegen einen anderen Hintergrund: Hier hat die höhere Bildung den Frauen erst bewußt gemacht, wie stark sie in unserer Gesellschaft benachteiligt sind. Die höhere Bildung hat sie für die soziale Diskriminierung der Frau sensibiliert. Daß die jungen Frauen selbst in den Genuß einer höheren Bildung gekommen sind, hat sie nicht besänftigt, sondern im Gegenteil ihrer Ungeduld noch Auftrieb verliehen.

Auch bei der Frage: *Ich glaube, ich meide eher ... suche eher sehr engen Anschluß an einen anderen Menschen* ergaben sich gravierende Veränderungen. Während 1975 vor allem junge Frauen mit höherem Bildungsgrad eher sehr engen Anschluß an einen anderen Menschen suchten, sind es 1989 vor allem die Frauen mit niedrigem Bildungsgrad. Die höher gebildeten Frauen von heute sind selbstbewußter als die von 1975. Sie wollen selbst "ihre Frau" stehen und sich nicht an einen Partner anlehnen.

Die jungen Frauen mit niedrigem Bildungsgrad hingegen haben eher das Gefühl, *engen Anschluß an einen anderen Menschen* zu benötigen, vielleicht um mit dessen Hilfe zu ihrem Recht zu kommen, das ihnen auf dem Wege durch das Ausbildungssystem verwehrt wurde. Sie fühlen sich sozial ins Abseits gedrängt und versuchen deshalb auf konventionellem Wege, nämlich über die Ehe, sich soziale Anerkennung und Sicherheit zu verschaffen.

Was den *Umgang mit dem anderen Geschlecht* anbelangt, sind insbesondere die Männer mit niedrigem Bildungsgrad heute in einer prekären Situation. 1975 waren es noch die besser gebildeten Männer und die schlechter gebildeten Frauen, die sich im Umgang mit dem anderen Geschlecht befangen fühlten. Heute sind dies vor allem die Männer mit niedrigem Bildungsgrad.

In diesem Befund drückt sich wieder die besonders schwierige Situation der jungen Männer mit niedrigem Bildungsgrad in der heutigen Zeit aus. Während es für die niedrig gebildeten Frauen auch heute noch gewisse Kompensationsmöglichkeiten gibt, nämlich Erfüllung und Selbstbestätigung im familiären und sozialen Kontakt zu suchen, fühlen sich die Männer mit niedrigem Bildungsgrad am Ende der sozialen Leiter. Sie fühlen sich als Versager und mit diesem angeknacksten Selbstwertgefühl werden auch ihre sozialen Kontaktmöglichkeiten, insbesondere mit dem anderen Geschlecht, eingeschränkt.

Ein ganz besonders markantes Ergebnis ist die *Dominanz* der gebildeten Frauen. Ihre Dominanz und ihre gewachsene *Eigensinnigkeit* ist wohl als Ergebnis ihres größeren Selbstbewußtseines und ihrer höheren Bildung zu verstehen.

Betrachten wir zum Schluß noch ein Ergebnis auf Skala 4: *Hypomanie versus Depressivität*: 1975 waren die Frauen mit hoher Bildung am depressivsten von allen Gruppen. 1989 ist diese Gruppe um 2.5 Prozentpunkte hypomanischer geworden. Die Frauen mit hoher Bildung haben sich also extrem verändert. Sie sind *dominanter, eigensinniger, selbstbewußter* und *weniger depressiv* geworden. Man könnte sie als die "psychologischen Gewinnerinnen der Bildungsexpansion" bezeichnen.

Die Männer mit hohem Bildungsgrad sind zwar auch etwas hypomanischer geworden, jedoch nur sehr geringfügig.

In umgekehrter Richtung hingegen haben sich die Frauen und die Männer mit niedrigem Bildungsgrad entwickelt. Hier sind es aber insbesondere die schlechter gebildeten Männer, die sehr viel depressiver geworden sind. Faßt man alle Befunde zusammen, kann man die Männer mit niedrigem Bildungsgrad als die "psychologischen Verlierer der Bildungsexpansion" bezeichnen.

Wie unterscheiden sich die Jüngeren von den Älteren?

Bei der Skala *Fortschrittskritik* gibt es keine Unterschiede zwischen den Jüngeren und den Älteren. Die Frauen zeigen jedoch größere *Fortschrittskritik*, und auch die Personen mit niedrigem Bildungsgrad blicken - unabhängig von ihrem Alter - pessimistischer in die Zukunft.

Inhaltlich geht es bei der Skala *Fortschrittskritik* um Umweltzerstörung, aber auch um Vernichtung von Arbeitsplätzen. Davon fühlen sich in unserer Gesellschaft die Frauen und die Personen mit niedrigem Bildungsgrad stärker betroffen als andere.

Etwas verwirrend wird das Bild bei der Skala *Positive Zukunftserwartung*. Hier zeigen die Frauen übereinstimmend mit der vorigen Skala, daß sie weniger positive Zukunftserwartungen haben, jedoch gibt es hier keinen Bildungsunterschied. Bei dieser Skala sind die Antworten jedoch stark vom Alter abhängig. Die jüngeren Menschen haben weniger positive Zukunftserwartungen als die älteren. Bei den Skalen, in denen es um gewerkschaftliche Gestaltungsmöglichkeiten und gewerkschaftliche Defizite geht, gibt es keine Alters- und Bildungsunterschiede, lediglich bei der Skala *Gewerkschaftliche Gestaltungsmöglichkeiten* zeigt sich eine geringe Geschlechtsrelevanz, auf die wir hier nicht eingehen wollen.

Bei den Skalen, in denen es um die Kritik an den gegenwärtigen Gewerkschaften geht, zeigt sich, daß sich die Jüngeren *kämpferische Gewerkschaften* wünschen.

Bei der Skala *Politische Ohnmacht* ergeben sich Unterschiede sowohl bezüglich Geschlecht und Alter als auch Bildungsgrad in der Weise, daß sich sowohl die Frauen als auch die Personen mit niedrigem Bildungsgrad eher politisch ohnmächtig fühlen. Aber auch die jüngeren Personen sehen geringere politische Gestaltungsmöglichkeiten als die älteren. Außerdem kommt es zu einer Interaktion zwischen den unabhängigen Variablen in der Weise, daß ältere Frauen mit hohem Bildungsgrad sehr wenig politische Gestaltungsmöglichkeiten für sich entdecken können. Diesen Frauen wird die Diskrepanz zwischen ihrem eigenen Vermögen und den Umsetzungsmöglichkeiten schmerzlich bewußt.

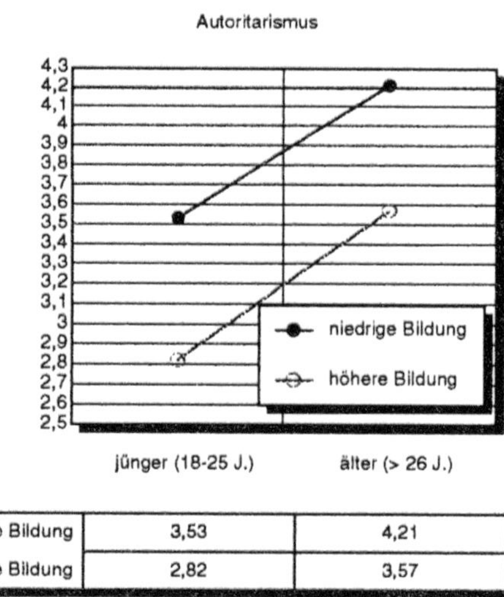

	jünger (18-25 J.)	älter (> 26 J.)
niedrige Bildung	3,53	4,21
höhere Bildung	2,82	3,57

Ausgesprochen massive Differenzen zwischen Jüngeren und Älteren treten bei der Skala *Autoritarismus* auf. Nichts trennt die Jüngeren stärker von den Älteren als die antiautoritäre Grundhaltung der jungen Generation. Bei dieser Skala ist auch die Differenz zwischen hohem und niedrigem Bildungsgrad massiv. Personen mit hohem Bildungsgrad sind weniger autoritär. Betrachten wir in diesem Zusammenhang noch die Selbstkonzeptskalen im Gießen-Test so sehen wir, daß die Jüngeren *dominanter* (Skala 2), aber auch *nicht so zwanghaft* (Skala 3) wie die Älteren sind und daß die Personen mit hohem Bildungsgrad ebenfalls *dominanter* und weniger *zwanghaft* sind.

Dies bedeutet, die jüngeren Leute sind zwar sehr dominant was ihre Bereitschaft anbelangt, sich durchzusetzen und ihre Ellbogen zu gebrauchen, doch gleichzeitig sind sie nicht autoritär, d.h. ihr Durchsetzungsvermögen richtet sich auch gegen "oben". Sie sind nicht mehr so *gefügig* (Skala 2) und neigen dazu, Anweisungen von Autoritäten zunächst einmal kritisch zu hinterfragen. Blinde Autoritätsergebenheit ist ihnen sehr fremd. Dies bedeutet: Die erhöhte Durchsetzungsfähigkeit der Jüngeren ist Zeichen ihres Selbstbewußtseins und ihrer Emanzipation vom Syndrom des "autoritären Charakters", das sich durch Zwanghaftigkeit, Rigidität, Autoritätshörigkeit und reaktionäre politische Gesinnung auszeichnet.

Das Kontrastbild zu den jungen Gebildeten geben die Anhänger der Republikaner ab. Die männlichen Rep-Anhänger zeichnen sich dadurch aus, daß sie sowohl sehr dominant sind als auch sehr autoritären Vorstellungen anhängen (vgl. Brähler, Richter 1990). Das heißt, bei der Interpretation der Dominanz-Skala muß immer berücksichtigt werden, gegen wen sich das Durchsetzungsvermögen richtet. Wendet sich die Dominanz gegen Gleichgestellte oder Untergebene, ist sie eher im Sinne von mangelnder Solidarität zu interpretieren. Wenn sich das Durchsetzungsvermögen jedoch gegen falsche oder überhaupt gegen Autoritäten richtet, ist es eher als kritische Grundhaltung zu verstehen.

Die eingangs gestellte Frage, ob die Jugendlichen an der Spitze des Trends liegen, der durch die Abkehr von sozialen Orientierungen gekennzeichnet ist, läßt sich wie folgt beantworten: Die Jugendlichen sind nicht die Vorreiter und Trendsetter einer Bewegung hin zur Ellbogen-Gesellschaft. Sie können sich diesem gesellschaftlichen Trend jedoch nicht völlig entziehen. Was die Abkehr von autoritären Vorstellungen anbelangt, liegen die Jungen vorn. Aufgrund der beiden Tatsachen, daß zum einen höherer Bildungsgrad einhergeht mit der Abkehr von autoritären Orientierungen und zum anderen der Bildungsgrad gesamtgesellschaftlich zunimmt, läßt sich die folgende zwiespältige Diagnose des Zeitgeistes wagen: Unsere Gesellschaft befindet sich mitten in einer Entwicklung, die wegführt von autoritären Denkmustern. Das gestiegene Bildungsniveau und das gewachsene Selbstbewußtsein der jüngeren Generation, insbesondere der Frauen, geht einher mit einer gewachsenen Fähigkeit zur Bildung einer selbständigen Meinung und der gestiegenen Fähigkeit, die gegebenen gesellschaftlichen Verhältnisse kritisch zu hinterfragen. Diese Entwicklung enthält die Chance zu einer größeren Humanisierung des gesellschaftlichen Verkehrs der Menschen, die allerdings dadurch gemindert wird, daß dieser Individualisierungsprozeß mit einer Abwendung von sozialen Orientierungen verknüpft ist.

Literatur

Beck, U. (1986): Risikogesellschaft. Auf dem Weg in eine andere Moderne. Frankfurt (Suhrkamp).

Beck, U., Beck-Gernsheim, E. (1990): Das ganz normale Chaos der Liebe. Frankfurt (Suhrkamp).

Beckmann, D., Moeller, M.L., Richter, H.E., Scheer, J.W. (1970): Studenten. Urteile über sich selbst, über ihre Arbeit und über die Universität. Bericht über ein Forschungsprogramm der Psychosomatischen Universitätsklinik Gießen. Frankfurt (Aspekte).

Beckmann, D., Brähler, E., Richter, H.E. (1983): Der Gießen-Test (GT). Ein Test für Individual- und Gruppendiagnostik. Handbuch. Bern (Huber).

Beckmann, D., Brähler, E., Richter, H.E. (1991): Der Gießen-Test (GT). Ein Test für Individual- und Gruppendiagnostik. Handbuch. 4. Auflage. Bern (Huber).

Brähler, E., Richter, H.E. (1989): "Mehr Action, weniger sozial". Wie sich die Deutschen verändert haben. In: Der Spiegel, 43. Jhg., Heft 44, S. 292-295.

Brähler, E., Richter, H.E. (1990): Wie haben sich die Deutschen seit 1975 psychologisch verändert? Mehr Individualismus, mehr Ellbogen, stärkere Frauen. In: Richter, H.E. (Hg.), (1990): Russen und Deutsche. Alte Feindbilder weichen neuen Hoffnungen. Hamburg (Hoffmann und Campe).

Elias, N. (1939): Über den Prozeß der Zivilisation. Soziogenetische und psychogenetische Untersuchungen. 1. Band. Wandlungen des Verhaltens in den westlichen Oberschichten des Abendlandes. Frankfurt 1978 (Suhrkamp).

Heitmeyer, W., Olk, T. (Hg.), (1990): Individualisierung von Jugend. Weinheim (Juventa).

Leuzinger-Bohleber, M., Mahler, E. (Hg.), (1993): Phantasie und Realität in der Spätadoleszenz. Gesellschaftliche Veränderungen und Entwicklungsprozesse bei Studierenden. Opladen (Westdeutscher Verlag).

Richter, H.-E. (1974): Lernziel Solidarität. Reinbek (Rowohlt).

Thiel, W. (1989): Zwischen Ideal und Wirklichkeit. Motive, Chancen und Schwierigkeiten in alternativen Projekten. In: Bock, M., Reimitz, M., Richter, H.E., Thiel, W., Wirth, H.-J. (1989): Zwischen Resignation und Gewalt. Jugendprotest in den achtziger Jahren. Opladen 1989 (Leske und Budrich). S. 43-64.

Wirth, H.-J. (1979): Motive sozialen Engagements. Über Selbstbild, Einstellung und Arbeitsweise sozial-politisch handelnder Gruppen am Beispiel der Initiativgruppe Eulenkopf. Gießen 1994 (Psychosozial-Verlag).

Wirth, H.-J. (1984): Die Schärfung der Sinne. Jugendprotest als persönliche und kulturelle Chance. Frankfurt (Syndikat).

Wirth, H.-J., Brähler, E. (1994): Transkulturelle Aspekte des Geschlechterverhältnisses. Eine vergleichende sozialpsychologische Befragung deutscher und russischer Studierender. In: psychosozial 55, 17. Jhg., S. 27-44.

Entsolidarisierung. Das Verhältnis der Westdeutschen zu Minderheiten und Randgruppen

Albrecht Köhl und Roland Schürhoff

Die Teilung der Deutschen

In der bundesrepublikanischen Nachkriegsgeschichte war die Vorstellung der deutschen Einheit ein unverzichtbarer und die großen politischen Parteien einender Wert. So sehr sich auch die gesellschaftlichen Systeme der beiden deutschen Staaten unterschieden und auseinander entwickelten, so sehr mußte die Idee der Wiedervereinigung festgehalten und im Bewußtsein der Menschen wachgehalten werden. Die Verankerung im Grundgesetz war das wichtigste Ergebnis dieser Bemühungen auf seiten der westdeutschen Bevölkerung.

Aber wie war der Wunsch und die Sehnsucht nach der deutschen Einheit bei den Jüngeren wachzuhalten? Schien es nicht aussichtslos zu sein, einer nachwachsenden Generation das Gefühl einer Zusammengehörigkeit vermitteln zu wollen, obwohl diese nach dem Krieg geborenen Westdeutschen nie die Gelegenheit hatten, das andere Deutschland zu besuchen und kennenzulernen?

Sozialpsychologisch betrachtet ging es um die Frage, wie in zwei voneinander weitgehend isolierten Gruppen eine kommunikative und emotionale Verbindung ermöglicht werden kann, obwohl die beiden Gruppen über grundlegend verschiedene und sich gegenseitig ausschließende Interpretationssysteme der sozialen und politischen Wirklichkeit verfügen. Angesichts dieser trennenden Bedingungen ist es verständlich, daß in den Jahren der Spaltung und des "kalten Krieges" wiederholt Versuche zu erkennen sind, ein grundlegendes deutsches Nationalgefühl zu hypostasieren. Diese Versuche auf westdeutscher Seite standen jedoch für die auf Abgrenzung und Eigenständigkeit bedachte DDR immer im Verdacht, die ideologische Vorbereitung einer Politik darzustellen, die auf die Vereinnahmung der DDR unter westlich-kapitalistischen Vorzeichen zielte.

Ohne Zweifel war es in der Nachkriegsgeschichte der Deutschen eine fast unlösbare Aufgabe, die Zusammengehörigkeit im Gruppenbewußtsein aufrecht zu erhalten, solange die jeweils andere Gruppe sich antagonistisch definierte. Dennoch gab es mannigfache Bemühungen, die Verbindungen zwischen den Deutschen zu betonen. Sie spiegelten sich u.a. im Sprachgebrauch wider, beispielsweise in der Rede von den "Brüdern und Schwestern im anderen Teil Deutschlands". Diese Formel erfüllte mehrere Funktionen. Zum einen enthielt sie den Begriff des nicht existierenden ganzen Deutschland, dessen Teilung betont wurde. Es kam offenbar darauf an, eine Großgruppenzugehörigkeit zu unterstellen und zu betonen, angesichts derer die aktuelle Trennung in zwei konkurrierende und einander feindlich gegenüberstehende Gruppen als vorläufig und widernatürlich anzusehen war. Zum anderen ersetzte die Formel von den "Brüdern und Schwestern" die Gefühle von Entfernung und Fremdheit durch eine behauptete Verwandtschaftsbeziehung, und zwar die engste, die es auf der Ebene gleicher Generationszugehörigkeit geben kann, nämlich die Geschwisterbeziehung. Der sozialpsychologische Zweck dieser Formel ist leicht erkennbar: Je antagonistischer sich die beiden Gruppen entwickelten, desto mehr mußte ein gemeinsames Über-Ich etabliert werden, das zumindest die Existenz des Wunsches nach Zusammengehörigkeit und Einheit garantierte.

Die ideologische Funktion des Sprachgebrauchs von den "Brüdern und Schwestern drüben" wird besonders deutlich, wenn man die realen Beziehungen zwischen den Menschen hüben und drüben betrachtet. Von Beginn an wurden die "deutschen Geschwister" ungleich behandelt, hatten ungleiche Entwicklungsbedingungen und deutlich unterschiedliche Erfolgsaussichten. Auch die "Paten" der westdeutschen Geschwister waren mit dem "Patenonkel" UdSSR kaum zu vergleichen. Die Deutschen in der DDR mußten sich unter diesen Bedingungen allenfalls als Stiefkinder der zerbrochenen deutschen Großfamilie vorkommen. Und im Westen wurden diese Vorstellungen bestärkt, indem die DDR und ihre Bürger zunehmend als karitatives Problem aufgefaßt wurden. Die Paketaktionen der fünfziger und sechziger Jahre wurden in den siebziger Jahren abgelöst durch großzügige staatliche Alimentierungsaktionen (Kredite, Transitgebühren etc.).

Die zugrundeliegende Konfliktkonstellation zwischen den beiden deutschen Gruppen blieb unverändert: auf der einen Seite die in der westlichen und reichen Welt erfolgreichen Westdeutschen mit ihrer Demokratie des garantierten Massenkonsums, auf der anderen Seite die gegängelte, bespitzelte und betrogene Gruppe der Stiefkinder, die ihr eigenes gesellschaftliches System wie ein schlechtes Erziehungsheim erleben mußten. Es nimmt nicht wunder, daß vor diesem Hintergrund der dramatische Zerfall der DDR und die überraschende deutsche Einheit die latenten Gruppenkonflikte zwischen den so ungleichen "Brüdern und Schwestern" verschärften. Jetzt erst und zum erstenmal mußte sich wirklich beweisen, was die Formel von den gleichberechtigten Geschwistern taugte. Würde die westdeutsche Familie sich imstande erweisen, ihre ostdeutschen Verwandten wirklich zu akzeptieren und die gemeinsamen Ressourcen "brüderlich" zu teilen?

Minderheiten und soziale Randgruppen

Die Beantwortung dieser Frage erscheint unter anderem davon abhängig, welches Maß an sozialer Integration und Toleranz in der westdeutschen Gesellschaft vorausgesetzt werden kann. Wenn man unsere Gesellschaft als "das Insgesamt des Mit-, Gegen- und Nebeneinanders von Menschen" (Bolte 1966, 15) betrachtet, gerät die Binnenstruktur der "westdeutschen Familie" in das Blickfeld, insbesondere im Hinblick auf das Verhältnis zu "ungeliebten Kindern". In dieser Binnenstruktur sind die Beziehungen zwischen den Individuen der Gesellschaft nicht nur durch Zusammenarbeit, sondern auch durch Gegensätze und Konflikte gekennzeichnet. Dabei sind sowohl die Zugehörigkeit zu gesellschaftlichen Gruppen als auch das Verhältnis dieser Gruppen zueinander von großer Bedeutung.

Im Hinblick auf die Offenheit und Integrationsfähigkeit einer Gesellschaft ist insbesondere wichtig, wie das Verhältnis der Gesamtgesellschaft zu bestimmten Untergruppen gestaltet ist. Quantitativ gesehen geht es dabei um die Beziehung der Mehrheit zu bestimmten Minderheiten, wobei die Beobachtung vorausgesetzt wird, daß die Angehörigen der Mehrheit in der Regel gegenüber Mitgliedern der Minderheiten eine tendenziell ablehnende Voreingenommenheit aufweisen. Sozialwissenschaftlich haben sich die Begriffe Majorität und Minorität etabliert: "Majorität ist das Sozialgebilde 'Gesellschaft' selbst (Großgruppe) und Minorität eine in sie eingegliederte - mengenmäßig kleinere und machtunterlegene - Gruppe (Kleingruppe)" (Markefka 1984, 16).

Minoritäten sind dadurch zu identifizieren, daß sie sich durch bestimmte Unterscheidungsmerkmale von der Majorität als andersartig abheben. Diese

Differenzierungsmerkmale müssen allgemein erkennbar sein, über ihre Bedeutung muß ein gesellschaftlicher Konsens herrschen. Unter dieser Voraussetzung ist eine Gegenüberstellung von Eigengruppe (Majorität) und Fremdgruppe (Minorität) im Bewußtsein der Individuen möglich. Bei der Betrachtung möglicher Unterscheidungsmerkmale sind mehrere Dimensionen zu nennen, die sich teilweise überschneiden. Erstens können sich Minderheiten durch rassische Besonderheiten (z.B. Hautfarbe) von der Mehrheit abheben, dann spricht man von rassischen Minoritäten. Zweitens kann die Herkunft von einem fremden Volk oder Land eine Rolle spielen, dann handelt es sich um ethnische oder nationale Minoritäten. Schließlich können sich Minderheiten durch ihre religiöse Eigenart oder durch besondere kulturelle Sitten und Gebräuche auszeichnen; in diesen Fällen wäre von religiösen beziehungsweise kulturellen Minoritäten zu sprechen.

In der Bundesrepublik Deutschland treffen diese Merkmalsdimensionen beispielsweise auf folgende Minoritäten zu: Sinti und Roma ("Zigeuner"), ausländische Arbeitnehmer ("Gastarbeiter"), Studenten aus Entwicklungsländern, Spätaussiedler, Asylbewerber, Moslems, Juden, Zeugen Jehovas etc. Abgesehen von den beiden letztgenannten religiösen Minoritäten sind diese Gruppen vornehmlich durch eine Fremdartigkeit im Vergleich zur Majorität gekennzeichnet, d.h. sie stammen in der Regel aus fremden Ländern, sprechen eine andere Sprache und zeigen fremde Gebräuche und kulturelle Eigenarten.

Grundsätzlich davon zu unterscheiden sind Minoritäten, deren Verhalten von der Majorität als abweichend empfunden wird und die infolgedessen zu Rand- oder Außenseitergruppen werden. Das für diese Minoritäten konstitutive abweichende Verhalten kann sich auf physische, psychische, sexuelle, ökonomische oder andere gesellschaftliche Aspekte beziehen. Im einzelnen sind hierzu beispielsweise zu zählen die verschiedenen Gruppen der Behinderten, Menschen mit sexuell abweichenden Verhaltensweisen, Suchtkranke, Strafgefangene, ökonomisch und sozial Deklassierte.

Die Wertschätzung sozialer Minderheiten

Welche Minderheiten werden von der Majorität diskriminiert? Gibt es Unterschiede in der ablehnenden Haltung gegenüber verschiedenen Subgruppen? Mit welchen Vorurteilen werden soziale Randgruppen in Verbindung gebracht? Wovon sind Diskriminierung und Vorurteilsbildung abhängig?

Empirische Daten zur Beantwortung dieser Fragen stammen aus einer

Befragung, die im Sommer 1989 mit einer repräsentativen Bevölkerungsstichprobe von 2.025 erwachsenen Bundesbürgern durchgeführt wurde. Die zentrale, auf gesellschaftliche Minderheiten bezogene Frage lautete:

> "In jeder Gesellschaft genießen verschiedene gesellschaftliche Gruppen unterschiedliche Wertschätzungen. Wir möchten gerne von Ihnen wissen, wie Sie zu diesen Gruppen stehen."

Vorgegeben waren die Gruppen Atomkraftgegner, Homosexuelle, Feministinnen, Spätaussiedler, Alkoholiker, Prostituierte, Zigeuner, türkische Gastarbeiter, Asylbewerber, Drogenabhängige, geistig Behinderte und Terroristen. Gemäß der oben eingeführten Systematisierung enthält diese Aufzählung einerseits vier Minoritäten, die sich hinsichtlich Rasse, Nationalität, Religion oder Kultur von der Majorität unterscheiden, und andererseits acht Minoritäten, die durch abweichendes Verhalten definiert sind:

Tabelle 1: Konstitutive Merkmale ausgewählter Minderheiten

Merkmal	**Minderheiten**
Rasse, Nationalität	Zigeuener, Asylbewerber
Religion, Kultur	türk. Gastarbeiter, Spätaussiedler
Devianz: -geistig	geistig Behinderte
- psychisch	Drogenabhängige, Alkohliker
- sexuell	Homosexuelle, Prostituierte
- politisch-gesellschaftlich	Atomkraftgegner, Feministinnen
- politisch-rechtlich	Terroristen

Sympathie-Skala

ganz und gar sympathisch

--100
-- 95
-- 90
-- 85
-- 80
-- 75
-- 70
-- 65
-- 60
-- 55
-- 50
-- 45
-- 40
-- 35
-- 30
-- 25
-- 20
-- 15
-- 10
-- 5
-- 0

ganz und gar unsympathisch

Diese Gruppen sollten von den Befragten anhand der neben abgebildeten Sympathie-Skala bewertet werden, wobei für jede Gruppe ein Punktwert zwischen "ganz und gar unsympathisch" und "ganz und gar sympathisch" zu vergeben war. Bei der Beantwortung dieser Frage wurde ein Interviewereffekt dadurch weitgehend vermieden, daß diese Frage neben anderen, die eher intime Themenbereiche tangierten, in einem gesonderten Fragebogen zum Selbstausfüllen erhoben wurden.

In der Gesamtstichprobe ergaben sich die folgenden Sympathie-Mittelwerte für die einzelnen Minderheiten:

Tabelle 2: Sympathie-Skalenwerte für gesellschaftliche Minderheiten

Minorität	**Sympathiewert**
Atomkraftgegner	62
Homosexuelle	27
Feministinnen	31
Spätaussiedler	50
Alkoholiker	25
Prostitueirte	22
Zigeuner	34
Türk. Gastarbeiter	45
Asylbewerber	36
Drogenabhängige	22
Geistig Behinderte	60
Terroristen	5

Geordnet nach der Rangfolge ergibt sich das folgende Diagramm:

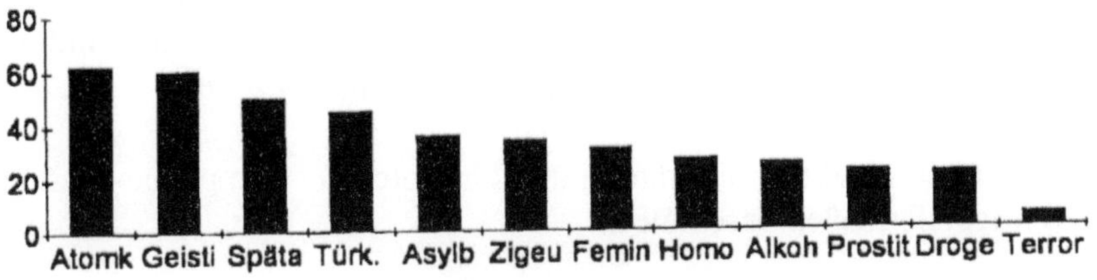

Die relativ höchsten Sympathiewerte haben Atomkraftgegner und geistig Behinderte; nur diese beiden Gruppen liegen mit Sympathiewerten um 60 oberhalb des Umschlagpunktes von "unsympathisch" nach "sympathisch" (=Skalenmitte 50). Nahe an diese Mitte reichen die Sympathiewerte der Gruppen Spätaussiedler und türkische Gastarbeiter. Danach ist eine Zäsur zu erkennen, und es folgen die Gruppen Asylbewerber und Zigeuner, die annähernd gleiche Sympathieeinschätzungen zeigen. Zunehmend unsympathisch werden dann die Gruppen Feministinnen, Homosexuelle, Alkoholiker, Prostituierte und Drogenabhängige eingeschätzt. Am Schluß rangiert schließlich als "ganz und gar unsympathisch" die Gruppe der Terroristen.

In dieser Rangfolge sind bereits einige systematische Differenzierungen erkennbar. Es fällt auf, daß die vier ethnisch-kulturellen Minderheiten relativ ähnlich eingeschätzt werden und in der Rangfolge benachbart sind. Eine ähnlich gleichrangige Einschätzung findet sich für die psychisch bzw. sexuell devianten Subgruppen der Homosexuellen, Alkoholiker, Prostituierten und Drogenabhängigen. Diese vier Minoritäten werden ziemlich ähnlich eingeschätzt, und zwar generell deutlich stärker abgelehnt als die ethnisch oder kulturell fremden Minderheiten. Hier findet sich also das bemerkenswerte Resultat, daß Gruppen mit süchtigen oder sexuell abweichenden Verhaltensweisen stärker abgelehnt werden als fremde, aus dem Ausland stammende Gruppen.

Im Gegensatz zu diesen ähnlichen Einschätzungen von vergleichbaren Gruppen finden sich extrem unterschiedliche Sympathiewerte für solche Minderheiten, deren Verhalten vorwiegend aus gesellschaftspolitischer Opposition resultiert. Dazu zählen die Atomkraftgegner, die Feministinnen und die Terroristen. In der Sympathie-Rangskala genießen Atomkraftgegner die höchste Einschätzung unter allen Minderheiten, während Terroristen von der Bevölkerung als völlig unsympathisch angesehen werden. Ziemlich in der Mitte zwischen diesen beiden extrem eingeschätzten Gruppen sind die Feministinnen anzutreffen. Dieses Ergebnis weist darauf hin, daß die Definition einer Minderheit als gesellschaftspolitische Oppositionsgruppe keinen Rückschluß auf die soziale Wertschätzung dieser Minderheit zuläßt. Offensichtlich kommt es entscheidend darauf an, welche Zielsetzung im einzelnen und welche Methoden eine Oppositionsgruppe in ihrem Verhalten zeigt.

Zusammenfassend läßt sich vorläufig die Rangfolge der Sympathie-Einschätzungen folgendermaßen beschreiben:

- Die relativ höchsten Werte haben solche Minoritäten, die zur eigenen Gesellschaft gehören und deren abweichendes Verhalten weitgehend toleriert wird.
- Mäßig unsympathisch werden alle fremden, rassischen oder ethnischen Minoritäten eingeschätzt.
- Deutlich unsympathischer als diese fremden Minoritäten werden jene Subgruppen der eigenen Gesellschaft angesehen, deren abweichendes Verhalten offenbar stark abgelehnt wird.

Wie ist dieses Ergebnis zu erklären? Ist in dieser Rangfolge eine Systematik erkennbar? Einigermaßen evident erscheinen zunächst lediglich die Einschätzungen an der Spitze und am Schluß: Terroristen werden im allgemeinen Bewußtsein mit gefährlicher, vorsätzlicher Handlungsweise verbunden; Verständnis und Sympathie sind dafür kaum vorhanden. Atomkraftgegner dagegen sind eine moralisch motivierte Protestgruppe, der man trotz eigener Distanz Sympathie zugestehen kann, weil sie sich uneigennützig für eine Sache engagieren und dabei unter Umständen auch persönliche Opfer in Kauf nehmen. Terroristen agieren verdeckt und konspirativ, ihre Anschläge wirken hinterhältig und feige. Atomkraftgegner hingegen treten offen für ihre Ziele ein, die auf den Schutz und die Erhaltung des Lebens gerichtet sind. Sozialpsychologisch erweist sich also die Gruppe der Terroristen als besonders geeignete Projektionsfigur für die negativen dissozialen Affekte. Eine entsprechende Gegengruppe in positiver Hinsicht ist unter den vorgegebenen Gruppen nicht zu identifizieren. Am ehesten bieten sich für die Projektion moralisch guter und gesellschaftlich wertvoller Intentionen die Atomkraftgegner an. Doch diese Einschätzung ist weit entfernt von idealisierenden Zuschreibungen, die in einem hohen Sympathiewert zum Ausdruck kommen müßten. Im Durchschnitt reicht es für die Gruppe der Atomkraftgegner gerade noch zu einem leichten Übergewicht in Richtung der sympathischen Einschätzung. Dabei kommt ihr die Gruppe der geistig Behinderten ziemlich nahe, die ebenfalls noch überwiegend sympathisch angesehen wird. Es ist wohl anzunehmen, daß diese Einschätzung in positiver Richtung von Mitgefühl für das Schicksal der geistig Behinderten beeinflußt ist. Sie eignen sich weniger als andere Gruppen für eine "Sündenbock"-Funktion, weil man ihnen gegenüber das abweichende Verhalten nicht zum Vorwurf machen kann. Sie gelten auch juristisch als nicht schuldfähig.

Aufschlußreich sind weitere Vergleiche, beispielsweise die unterschiedliche Einschätzung von Atomkraftgegnern und Feministinnen. Beiden Gruppen ist trotz aller Verschiedenheit auch etwas Gemeinsames zuzuschreiben; sie definieren sich als Protestgruppen gegenüber herrschenden oder überkommenen Verhältnissen. Feministinnen zeichnen sich durch eine entschiedene politische Parteinahme und Protesthaltung gegenüber patriarchalischen und autoritären Strukturen in der Gesellschaft aus. Daß sie dennoch trotz dieser moralischen und politischen Motivation viel weniger Sympathie genießen als Atomkraftgegner, muß mit einer zusätzlichen negativen Zuschreibung zu tun haben. Die darin sich ausdrückende Abwertung und Voreingenommenheit gründet vermutlich in unbewußten Ängsten, die mit dieser Gruppe verbunden werden und die sie deshalb als bedrohlich erscheinen lassen. Ursprung und Eigenart dieser Ängste werden durch die weitere Rangfolge in der Sympathie-Skala plausibel: unmittelbar nach der Gruppe der Feministinnen folgen die Gruppen der Homosexuellen und der Prostituierten; beider Minoritätsstatus ist gekennzeichnet durch abweichendes Sexualverhalten.

Unerwartet erscheint das Ergebnis, daß die Gruppen der Spätaussiedler, türkischen Gastarbeiter, Asylbewerber und Zigeuner generell sympathischer eingeschätzt werden als Feministinnen, Homosexuelle, Alkoholabhängige, Prostituierte und Drogenabhängige. Die letztgenannten Gruppen sind zwar gekennzeichnet durch bestimmte, von der Mehrheit abweichende Einstellungen und Verhaltensweisen. Ihre Zugehörigkeit zur Gesellschaft ist jedoch trotz diskriminierender Zuschreibungen unbestreitbar. Anders verhält es sich mit den vorgenannten Gruppen, von denen nur die Spätaussiedler auf eine nationale Zugehörigkeit zu den Deutschen verweisen können. Aber selbst die Angehörigen dieser Gruppe haben durch Jahrzehnte in einer anderen, fremden Kultur gelebt und sind dadurch beeinflußt worden. Sie haben mit türkischen Gastarbeitern, Asylbewerbern und Angehörigen der Sinti und Roma gemeinsam, daß sie als Fremde, d.h. von außen in unsere Gesellschaft Zutritt fanden. Dennoch werden sie - und das bestätigt sich empirisch für alle Gruppen - generell weniger unsympathisch eingeschätzt als die Gruppen mit abweichendem Verhalten aus der eigenen Gesellschaft.

Das Verhältnis zu Minderheiten in Abhängigkeit von Alter, Geschlecht und Schulbildung

Bisher wurden die Gesamt-Mittelwerte der Sympathie-Antipathie-Einschätzungen von bestimmten Minderheitsgruppen betrachtet und verglichen. Im folgenden soll überprüft werden, ob die Einstellung gegenüber sozialen Minderheiten von bestimmten Determinanten der sozialen Rolle des Befragten abhängt. Dazu gehören grundlegende personenbezogene Eigenschaften wie z.B. das Alter, das Geschlecht und die Schulbildung. Diese Parameter eignen sich empirisch-statistisch durch ihr Meßniveau, darüberhinaus sind sie zuverlässige und gültige Kriterien für soziale Unterschiede.

Zunächst sollen die altersbedingten Unterschiede in der Einschätzung sozialer Minderheiten betrachtet werden. Dabei ist evident, daß das Alter weniger als demographische Variable für sich wirkt, denn als Indikator für unterschiedliche soziale Lebenssituationen steht. In diesem Zusammenhang kann das Alter nicht als unabhängige biologische Variable betrachtet werden. Vielmehr enthält die Altersangabe bereits den Wandel der sozialen Rollenanforderungen und die Veränderungen des sozialen Kontextes in verschiedenen Lebensstadien.

Wie verteilen nun ältere und jüngere Deutsche ihre Sympathien an die Minderheiten?

Tabelle 3: Sympathie-Werte der Minderheiten nach Altersgruppen der Befragten

	Gesamt	Altersgruppen				
		18-25	26-35	36-50	51-62	>62
	N=2025	267(13%)	432(21%)	557(28%)	356(18%)	413(20%)
Atomkraftgegner	62,2	70	70	63	57	53
Geistig Behinderte	59,8	61	60	59	60	59
Spätaussiedler	49,6	48	46	50	51	53
Türk. Gastarbeiter	44,6	46	48	46	43	39
Asylbewerber	35,8	41	41	36	33	30
Zigeuner	34,4	40	40	36	31	26
Feministinnen	31,4	40	38	32	27	23
Homosexuelle	27,2	38	37	29	19	14
Alkoholiker	25,0	29	29	27	23	18
Prostituierte	22,8	27	29	25	19	13
Drogenabhängige	21,6	29	27	22	18	13
Terroristen	5,8	8	8	5	5	3
Mittelwert	35,0	39,8	39,4	35,8	32,2	28,7
Standardaw.	15,9	15,5	15,4	15,8	16,5	17,6

Aus der Tabelle ist zu ersehen, daß die Altersgruppen der 18- bis 35-jährigen sich kaum unterscheiden. Ausmaß und Rangfolge ihrer Sympathie gegenüber den Minderheitsgruppen sind weitgehend identisch. In der mittleren Altersgruppe (36-50 J.) finden sich für die meisten Minderheitsgruppen niedrigere Sympathiewerte, und dieser Trend setzt sich stufenweise in den höheren Altersklassen fort. Für fast alle der hier genannten Minderheiten ist festzustellen, daß sie umso weniger Sympathie genießen, je älter die Befragten sind.

Zwei Ausnahmen sind jedoch zu konstatieren. Zum einen werden geistig Behinderte von allen Altersgruppen gleich sympathisch angesehen. Zum anderen ist die Gruppe der Spätaussiedler die einzige Minderheit, für die tendenziell der umgekehrte Trend gilt: sie genießen bei den älteren Bundesbürgern eher mehr Sympathie als bei den jüngeren. Generell werden von den älteren Befragten niedrigere Sympathiewerte vergeben, wie an den Mittelwerten zu erkennen ist. Davon bleibt die Rangfolge der Minderheiten weitgehend unbeeinflußt. Auch hier sind zwei Ausnahmen erwähnenswert: zum einen verlieren die Atomkraftgegner ihre Spitzenposition, wenn die Befragten älter als 50 Jahre sind, und zum anderen ordnen diese Befragten die Homosexuellen niedriger ein, nämlich noch unterhalb der Alkoholiker!

Die Geschlechtszugehörigkeit der Befragten hat in der Regel keinen nennenswerten Einfluß auf die Sympathieeinschätzungen. Ein signifikanter

Geschlechtsunterschied (vgl. Tab. 5) zeigt sich nur im Hinblick auf Feministinnen, Homosexuelle und Prostituierte. Im Falle der Gruppe der Feministinnen bestätigt sich die Erwartung, daß sie von den Frauen in der befragten Stichprobe sympathischer eingeschätzt werden als von den Männern. Eine gewisse Parteilichkeit und Identifikationsbereitschaft erklärt dieses Ergebnis.

Tab. 4: Sympathie-Werte der Minderheiten nach Geschlecht und Schulbildung der Befragten

	Gesamt	Geschlecht		Schulbildungsabschluß	
		Männer	Frauen	niedrig*	hoch**
	N=2025	944(47%)	1081(53%)	1133(56%)	872(44%)
Atomkraftgegner	62,2	60	64	58	68
Geistig Behinderte	59,8	59	60	59	61
Spätaussiedler	49,6	48	50	47	54
Türk. Gastarbeiter	44,6	45	44	39	51
Asylbewerber	35,8	34	37	30	43
Zigeuner	34,4	33	36	29	41
Feministinnen	31,4	27	35	27	36
Homosexuelle	27,2	24	30	20	36
Alkoholiker	25,0	27	24	22	29
Prostituierte	22,8	25	21	19	28
Drogenabhängige	21,6	21	22	17	27
Terroristen	5,8	5	6	4	8
Mittelwert	35,0	34,0	35,8	30,9	40,2
Standardabw.	15,9	15,6	16,1	16,1	15,9

*: Hauptschulabschluß **: mittlere Reife und höher

Anders stellt sich die unterschiedliche Einschätzung der Homosexuellen und Prostituierten dar. Alltagserfahrung und Sprachgebrauch legen nahe, daß bei der Gruppe der Homosexuellen vorwiegend an Männer und bei der Gruppe der Prostituierten vorwiegend an Frauen gedacht wird. Interessant ist nun, daß diese Gruppen von den gleichgeschlechtlichen Befragten der Stichprobe eher abgewertet und umgekehrt von den andersgeschlechtlichen Befragten eher aufgewertet werden. So rangieren beispielsweise die Prostituierten in der Sympathieskala der befragten Frauen noch unterhalb der Drogenabhängigen. Hier können Identifikationsbereitschaft und Parteilichkeit nicht mehr als wirksame Faktoren unterstellt werden, vielmehr scheinen Abwehr- und Entwertungsprozesse vorzuherrschen. Es ist zu vermuten, daß sich die Gruppen der Feministinnen und Prostituierten in unterschiedlicher Weise für Identifikationsprozesse eignen. Im ersten Fall können beispielsweise uneingestandene Autonomiewünsche auf die Feministinnen projiziert werden, um eine wenigstens identifikatorische Partizipation an diesen Wünschen zu ermöglichen. Im zweiten Fall sind es vermutlich eher abgewehrte Triebwünsche, die an Prostituierte delegiert erscheinen und zu einer negativen projektiven Identifizierung führen.

Eindeutig ist hingegen das Bild beim Vergleich der Sympathieeinschätzungen zwischen Gruppen mit unterschiedlicher Schulbildung. Teilt man die Stichprobe in eine Gruppe, deren Schulbildung maximal bis zum Hauptschulabschluß führte, und in eine zweite Gruppe von Befragten mit einer darüber hinausgehenden Schulbildung, so ergeben sich fast ausnahmslos signifikant größere Sympathiewerte bei den Befragten mit weitergehender Schulbildung. Lediglich die Gruppe der geistig Behinderten wird von allen Befragten annähernd gleich sympathisch gesehe, allen anderen Gruppen hingegen kommen in der Sympathievergabe bei den niedriger Gebildeten deutlich schlechter weg als bei den Befragten mit höherem Bildungsniveau. Der systematische Mittelwertsvergleich mit Hilfe einer dreifaktoriellen Varianzanalyse bestätigt diese Unterschiede.

Tab. 5: Wertschätzung ausgewählter Minderheiten
Varianzanalyse nach Alter, Geschlecht und Schulbildung (F-Werte)

Minderheit	Alter (A)	Geschlecht (G)	Bildg. (B)	Zweifaktorielle Effekte (AxG)	(AxB)	(GxB)(	Dreif. Eff. (AxGxB)
Atomkraftgegner	11,7**	5,7	13,6**	1,1	0,5	0,1	0,6
Feministinnen	15,1**	44,6**	16,0**	4,0*	0,5	0,3	0,9
Türk. Gastarbeiter	1,2	0,2	73,1**	0,7	3,4*	0,1	0,8
Asylbewerber	3,5*	4,3	70,4**	1,1	2,4	0,6	0,9
Zigeuner	6,9**	3,4	61,2**	0,7	1,1	1,0	1,4
Homosexuelle	30,3**	16,9**	68,0**	1,7	4,0*	0,1	1,1
Prostituierte	20,4**	15,8**	16,5**	1,3	1,9	0,3	0,5
Drogenabhängige	14,8**	0,9	34,5**	1,3	1,2	0,8	0,9

Signifikanzniveau: * p<.01 **p<.001

In dieser Tabelle sind acht der zwölf eingeschätzten Minderheiten mit allen F-Werten aufgeführt. Fast immer ist der größte Teil der Varianz auf das unterschiedliche Bildungsniveau zurückzuführen. Sechs dieser Minderheiten werden signifikant unterschiedlich vom Lebensalter der Befragten abhängig eingeschätzt. Wie bereits erwähnt, spielt das Geschlecht der Befragten nur in der Bewertung von drei Minderheiten eine differenzierende Rolle.

Gewerkschaften und Minderheiten

Die Entwicklung der westdeutschen Gesellschaft in der Nachkriegszeit ist eng verbunden mit der Etablierung einer starken gewerkschaftlichen Gegenmacht. In Theorie und Praxis der Gewerkschaftsbewegung wird traditionell die Solidarität mit benachteiligten Gruppen der Gesellschaft gepflegt. Zu erwarten wäre vor diesem Hintergrund, daß sich gewerkschaftlich organisierte Gruppen von der übrigen Gesellschaft unterscheiden in ihrem Verhältnis zu diskriminierten Minderheiten bzw. Randgruppen. In der folgenden Tabelle sind die den einzelnen Minderheiten zugeschriebenen Sympathiewerte aufgeschlüsselt nach gewerkschaftlich organisierten und nicht organisierten Befragten.

Tab. 6: Wertschätzung der Minderheiten nach Gewerkschaftszugehörigkeit und Geschlecht

	Gesamt	Gewerkschaftsmiglieder		Nichtmitglieder	
		Männer	Frauen	Männer	Frauen
Atomkraftgegner	62,2	61	71*	60	64
Geistig Behinderte	59,8	56*	64	60	60
Spätaussiedler	49,6	47	50	49	50
Türk. Gastarbeiter	44,6	45	47	45	44
Asylbewerber	35,8	31*	39	35	37
Zigeuner	34,4	30*	40	34	35
Feministinnen	31,4	23**	42	28	35
Homosexuelle	27,2	29**	35	26	29
Alkoholiker	25,0	25	26	27	23
Prostituierte	22,8	22*	25	26	21
Drogenabhängige	21,6	17**	28*	22	22
Terroristen	5,8	4	4*	6	6
Mittelwert	35,0	31,7*	39,3*	34,8	35,5
Standardaw.	15,9	16,4	17,2	15,4	16,2

Signifikanzniveau: *p<.05 **p<.01

Die Einschätzungen der Nicht-Gewerkschaftsmitglieder entsprechen - auch in der Aufteilung nach Geschlecht - in etwa derjenigen in der gesamten Stichprobe (vgl. Tab. 4). Das ist evident, wenn man die Zahlenverhältnisse in der Stichprobe berücksichtigt: von 2025 befragten Personen gaben 308 an, Mitglied einer Gewerkschaft zu sein. Das entspricht lediglich einem Anteil von 15% an der Stichprobe.

Beim Vergleich dieser Gewerkschaftsmitglieder mit den nicht-organisierten Befragungspersonen ergeben sich auffallende Diskrepanzen innerhalb der Geschlechtergruppen. Bei den Männern schreiben die Gewerkschaftsmitlieder den meisten Minderheiten weniger Sympathie zu, als es die nicht organisierten Männer tun. Besonders kraß tritt dieser Unterschied in der Bewertung von ohnehin stark diskriminierten Minderheiten hervor, nämlich im Hinblick auf Homosexuelle, Feministinnen und Drogenabhängige.

Weitgehend umgekehrt stellt sich das Befragungsergebnis der Frauen dar. Hier finden die gewerkschaftlich organisierten Frauen fast alle vorgegebenen Minderheiten sympathischer als dies die nicht organisierten Frauen tun. Allerdings sind diese Unterschiede bei den Frauen in der Regel weniger stark ausgeprägt als die vorbeschriebenen Unterschiede zwischen gewerkschaftlich organisierten und nicht-organisierten Männern. Zusammengenommen finden sich die größten Diskrepanzen in den Bewertungen der Minderheiten zwischen männlichen und weiblichen Gewerkschaftsmitgliedern. Auch wenn man von diesen Sympathie-Zuschreibungen nicht ohne weiteres auf das Verhältnis der Gewerkschaftsmitglieder zu gesellschaftlichen Minderheiten schließen kann, so ist das hier referierte Befragungsergebnis doch einigermaßen überraschend und unerwartet. Es legt die Vermutung nahe, daß insbesondere die männlichen Gewerkschaftsmitglieder hinsichtlich abweichendem Verhalten in der Gesellschaft eine rigide und an den herrschenden Normen orientierte Haltung gegenüber Minderheiten einnehmen. Demgegenüber wirkt die entgegengesetzte Haltung der weiblichen Gewerkschaftsmitglieder wie ein liberales Korrektiv zu den konservativ festgelegten Männern. Zur Bestätigung und weiteren Analyse dieser Vermutung wären jedoch weitergehende empirische Erhebungen bei Gewerkschaftsmitgliedern notwendig.

Das Verhältnis zu Minderheiten in Abhängigkeit von der Wahlentscheidung

In einer abschließenden Betrachtung sollen die Befragungsergebnisse nach der Parteipräferenz der Befragten aufgeschlüsselt werden. Vorgegeben waren nicht nur die etablierten Parteien CDU/CSU, SPD und FDP, sondern auch die Protestparteien Grüne und Republikaner. Angesichts dieses polarisierenden Spektrums erschien es aufschlußreich, das Verhältnis der Befragten zu den Minderheiten in Beziehung zu setzen zum Verhältnis der Befragten zu den politischen Parteien (vgl. Tab. 7).

Hier zeigen sich die erwarteten krassen Unterschiede zwischen Anhängern der beiden großen Volksparteien und der FDP einerseits sowie den Anhängern der Protestparteien andererseits. Schon am Vergleich der Gesamt-Mittelwerte wird deutlich, daß sich die Anhänger der Grünen und die Anhänger der Republikaner in entgegengesetzter Weise sehr deutlich von der Mehrheit unterscheiden. Während die Grünen-Wähler in der Regel allen Minderheiten - auch den Terroristen - deutlich mehr Sympathie zubilligen als das die Wähler der anderen Parteien tun, ist es bei den Anhängern der Republikaner umgekehrt: sie haben die wenigste Sympathie übrig für die Minderheiten und hegen lediglich gegenüber zwei Minderheiten, nämlich gegenüber Terroristen und Prostituierten, weniger Antipathie als die Mehrheit der Befragten. Dieses Ergebnis entspricht den politisch-gesellschaftlichen Zielvorstellungen beider Parteien. Die Grünen betonen programmatisch die Offenheit gegenüber allen Minderheiten, sowohl innerhalb als auch außerhalb der Gesellschaft. Beispielsweise wenden sie sich gegen die Einschränkungen des Asylrechts und der Zuwanderung von Flüchtlingen. In krassem Gegensatz dazu sind die Republikaner auf strikte Abgrenzung gegenüber fremden Minderheiten bedacht. So ist es nicht verwunderlich, daß die Anhänger der Republikaner in der Stichprobe die einzige Gruppe sind, die eine ebenso starke Antipathie gegenüber Drogenabhängigen wie gegenüber Fremden (z.B. Asylbewerbern) ausdrückt.

Tab. 7: Wertschätzung der Minderheiten und Parteipräferenz

	Gesamt	Parteipräferenz					
		CDU'	SPD	FDP	Grüne	Reps	Nichwähler
Atomkraftgegner	62.2	51**	65	59	85**	51**	65
Geistig Behinderte	59.8	60	58	58	66*	51**	57
Spätaussiedler	49.6	50	49	56*	55*	32**	53
Türk. Gastarbeiter	44.6	42	45	54*	60**	25**	42
Asylbewerber	35.8	33	34	38	53**	17**	40*
Zigeuner	34.4	31	33	39*	51**	24**	31
Feministinnen	31.4	26*	31	30	52**	22**	28
Homosexuelle	27.2	20**	26	29	52**	20**	24
Alkoholiker	25.0	22	25	28	34**	21*	25
Prostituierte	22.8	18*	23	25	37**	25	24
Drogenabhängige	21.6	19	20	22	37**	17*	22
Terroristen	5.8	3*	5	4	15**	11**	6
Mittelwert	35.0	31.3*	34.5	36.8	49.8**	26.3**	34.8
Standardaw.	15.9	15.9	16.3	16.3	16.9	12.1	16.3

*p<.01 **p<.001 'incl. CSU-Wähler

Betrachtet man die etablierten Parteien, so fällt auf, daß sich die SPD-Wähler in ihrem Verhältnis zu den Minderheiten vom Durchschnitt der Bevölkerung nie signifikant unterscheiden; in ihrer Einstellung repräsentieren sie gewissermaßen die breite Mehrheit. Etwas anders stellen sich die CDU/CSU-Anhänger dar. Sie votieren teilweise entschieden anders als der Durchschnitt der Bevölkerung, z.B. im Verhältnis zu Atomkraftgegnern und zu Homosexuellen. Beide Gruppen haben von den CDU/CSU-Wählern deutlich weniger Sympathie zu erwarten als vom Rest der Bevölkerung. Das gilt in abgeschwächter Form auch bezüglich Feministinnen, Prostituierten und Terroristen. Auch diese Gruppen werden von Anhängern der CDU/CSU stärker abgelehnt als von den übrigen Wählern (mit Ausnahme der Republikaner-Wähler).

Zusammenfassend seien noch einmal die wesentlichen Trends und Ergebnisse dieser Befragung erwähnt, wobei zu berücksichtigen ist, daß hier lediglich Hypothesen gewonnen und plausibel gemacht werden sollten. Für eine Überprüfung und strengen Validitätskriterien genügende Bestätigung wären weitergehende empirische Untersuchungen notwendig. Vorläufig ist festzustellen, daß im Bewußtsein der Bevölkerung die Wertschätzung von Minderheiten und Gruppen mit abweichendem Verhalten im allgemeinen vermindert ist. Der systematische Vergleich dieser herabsetzenden Einschätzungen führt zu einer relativ stabilen Rangfolge der Minderheiten im Ansehen der Bevölkerung. Dabei können Gruppen wie die Atomkraftgegner, die sich von der übrigen Bevölkerung ausschließlich in der Haltung zu einer kontroversen Frage der weiteren sozialökonomischen Entwicklung unterscheiden, noch einigermaßen mit Anerkennung und Sympathie rechnen.

Die Ablehnung und Geringschätzung ethnisch oder kulturell fremder Minderheiten dagegen ist bei der Mehrheit der Bevölkerung eindeutig zu konstatieren, auch wenn das Ausmaß dieser Antipathie noch vergleichsweise niedrig einzuschätzen ist. Dieses Ergebnis zeigt sich stabil in allen Subgruppen der Befragung, es ist weitgehend unabhängig vom Alter und Geschlecht der Befragten. Die Schulbildung beeinflußt das Ausmaß dieser Aversion insofern, als eine indifferente (nicht eindeutig aversive) Haltung vorwiegend bei Befragten mit höherem Bildungsniveau zu beobachten ist. Insgesamt erscheint die Aversion gegen fremde Minderheiten relativ mäßig ausgeprägt, wenn man sie vergleicht mit stärker abgelehnten Gruppen.

Dazu gehören alle Minoritäten, die zwar zur eigenen Gesellschaft zählen, sich aber durch ein stark abgelehntes Verhalten als deviant erweisen. Zu nennen sind hier die Feministinnen, die Homosexuellen, die Prostituierten, die Alkohol- und die Drogenabhängigen. Sie werden generell stärker verachtet als Ausländergruppen! Dies ist insofern von erheblicher Bedeutung, als die Integrationsfähigkeit einer Gesellschaft häufig nur bezogen wird auf das Verhältnis zu ethnisch fremden Minderheiten. Die zahlreichen ausländerfeindlichen Gewalttaten, die insbesondere in den letzten Jahren in Deutschland zu beobachten waren, werden in den öffentlichen Diskussionen als Beleg dafür verstanden, daß es an Toleranz und Integrationsfähigkeit in der deutschen Gesellschaft mangelt.

Die hier vorgestellten Befragungsergebnisse begründen jedoch die Annahme, daß ausländerfeindliche Gewalttaten nur die Spitze eines gesellschaftlichen Gewaltpotentials darstellen, das sich aus der latenten Ablehnung von Andersartigkeit und Devianz speist und in türkischen Einwanderern oder in afrikanischen Asylbewerbern kontingente Opfer findet. Wahrscheinlich sind aktuelle und in gewisser Hinsicht zufällige Faktoren dafür verantwortlich, daß eine bestimmte Minderheit zum Zielpunkt destruktiver Tendenzen wird. Dabei ist zu vermuten, daß auch die Tätergruppen in einem spezifischen und komplexen Zusammenhang mit dem latenten gesellschaftlichen Gewaltpotential stehen. Die Manifestationsformen von Haß und Gewalt dürfen jedoch nicht den Blick verstellen und darüber hinwegtäuschen, daß sie auf dem Boden einer kollektiven Ablehnung gewachsen sind und daß das Ausmaß dieser latenten Ablehnung weit über die Fremdenfeindlichkeit hinausgeht, die als sozialpsychologisches Phänomen in jeder Gesellschaft zu finden ist. Vielmehr richtet sich, so ist aufgrund dieser Befragungsergebnisse zu vermuten, dieser Komplex kollektiver Aversionen und Entwertungen nicht nur nach außen, sondern in ungleich stärkerem Maße nach innen tief in die eigene Gesellschaft hinein, indem Träger von solchen Eigenschaften und Verhaltensweisen abgelehnt werden, die jedem mehr oder weniger nah und benachbart sind.

Entsolidarisierung als gesellschaftlicher Entwicklungsprozeß ist also zurückzuverfolgen bis zu intrapsychischen Vorgängen der Abwehr und Projektion unbewußter oder uneingestandener Konflikte auf andere, deren abweichendes Verhalten mit abgelehnten Impulsen identifiziert werden kann. Entsolidarisierung setzt sich fort in der gesellschaftlichen Spaltung und Diskriminierung solcher Gruppen, die den "common sense" nicht mittragen. Und sie macht sich folgenschwer bemerkbar, wenn trennende äußere Bedingungen wie die innerdeutsche Grenze nicht mehr existieren, sondern der Blick frei wird für die trennenden Bedingungen im Inneren der Gesellschaft. Wenn die Deutschen ihre historische Spaltung nicht nur politisch, sondern auch gesellschaftlich und psychisch überwinden wollen, steht ihnen die Auseinandersetzung mit den internen quasi-familiären Strukturen ihrer Gesellschaft bevor.

Literatur

Adorno, Th.W., u.a.: Der autoritäre Charakter. Studien über Autorität und Vorurteil. Amsterdam 1953.

Allport, G.W.: Die Natur des Vorurteils. Köln 1971.

Bolte, K.M.: Deutsche Gesellschaft im Wandel. Opladen 1966.

Estel, B.: Soziale Vorurteile und soziale Urteile. Opladen 1983.

Markefka, M.: Vorurteile - Minderheiten - Diskriminierung. Neuwied, Darmstadt 1984

Richter, H.E.: Lernziel Solidarität. Reinbek bei Hamburg 1974.

Schäfer, B., et al.: Sozialpsychologie des Vorurteils. Stuttgart, Berlin, Köln, Mainz 1978.

Schäfers, B. u.a. (Hg.): Grundbegriffe der Soziologie. Opladen 1986.

Schultz-Gambard, J. (Hg.): Angewandte Sozialpsychologie. Konzepte, Ergebnisse, Perspektiven. München, Weinheim 1987.

Stroebe u.a. (Hg.): Sozialpsychologie. Eine Einführung. Berlin, Heidelberg 1990.

Tajfel, H.: Gruppenkonflikt und Vorurteil. Entstehung und Funktion sozialer Stereotypen. Bern, Stuttgart, Wien 1982.

Gewerkschaftsmitglieder und Nichtorganisierte im Vergleich

Elmar Brähler und Hans-Jürgen Wirth

Einleitung

Das historische Verdienst der Gewerkschaftsbewegung besteht darin, dem kapitalistischen Verwertungsprozeß, in dem nur zählt, was sich produktiv nutzen läßt, das Prinzip der ausgleichenden Gerechtigkeit entgegengesetzt zu haben, damit auch den Menschen, die beispielsweise als Kinder *noch nicht,* als Alte *nicht mehr* und als Arbeitslose *momentan nicht* im Arbeitsprozeß stehen, eine menschenwürdige Existenz gesichert wird. Im 19. Jahrhundert entwickelte sich die Arbeiterbewegung, und damit auch die Gewerkschaftsbewegung als deren wesentlicher Teil, zu einem gesellschaftlichen Machtfaktor, der den Staat und das Kapital nötigte, durch Gesetze (z. B. Verbot der Kinderarbeit, gesetzliche Krankenversicherung, Rentenversicherung) und durch die Tarifvereinbarungen das Prinzip des freien Marktes durch die Hinzufügung der sozialen Komponente zu zivilisieren. Der Idee der Solidarität kamen dabei folgende Funktionen zu: Die gemeinsamen Interessen der abhängig Beschäftigten zu organisieren, Identität zu stiften und eine moralisch-ethische Orientierung zu ermöglichen. Die Arbeiterbewegung und die Gewerkschaft gingen davon aus, mit ihrem Engagement nicht nur eine partikulare Interessenvertretung für die abhängig Beschäftigten zu gewährleisten, sondern darüber hinaus auch das Gemeinwohl zu repräsentieren.

Die Gewerkschaften haben sich heute als ein stabiler Machtfaktor in der Bundesrepublik etabliert, dessen Existenzberechtigung praktisch von niemandem in Abrede gestellt wird. Der machtpolitische Bedeutungszuwachs korrespondiert allerdings mit einem gewissen Bedeutungsverlust als moralischethischer Orientierungsmaßstab. Nicht nur „die Marktwirtschaft ist blind für ökologische Notwendigkeiten", wie DGB-Chef Dieter Schulte in seinem Grundsatzreferat auf dem 15. Ordentlichen DGB-Bundeskongreß im Juni 1994 ausführte (vgl. Schulte 1994, S. 427), auch die Gewerkschaft ist nicht zwangsläufig davor gefeit, im Konflikt zwischen Ökonomie und Ökologie ihren kurzfristigen materiellen Interessen zuungunsten langfristiger Überlebensinteressen den Vorrang einzuräumen. Ein weiteres Beispiel: Die oft beschworene „internationale Solidarität" der Gewerkschaften ist für die im Untergrund kämpfenden Gewerkschafter im Ausland reserviert, bleibt aber stumm gegenüber neuen Formen der Fremdenfeindlichkeit, wenn diese Fremden als Konkurrenten auf dem Arbeitsmarkt erlebt werden (vgl. Hoffmann u.a. 1993).

Der moralische Impetus und der utopische Gehalt der Gewerkschaftsbewegung ist mit ihrer Institutionalisierung weitgehend verblaßt und statt dessen der Bürokratisierung, Hierarchisierung und dem Funktionärstum der gewerkschaftlichen Institutionen gewichen. Hinzu kommt, daß mit dem Ende des real existierenden Sozialismus die Orientierung an gesellschaftlichen Großutopien zerbröselte, die einen erheblichen Teil der Gewerkschafter motivierte.

Überhaupt sieht sich die Gewerkschaft einer Vielzahl grundlegend neuer gesellschaftlicher Strukturen und Probleme gegenüber, die sie als Herausforderung zur Modernisierung ihrer Organisationskultur, ihrer Programmatik und ihrer langfristigen politischen Strategien begreifen muß. Beispielhaft seien hier nur einige der brennendsten Themen genannt, die eine programmatische Neuorientierung der Gewerkschaftsbewegung notwendig machen: Der Sieg der Kapitalismus über den real existierenden Sozialismus, die deutsche Vereinigung, die Globalisierung der Weltwirtschaft, die internationalen Kapitalverflechtungen, die zunehmende Massenarbeitslosigkeit, die neue Armut, die ökologische Frage, die nach wie vor bestehende gesellschaftliche und auch innergewerkschaftliche Benachteiligung der Frauen, die Ausländer-, Asyl- und Immigrationsprobleme.

Die gewerkschaftliche Debatte über diese Probleme ist seit kurzem eröffnet, doch ist die Frage noch durchaus offen, ob es der Gewerkschaft gelingt, sich den von grundauf gewandelten Anforderungen gegenüber zu öffnen oder ob die Partikularinteressen, die tagespolitischen Anforderungen und die hierarchisch strukturierten Entscheidungsprozesse die notwendige Diskussion und Neuorientierung wieder ersticken. Dies wird sowohl von der Reformbereitschaft der Gewerkschaftsspitze und der Funktionäre als auch von dem politischen Bewußtsein und den sozialpsychologischen Einstellungen der

Mehrheit der „einfachen" Gewerkschaftsmitglieder abhängen. Letztere genauer zu studieren ist Ziel der folgenden Ausführungen.

Die Stichproben

Im Rahmen einer allgemeinen Untersuchung zu Einstellungen und zu Erwartungen an die Gewerkschaften, zu Zukunftserwartungen, zur politischen Situation, aber auch zum Gesundheitsverhalten wurden im Sommer 1989 2025 Bundesbürger repräsentativ befragt. Unter den 2025 Befragten befanden sich auch 308 Gewerkschaftsmitglieder, die wir im folgenden mit den Nichtorganisierten vergleichen wollen. Dabei vernachlässigen wir zunächst den Umstand, daß die Gewerkschaftsmitglieder keine in sich homogene Gruppe darstellen (vgl. dazu den Beitrag von Wirth und Brähler in diesem Band) und gehen zunächst der Frage nach, durch welche gemeinsamen Grundtendenzen in ihren Einstellungen sich die Gewerkschaftsmitglieder charakterisieren lassen.

Soziale Merkmale

Die 308 Gewerkschaftsmitglieder teilen sich auf in 237 Männer (76,9 %) und 71 Frauen (23,1 %). Das Durchschnittsalter liegt bei 43,6 Jahren, wobei die weiblichen Mitglieder (39,3 Jahre) jünger sind als die männlichen (44,9 Jahre). Eine genauere Altersaufteilung ist Tabelle 1 zu entnehmen

Tabelle 1: Verteilung der Gewerkschaftsmitglieder nach Geschlecht und Alter

Alter in Jahren	Männer	Frauen	Insgesamt
19-30	46	24	70
31-40	54	20	74
41-50	45	12	57
51-60	59	10	69
>60	33	5	38
Insgesamt	237	71	308

Zunächst fällt die sehr ungleiche Geschlechtsverteilung auf: Das typische Gewerkschaftsmitglieder ist in den meisten Fällen männlich, die weiblichen Mitglieder sind nicht nur in der Minderzahl, sondern sogar deutlich unterrepräsentiert. Dies ist besonders bei den Älteren noch stärker. Insofern scheint sich in der jüngeren Generation ein neuer Trend zu einer größeren gewerkschaftlichen Repräsentanz der Frauen zu etablieren, der allerdings noch nicht sehr ausgeprägt ist.

Die Befragten stuften sich selbst in eine Schicht ein. Wie zu erwarten, liegt bei den Gewerkschaftsmitgliedern eine Überrepräsentation der Arbeiterschicht vor. Etwa die Hälfte der Gewerkschaftsmitglieder fühlte sich der Arbeiterschicht, die andere Hälfte der Mittelschicht bzw. der oberen Mittelschicht angehörig (vgl. Tab. 2, Abb. 1).

Tabelle 2: Schichtzugehörigkeit von Nichtorganisierten und Gewerkschaftsmitgliedern

	Nichtorganisierte	Gewerkschaftsmitglieder
Unterschicht	9 (0,6 %)	6 (2,1 %)
Arbeiterschicht	503 (32,9 %)	133 (46,5 %)
Mittelschicht	855 (55,9 %)	125 (43,7 %)
Obere Mittelschicht	147 (9,6 %)	22 (7,7 %)
Oberschicht	16 (1,0 %)	0 (0,0 %)

Abb. 1: Schichtzugehörigkeit von Nichtorganisierten und Gewerkschaftsmitgliedern

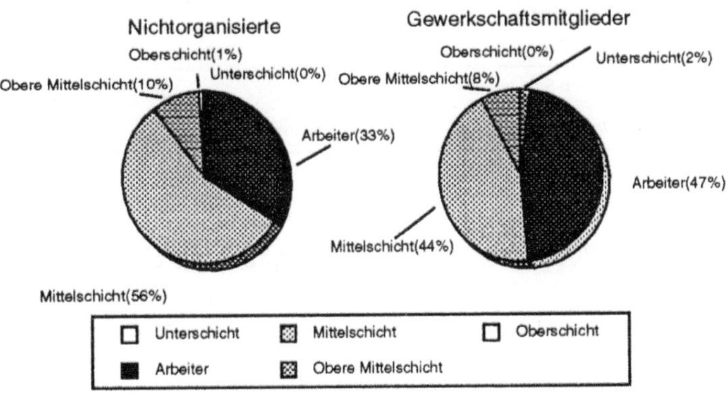

Unterschiede ergaben sich auch bei der Schulbildung: 65 Prozent der Gewerkschafter gaben an, keinen Schulabschluß oder Volksschulabschluß zu haben, 55 Prozent der Nicht-Gewerkschaftler verfügen über dieselbe Vorbildung (vgl. Tab. 3, Abb. 2)

Tabelle 3: Schulbildung von Nichtorganisierten und Gewerkschaftmitgliedern

	Nichtorganisierte	Gewerkschaftsmitglieder
keinen Schulabschluß	56 (3,3 %)	6 (1,9 %)
Volksschulabschluß	876 (51,6 %)	195 (63,3 %)
Mittlere Reife	431 (25,4 %)	66 (21,4 %)
Fachhochschulreife	69 (4,1 %)	11 (3,6 %)
Abitur	265 (15,6 %)	30 (9,7 %)

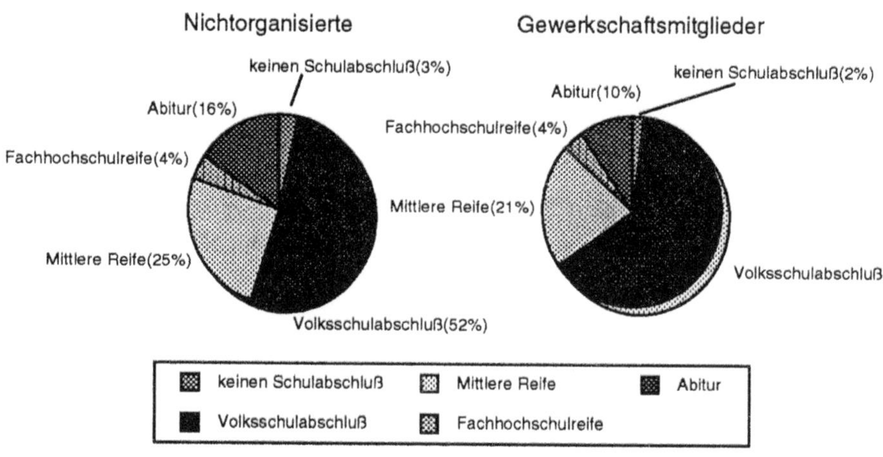

Betrachtet man die Religionszugehörigkeit, ergibt sich eine erhöhte Anzahl von Protestanten und nicht konfessionsgebundenen Personen unter den Gewerkschaftsmitgliedern und eine sehr geringe Zahl von Katholiken (vgl. Tab. 4, Abb. 3).

Tabelle 4: Religionszugehörigkeit von Nichtorganisierten und Gewerkschaftmitgliedern

	Nichtorganisierte	Gewerkschaftsmitglieder
evangelisch	770 (44,9 %)	151 (37,9 %)
evangelisch-freikirchlich	63 (3,7 %)	9 (2,3 %)
römisch-katholisch	728 (42,4 %)	104 (26,1 %)
andere christl.	21 (1,2 %)	3 (0,8 %)
andere nichtchristl.	3 (0,2 %)	0 (0,0 %)
keine	131 (7,6 %)	131 (32,9%)

Abb. 3: Religionszugehörigkeit von Nichtorganisierten und Gewerkschaftsmitgliedern

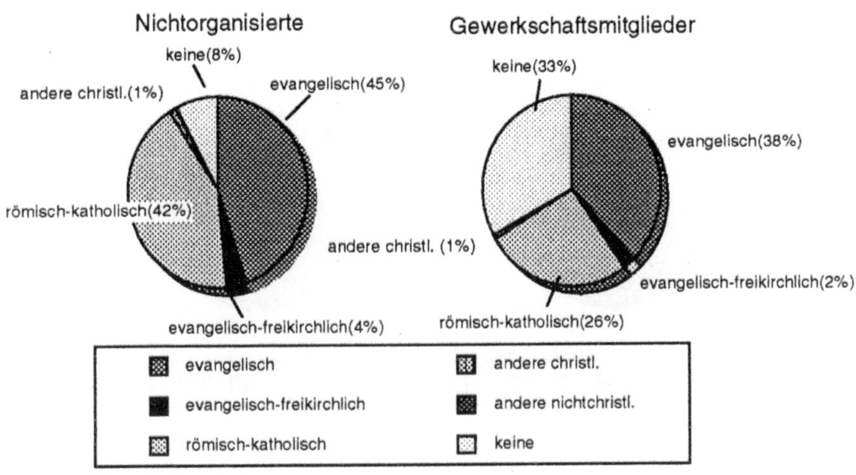

Bei den Parteipräferenzen zeigt sich eine Häufung von SPD-Wählern bei den Gewerkschaftsmitgliedern und eine Unterrepräsentanz der CDU-Wähler (vgl. Tab. 5, Abb. 4).

Tabelle 5: Parteipräferenz bei Nichtorganisierten und Gewerkschaftsmitgliedern

	Nichtorganisierte	Gewerkschaftsmitglieder
Nichtwähler	91	20
CDU/CSU	457 (36,2 %)	40 (16,8 %)
SPD	474 (37,5 %)	149 (62,3 %)
FDP	92 (7,3 %)	15 (6,3 %)
Grüne	171 (13,5 %)	23 (9,6 %)
Republikaner	69 (5,5 %)	12 (5,0 %)

Abb. 4: Parteipräferenz von Nichtorganisierten und Gewerkschaftsmitgliedern

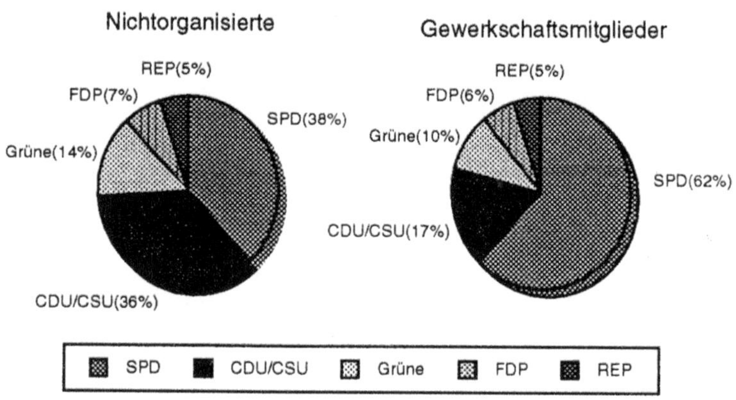

62 % der Gewerkschaftsmitglieder ziehen die SPD anderen Parteien vor. Nur 38 % der Unorganisierten teilen diese Vorliebe. Als „Rep"-Anhänger bezeichneten sich im Sommer 1989 jeweils 5 % der organisierten und unorganisierten Bundesbürger. Die „Grünen" finden mit 14 % mehr Anhänger bei den Nicht-Gewerkschaftlern als bei Gewerkschaftsmitgliedern (10 %). 6 % der organisierten können sich mit der FDP anfreunden, 7 % der Nichtorganisierten. Bleibt für die CDU/CSU bei Gewerkschaftsmitgliedern eine Anhängerschaft von 17 %, bei Nicht-Gewerkschaftern von 36 % - zumindest im Sommer 1989.

Gewerkschaftler/innen sind häufiger Mitglieder einer politischen Partei als Nichtorganisierte. Sie sind auch häufiger Mitglied eines Sportvereins, eines kulturellen Vereins, eines Geselligkeitsvereins. Die gewerkschaftlich organisierten Frauen sind demnach stärker politisch engagiert und offener für kulturelle und soziale Kontakte als ihre männlichen Kollegen.

Gewerkschaftler und wirtschaftliche Situation

In einem Fragebogen wurde in 15 Items die Meinung zur gegenwärtigen wirtschaftlichen Situation erfragt. Sowohl männliche als auch weibliche Gewerkschaftsmitglieder unterscheiden sich gegenüber ihren nichtorganisierten Geschlechtskollegen bzw. - kolleginnen bei folgenden Fragen:

Sie sind eher der Meinung, daß

- weiter Arbeitszeitverkürzung unbedingt erforderlich ist,
- daß die Armen immer ärmer und die Reichen immer reicher werden,
- die Forderung nach Lohn- bzw. Gehaltsverzicht bei Arbeitszeitverkürzung nicht zu Recht besteht,
- der Einfluß der Wirtschaftsverbände auf die Politik im allgemeinen stark unterschätzt wird,
- die Mitbestimmung in den Unternehmen wesentlich verbessert werden sollte,
- es uns ohne Gewerkschaften wirtschaftlich wesentlich schlechter gehen würde.

Bei diesen Statements handelt es sich um traditionelle gewerkschaftliche Auffassungen. Insofern ist es nicht erstaunlich, daß die Gewerkschaftsmitglieder diese „Gesinnungen“ stärker vertreten als die Nichtorganisierten.

Die weibliche Gewerkschaftsmitglieder sind eher als ihre nichtorganisierten Geschlechtskolleginnen der Meinung, daß

- wir uns auf dem Weg in eine Ellbogengesellschaft befinden,
- Arbeitnehmer und Arbeitgeber eigentlich nicht im selben Boot sitzen.

Bei diesen Items gibt es keine Unterschiede zwischen den Männern innerhalb und außerhalb der Gewerkschaft. In diesen Befunden deutet sich an, daß die gewerkschaftlich organisierten Frauen über ein besonders kritisches aber auch differenzierungsfähiges Bewußtsein verfügen: Einerseits wollen sie die grundsätzlich verschiedenen Interessenslagen zwischen Arbeitgebern und Arbeitnehmern nicht verwischt sehen, andererseits scheint ihnen ansonsten viel an einem solidarischen Verhältnis zu ihren Mitmenschen zu liegen, denn sie kritisieren die zunehmende Ellenbogenmentalität in der Gesellschaft.

Die Männer innerhalb der Gewerkschaft sind eher als ihre Geschlechtskollegen außerhalb der Gewerkschaft der Meinung, daß

- der technische Fortschritt immer mehr Arbeitsplätze kaputt macht.

Bei dieser Frage gibt es zwischen den Frauen innerhalb und außerhalb der Gewerkschaft keine Unterschiede. Dieser Befund weist darauf hin, daß die gewerkschaftlich organisierten Männer, die - wie gesagt - überproportional häufig aus der Arbeiterschicht stammen (vgl. Tab. 2), sich als mögliche Rationalisierungsopfer des technischen Fortschritts sehen. Sie haben deshalb Zukunfts- und Existenzängste und stehen dem technischen Fortschritt skeptisch gegenüber. Man kann vermuten, daß diese Ängste auch ein wesentliches Motiv für sie darstellt, der Gewerkschaft anzugehören. Daß die gewerkschaftlich organisierten Frauen diese Befürchtungen nicht in gleicher Weise teilen, mag u.a. damit zusammenhängen, daß sie schwerpunktmäßig in Berufen tätig sind (Pflege, Pädagogik, Dienstleistung), in denen technische Rationalisierungen nicht in dem Maße greifen, wie in den Kernbereichen der industriellen Produktion.

Bei folgenden Fragen gab es weder bei Männern noch bei Frauen Unterschiede zwischen Nichtorganisierten und Gewerkschaftsmitgliedern:

- Unsere Wirtschaft könnte eine wesentliche Verringerung der Rüstungsausgaben überhaupt nicht verkraften.
- Die entstandene neue Armut wird zu größeren sozialen Spannungen führen.
- Die Friedens- und Umweltbewegung kann sehr viel bewirken.
- Aus Profitinteresse wird vieles produziert, was Menschen und Natur längerfristig gefährdet oder schädigt.
- Unter den Arbeitslosen sind sehr viele Faulenzer.
- Die Lebensbedingungen für die nächste Generation werden erheblich schlechter sein.

Daß es auch viele Fragen gibt, in denen Gewerkschafter und Nichtorganisierte einer Meinung sind, ist in gewisser Weise überraschend. Offenbar ist der prägende Einfluß der Gewerkschaft selbst auf die wirtschaftspolitischen Meinungen ihrer Mitglieder recht begrenzt.

Gewerkschaftler und Aufgaben der Gewerkschaft

Gefragt wurde, in welchen Bereichen die Gewerkschaften sich künftig besonders einsetzen sollen. Bei der Beantwortung dieser Frage gab es in der Reihenfolge keine Differenzen zwischen Gewerkschaftsmitgliedern und Nicht-Gewerkschaftsmitgliedern. Die Reihenfolge der genannten Aufgaben ist wie folgt, wobei Mehrfachnennungen möglich waren:

Tabelle 6: Diese Aufgaben sollten die Gewerkschaften wahrnehmen

	Nicht -GW	GW
1. Kampf gegen die Arbeitslosigkeit	84.1	88.3
2. Gestaltung von Arbeitsbedingungen	69.0	77.5
3. Gleichberechtigung der Frauen im Beruf	67.4	69.4
4. Arbeitszeitverkürzung	53.3	66.4
5. Ausbau sozialer Rechte im künftigen europäischen Binnenmarkt	50.1	59.3
6. Umweltschutz	42.6	47.2
7. Einflußnahme auf die wirtschaftliche Entwicklung von Branchen und Regionen	34.0	40.0
8. Ökologische Erneuerung der Wirtschaft	32.9	37.8
9. Sicherung des Friedens	24.2	29.0
10 Gestaltung von Freizeitangeboten und kulturellen Angeboten	19.5	25.6

Abb. 5: Diese Aufgaben sollten die Gewerkschaften wahrnehmen

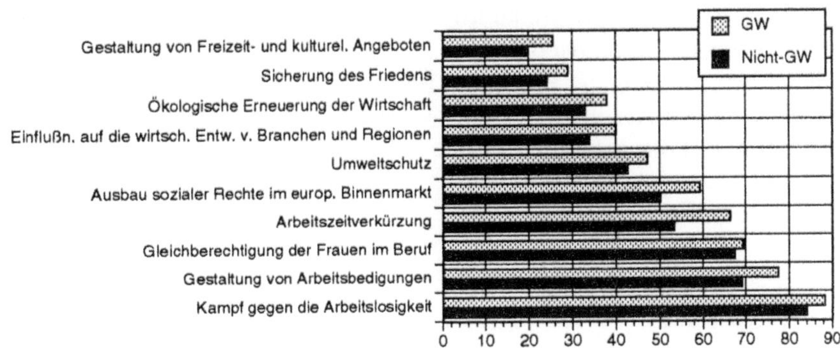

Die Gewerkschaftsmitglieder betonen im Schnitt mehr Aufgaben der Gewerkschaft als Nichtorganisierte. Die größten Differenzen zeigen sich bei der Arbeitszeitverkürzung und beim Ausbau sozialer Rechte im künftigen europäischen Markt, was von den Gewerkschaftlern deutlich mehr als gewerkschaftliche Aufgabe begriffen wird. Insgesamt ergibt sich der Eindruck, daß die Gewerkschaften auf ihre traditionellen Aufgaben „festgenagelt" werden. Die Rangfolge der Aufgaben ist bei beiden Gruppen gleich (vgl. Abb. 5). Gewerkschafter sehen aber insgesamt ein weiteres Aufgabenfeld für ihre Organisation. Ganz oben in der Rangfolge steht der Kampf gegen die Arbeitslosigkeit, es folgen die Gestaltung der Arbeitsbedingungen, die Gleichberechtigung der Frauen im Beruf und die Arbeitszeitverkürzung. Umweltschutz liegt auf Platz sechs.

Auch bei der Frage, aus welchen Bereichen sich die Gewerkschaften heraushalten sollten, gab es in der Reihenfolge zwischen Organisierten und Nichtorganisierte kein Differenzen. Die Reihenfolge bei den Gebieten, aus denen sich die Gewerkschaften heraushalten sollten, war wir folgt:

Tabelle. 7: Aus diesen Aufgaben sollte sie sich heraushalten

	GW	Nicht-GW
1. Sicherung des Friedens	38.6	39.8
2. Gestaltung von Freizeit- und kulturellen Angeboten	31.2	39.3
3. Ökologische Erneuerung der Wirtschaft	21.1	22.5
4. Einflußnahme auf die wirtschaftliche Entwicklung von Branchen und Regionen	18.8	20.3
5. Umweltschutz	17.2	19.5
6. Arbeitszeitverkürzung	7.1	9.7
7. Ausbau sozialer Rechte im künftigen europäischen Binnenmarkt	5.2	9.5
8. Gleichberechtigung der Frauen im Beruf	4.2	5.6
9. Gestaltung von Arbeitsbedingungen	1.3	2,9
10. Kampf gegen die Arbeitslosigkeit	1.6	1.8

Abb. 6: Aus diesen Aufgaben sollte sie sich heraushalten

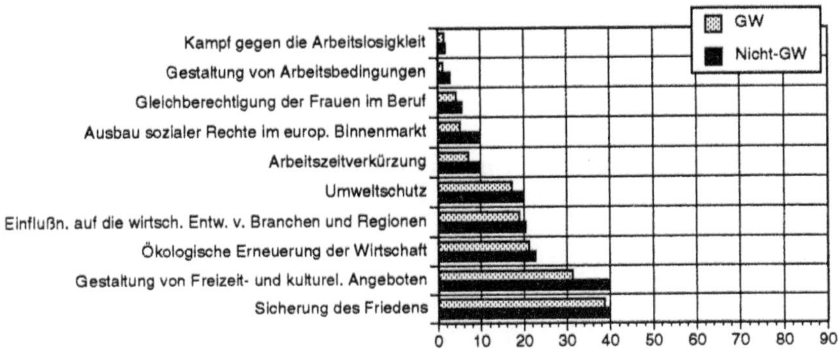

Tendenziell werden von den Gewerkschaftlern weniger Gebiete, bei denen sich die Gewerkschaften lieber heraushalten sollten, angegeben als von den Nichtorganisierten.

Im Vergleich zur anders angelegten infas-Untersuchung von 1986 zum „Wandel des Arbeitnehmerbewußtseins" gibt es Verschiebungen: Das gewerkschaftliche Engagement für Umweltschutz findet mehr Zustimmung. Und auch das Schlußlicht der infas-Untersuchung, nämlich die Arbeit der Gewerkschaften im Freizeit- und Kulturbereich, scheint in den letzten Jahren mehr akzeptiert zu werden.

Auch hier überrascht wieder, wie gering die Unterschiede zwischen Nichtorganisierten und Gewerkschaftsmitgliedern ausfallen, trotz der leichten Veränderungen beispielsweise in der ökologischen Frage. Es existiert offenbar ein breiter gesellschaftlicher Konsens darüber, was die Gewerkschaft legitimerweise als ihre angestammten Aufgaben zu betrachten habe und wo sie sich gefälligst heraushalten sollte. Wenn man diesen Befund wohlwollend interpretiert, könnte man sagen, daß die Gewerkschaften in hohem Maße gesellschaftlich akzeptiert sind, ein in sich geschlossenes und kohärentes Bild abgeben, das auf eine stabile und sichere Identität schließen läßt.

Angesichts der zahlreichen grundlegend neuen Anforderungen, denen die Gewerkschaft mit einer neuen Programmatik und einer gewandelten Organisationsstruktur begegnen müßte, könnte man allerdings auch kritisch einwenden, daß das Bild, das die Gewerkschaft von sich abgibt, allzu festgefügt, ja festzementiert erscheint. Einer gesellschaftlichen Organisation, die so zentral im Brennpunkt der drängendsten politischen und sozialen Konflikte steht, wie es bei der Gewerkschaft der Fall ist, stünde es nicht schlecht zu Gesicht, auch schon innergewerkschaftlich ein gewisses Maß an divergierenden Meinungen, engagierten Auseinandersetzungen und leidenschaftlich geführten Kontroversen zuzulassen. „Die Grünen“ haben dafür den Begriff „Streitkultur“ geprägt. Hätten die Gewerkschaften mehr davon, wäre wahrscheinlich ihr Bild in der Öffentlichkeit kontroverser aber auch farbiger.

Gewerkschaftler, ihre Einstellung zur Gewerkschaft und ihre Erwartungen an die Gewerkschaft

In einem Fragebogen wurde in 17 Items nach den Einstellungen zur Gewerkschaft gefragt und nach den Erwartungen an die Gewerkschaft. Lediglich bei einer Frage kam es zu keiner signifikanten Differenz zwischen Gewerkschaftlern und Nichtgewerkschaftlern:

- Die Gewerkschaften lenken die Betriebs- und Personalräte von außen.

Die Gewerkschaftsmitglieder sind eher als Nichtgewerkschaftsmitglieder der Meinung, daß

- die Gewerkschaften jedem Mitglied die Möglichkeit bietet, seine Interessen gemeinsam mit anderen zu verfolgen,
- die Gewerkschaften sich für den Erhalt von Arbeitsplätzen einsetzen,
- die Gewerkschaften für den technischen Fortschritt nicht hinderlich sind,
- die Gewerkschaften sich nicht zu wenig um die Ausländer kümmern,
- die Gewerkschaften zu wenig streiken,
- die Gewerkschaften sich nicht zu wenig um Arbeitslose kümmern,
- die Gewerkschaften in Zukunft nicht immer unwichtiger werden,
- die Gewerkschaften für den sozialen Fortschritt notwendig sind,
- die Gewerkschaften für junge Menschen nicht unattraktiv sind,
- die Gewerkschaften sehr viel zum Schutz der Umwelt beitragen können,
- die Gewerkschaften in unserer Gesellschaft viel zu wenig Macht haben,
- die Gewerkschaften sich zu wenig kämpferisch verhalten,
- die Gewerkschaften zu einer besseren Völkerverständigung beitragen können,
- die Gewerkschaften sich nicht nur um ihre eigenen Mitglieder kümmern,
- die Gewerkschaften doch sorgfältig genug mit den Beiträgen ihrer Mitglieder umgehen,
- die Gewerkschaften sich nicht zu wenig für umweltschonende Produktionsverfahren einsetzen.

Die Einstellung der Gewerkschaftsmitglieder zu den Gewerkschaften ist durchweg positiv im Hinblick auf die Gestaltungsmöglichkeiten der Gewerkschaft. Auch werden keine Defizite der Gewerkschaften bemängelt; lediglich eine größere Kampf- und Streikbereitschaft wird von der Gewerkschaft gewünscht.

Egal ob Mann, ob Frau, ob Gewerkschaftsmitglieder oder Unorganisierte, viele meinen, daß es „uns ohne Gewerkschaften wesentlich schlechter ginge". Auch die Aussage, daß die Mitbestimmung in den Unternehmen wesentlich erweitert werden sollte, halten die meisten für richtig. Viele glauben den Gewerkschaften, daß sie sich für den Erhalt der Arbeitsplätze einsetzten und daß sie Mitgliedern die Möglichkeit böten, ihre Interessen gemeinsam mit anderen zu verfolgen.

Die Gesamtheit der Befragten lehnt die Behauptungen strikt ab, daß die Gewerkschaften in Zukunft immer unwichtiger würden, sich zuwenig um Ausländer kümmerten, zuwenig kämpferisch seien und zuwenig streikten.

Die Mitglieder sehen ihre Gewerkschaft noch positiver. Eher als Unorganisierte glauben sie zum Beispiel, daß sich die Gewerkschaften nicht zuwenig um Arbeitslose kümmerten, sie für junge Leute nicht unattraktiv seien, daß sie sich nicht zuwenig für umweltschonende Produktion einsetzten, daß sie mit den Beiträgen der Mitglieder sorgfältig umgingen. Nichtorganisierte zweifeln an der Richtigkeit dieser Aussagen. Auch wünschen sich die Gewerkschafter - vor allem jüngere, die aus der Arbeiterschicht stammen - ihre Gewerkschaft eher kämpferisch. Sie unterscheiden zwischen Interessenvertretern im Betrieb und Gewerkschaft: Unorganisierte und Gewerkschaftsmitglieder meinen mehrheitlich, daß die Gewerkschaften die Betriebs- und Personalräte von außen lenkten.

Gewerkschaftler und Politik

In einer Frage wurde um die Einstufung des politischen Interesses gebeten. Dabei erwies sich, daß die Frauen in der Gewerkschaft stärker an Politik interessiert sind als die nichtorganisierten Frauen. Bei den Männern gibt es diesen Unterschied nicht.

Die Befragten wurden auch gebeten, sich in einer links-rechts-Skala einzutragen mit den Werten 1-10. Sowohl die männlichen als auch die weiblichen Gewerkschaftsmitglieder stufen sich eher links ein gegenüber ihren nicht-organisierten Geschlechtskollegen/innen. Dabei sind aber die weiblichen Gewerkschaftsmitglieder in ihrem Selbstverständnis weitaus linker (4.07 gegenüber 5.27) als ihre nichtorganisierten Geschlechtsgenossinnen, während sich die männlichen Gewerkschaftsmitglieder mit 4.72 gegenüber 5.39 nicht ganz so radikal von ihren nichtorganisierten Geschlechtsgenossen abheben.

Teilweise unterschiedlich fällt auch die Einschätzung der politischen Einflußmöglichkeiten bei Männern und Frauen in der Gewerkschaft aus. Die weiblichen Gewerkschaftsmitglieder lehnen es im Vergleich zu ihren nichtorganisierten Geschlechtskolleginnen ab, für "führende Köpfe dankbar zu sein, die uns sagen können, was wir tun sollen". Eher lehnen sie auch die Aussage ab, „Leute wie ich haben sowieso keinen Einfluß darauf, was die Regierung tut"; sie lehnen auch die Aussage eher ab, „Die ganze Politik ist so kompliziert, daß jemand wie ich gar nicht versteht, was vorgeht" .

Bei all diesen Items unterscheiden sich die männlichen Gewerkschaftsmitglieder nicht von ihren nichtorganisierten Geschlechtsgenossen.

Die männlichen Gewerkschaftsmitglieder sind eher als ihre nichtorganisierten Geschlechtsgenossen der Meinung, daß die Parteien nur die Stimmen der Wähler wollen, deren Ansichten sie aber nicht interessiert. Bei den Frauen gibt es keine entsprechenden Unterschiede.

Bei der Frage, ob man daran glaubt, daß sich die Politiker viel darum kümmern, „was Leute wie ich denken", gibt es unterschiedliche Abweichungen der Organisierten von den Nichtorganisierten in Abhängigkeit vom Geschlecht:
Die Frauen in der Gewerkschaft lehnen diese Aussage stärker ab als die nichtorganisierten Frauen, während die männlichen Gewerkschaftsmitglieder dieser Aussage mehr zustimmen als die nichtorganisierten Männer.

Die Ergebnisse der Befragung zu den politischen Einflußmöglichkeiten bestätigen die obigen Selbsteinschätzungen: Die Männer in der Gewerkschaft sind politisch nicht sonderlich aktiv, während die Frauen in der Gewerkschaft politisch sehr viel sensibler sind.

Dennoch ist auch zu konstatieren, daß es bei folgenden Fragen keine Differenzen zwischen organisierten und nichtorganisierten Männern und Frauen gibt:

- Die derzeitige Kriminalität und die sexuelle Unmoral lassen es unumgänglich erscheinen, mit gewissen Leuten härter zu verfahren, wenn wir unsere moralischen Prinzipien wahren wollen.
- Im allgemeinen ist es einem Kind im späteren Leben nützlich, wenn es gezwungen wird, sich den Vorstellungen der Eltern anzupassen.
- Ich glaube nicht, daß sich die Politiker viel darum kümmern, was Leute wie ich denken.
- Die Parteien wollen nur die Stimmen der Wähler, ihre Ansichten interessieren sie nicht.
- Im allgemeinen verlieren die Abgeordneten im Bundestag ziemlich schnell den Kontakt zum Volk.

Dies bedeutet, daß Gewerkschaftsmitglieder nicht unbedingt mehr gegen autoritäre Vorstellungen gefeit sind als andere Personen.

Gewerkschaftler und Vorurteile

In einem weiteren Fragebogen wurde die Sympathie bzw. Antipathie zu verschiedenen Gruppen ermittelt, wobei ein Wert zwischen 100 für volle Sympathie und 1 für völlige Antipathie vergeben werden konnte.

In der folgenden Tabelle finden sich die Werte für Gewerkschaftsmitglieder und Nichtgewerkschaftsmitglieder getrennt nach Geschlecht.

Tabelle 8: Einstufung von Randgruppen

	Männer		Frauen	
	GW-	Nicht-GW	GW-	Nicht-GW
Atomkraftgegner	61.3	59.7	70.8+	63.6
Homosexuelle	19.0**	26.1	35.4	29.2
Feministinnen	22.9**	28.2	41.5	34.9
Spätaussiedler	47.2	49.3	50.4	50.3
Alkoholiker	24.6	27.3	26.3	23.4
Prostituierte	22.3*	26.0	25.0	20.6
Zigeuner	29.5*	34.2	39.7	35.2
türkische Gastarbeiter	45.4	44.6	46.7	44.3
Asylbewerber	30.7*	35.4	38.9	37.1
Drogenabhängige	17.4**	22.2	28.1+	21.8
geistig Behinderte	55.7*	60.2	64.0	60.2
Terroristen	4.3	6.0	3.8+	6.1

* : $p < 0.05$, ** : $p < 0.01$ männliche GW gegenüber Nicht-GW
+ : $p < 0.05$ weibliche GW-Mitglieder gegenüber Nicht-GW

Die männlichen Gewerkschaftler finden zehn von zwölf Randgruppen unsympathischer als dies die nicht-organisierten Männer tun (vgl. Abb. 7).

Signifikant weniger geschätzt werden von den in den gewerkschaftlich organisierten Männern folgende Randgruppen: Homosexuelle, Feministinnen, Prostituierte, Zigeuner, Asylbewerber, Drogenabhängige und geistig Behinderte. Lediglich Atomkraftgegner und türkische Gastarbeiter werden nicht unsympathischer angesehen als von den nicht in der Gewerkschaft organisierten Männern.

Abb. 7: Einstufung von Randgruppen (Männer)

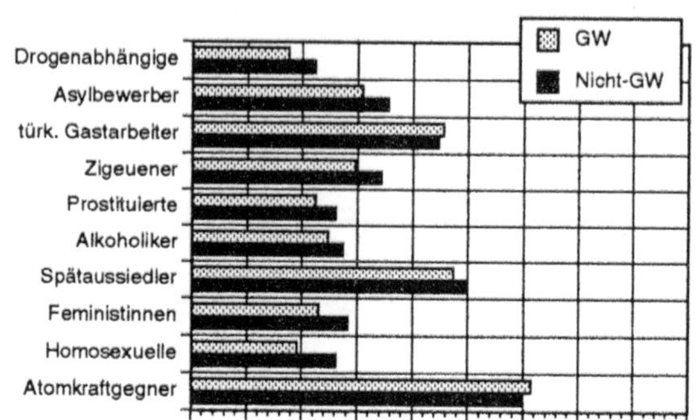

Bei den Frauen sieht das Bild etwas anders aus (vgl. Abb .8).

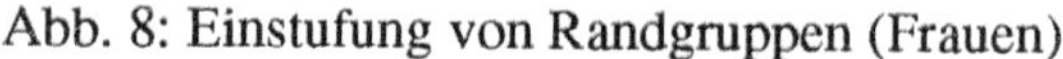
Abb. 8: Einstufung von Randgruppen (Frauen)

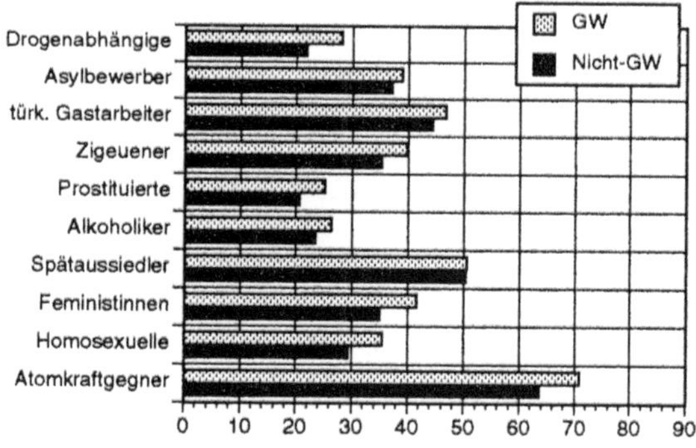

Elf von zwölf Randgruppen werden von den Frauen in der Gewerkschaft sympathischer gesehen als von den Frauen, die nicht in der Gewerkschaft sind. Signifikant höher angesehen werden von den weiblichen Gewerkschaftsmitgliedern die Atomkraftgegner und die Drogenabhängigen. Weniger Sympathie als bei den Nichtgewerkschaftsmitgliedern genießen die Terroristen.

Die Frauen in der Gewerkschaft stehen fast allen Randgruppen aufgeschlossener gegenüber als die Männer in den Gewerkschaften. Die Ergebnisse zeigen, daß vor allem die männlichen Gewerkschaftler sehr von Vorurteilen belastet sind, die noch stärker sind, als die schon sehr hohen Vorurteile in der Gesamtbevölkerung der Männer. Die Frauen in der Gewerkschaft heben sich wohltuend davon ab. Was die männlichen Gewerkschafter anbelangt, die das

Gros der Mitglieder ausmachen (vgl. Tab. 1), sind diese Ergebnisse desillusionierend. Man muß bei der Interpretation allerdings berücksichtigen, daß die ausgeprägten Vorurteile der männlichen Gewerkschaftsmitglieder teilweise als Effekt von geringerer Bildung und niedriger Sozialschicht zu verstehen sind. Wie wir in unserem Beitrag „Auf dem Weg zu einem neuen Sozialdarwinismus“ genauer ausführen, sind die besser Gebildeten der jüngeren Generation stärker gegen autoritäres Denken und gegen soziale Vorurteile gefeit.

Das Selbstkonzept der GewerkschaftlerInnen

Das Selbstkonzept der Befragten wurde mit dem Gießen-Test erhoben.

Das Selbstbild der männlichen Gewerkschaftsmitglieder weicht in 4 Items von dem der nichtorganisierten Männer ab:

- Ich habe den Eindruck, daß andere mit meiner Arbeitsleistung im allgemeinen besonders zufrieden sind,
- ich glaube, ich kann im Vergleich mit anderen eher gut mit Geld umgehen,
- ich glaube, ich habe es eher leicht, mich für lange Zeit an einen anderen Menschen zu binden,
- ich habe den Eindruck, es fällt mir eher leicht, mit anderen eng zusammenzuarbeiten.

Der Gewerkschaftler vermittelt von sich den Eindruck, eine tüchtige Arbeitskraft zu sein, die auch fähig ist zu einer Bindung an andere Menschen. Auf Skalenebene ergeben sich keine bedeutsamen Unterschiede. Insgesamt entspricht das Selbstkonzept des männlichen Gewerkschaftlers ziemlich dem des Durchschnittsmannes.

Mehr Unterschiede zeigen sich bei der Gewerkschafterin. Sie fühlt sich verglichen mit nichtorganisierten Frauen eher folgendermaßen:

- Sie sucht eher Geselligkeit,
- sie legt es eher darauf an, andere zu lenken,
- sie ist stark daran interessiert, andere zu übertreffen,
- sie hält sich für wenig ängstlich,
- sie hat den Eindruck, daß andere mit ihrer Arbeitsleistung im allgemeinen besonders zufrieden sind,
- sie kann sehr leicht ausgelassen sein.

Die Gewerkschaftlerin ist eine tüchtige, emanzipierte Frau, die aber auch ausgelassen und gesellig sein kann. Auf Skalenebene zeigt sich bei Skala 3 eine signifikante Differenz: Die Frauen in der Gewerkschaft beschreiben sich nicht so zwanghaft wie die Frauen, die nicht organisiert sind. Wenn man Zwanghaftigkeit als Mittel versteht, Angst und Unsicherheit zu kontrollieren, so bedeutet dies, daß sich vorzugsweise diejenigen Frauen in der Gewerkschaft engagieren, die im sozialen Kontakt selbstsicher sind und wenig durch Ängste gehemmt werden.

Während die Gewerkschafts-Männer eher ihre Kooperationsfähigkeit und Anpassungsfähigkeit betonen, präsentieren sich die Gewerkschafts-Frauen eher selbstbewußt, unabhängig und auseinandersetzungsfreudig. Ihre deutlich akzentuierte Konflikt- und Konkurrenzbereitschaft, die sich in diesen sozialpsychologischen Variablen ausdrückt, hatte sich ja auch schon bei den politischen Einstellungen gezeigt, insofern sich die Frauen dort als insgesamt „linker", gesellschaftskritischer und politisch engagierter eingestuft hatten als ihre männlichen Gewerkschaftskollegen. Möglicherweise suchen die Männer in ihrer Gewerkschaft eher so etwas wie Sicherheit, Halt, Bindung und Orientierung, während die selbstsicheren und angstfreien Frauen in der Gewerkschaft eher ein Bestätigungsfeld sehen, auf dem sie sich auseinandersetzen und aktiv engagieren können. Diese sozialpsychologische Diskrepanz zwischen den Geschlechtern dürfte gewerkschaftsintern für einigen Zündstoff sorgen, speziell wenn die Frauen zukünftig stärker in der Gewerkschaft vertreten sein sollten.

Diskrimination Gewerkschaftler / Nichtgewerkschaftler

Um zu ermitteln, welche Variablen besonders deutlich die Mitglieder der Gewerkschaft und die Nichtorganisierten voneinander trennen, wurde eine multiple Regressionsanalyse durchgeführt mit dem Kriterium Mitgliedschaft in der Gewerkschaft. Als Prädiktoren wurden folgende Variablen einbezogen:

- Schicht (Arbeiterschicht/Mittelschicht/Obere Mittelschicht)
- Bildung (Keinen Abschluß/Volksschulabschluß/Mittlere Reife/Fachhochschulreife/Abitur)
- Alter
- Geschlecht
- Soziale Resonanz (GT-Skala 1)
- Dominanz (GT-Skala 2)

- Kontrolle (GT-Skala 3)
- Grundstimmung (GT-Skala 4)
- Offenheit (GT-Skala 5)
- Soziale Potenz (GT-Skala 6)
- Fortschrittskritik *
- Positive Zukunftserwartungen *
- Autoritarismus *
- Gewerkschaftliche Gestaltungsmöglichkeiten *
- Kämpferische Gewerkschaften
- Gewerkschaftlich Defizite *
- Politische Ohnmacht *
- Einstellung zu Randgruppen **

*Skala aus Brähler, Köhl und Wirth in diesem Band.

**Summe Sympathie für 12 Randgruppen (vgl. Brähler, Köhl und Wirth in diesem Band).

Folgende 6 dieser Prädiktoren liefern einen signifikanten Beitrag zur Vorhersage der Mitgliedschaft in der Gewerkschaft, wobei die Reihenfolge die Bedeutung des Beitrages widerspiegelt:

1. Geschlecht
2. Gewerkschaftliche Gestaltungsmöglichkeiten
3. Gewerkschaftliche Defizite
4. Schicht
5. Kämpferische Gewerkschaft
6. Grundstimmung (Skala 4 des GT)

Die Mitglieder der Gewerkschaft

- sind eher Männer
- sehen mehr Gestaltungsmöglichkeiten der Gewerkschaft
- sehen weniger gewerkschaftliche Defizite
- gehören mehr der Arbeiterschicht an
- wünschen sich kämpferische Gewerkschaften
- sind weniger selbstreflektiert bzw. depressiv (Skala 4 des GT)

im Vergleich zu den Nichtorganisierten.

Diskussion

Die empirische Tatsache, daß 3 Skalen, die die Einstellungen zur Gewerkschaft beinhalten, einen wesentlichen Beitrag zur Vorhersage der Mitgliedschaft in der Gewerkschaft leisten, ist banal, zeigt aber immerhin, daß diese Skalen tatsächlich das messen, was sie messen sollen.

Die Arbeiterschicht ist in der Gewerkschaft überrepräsentiert. Das erklärt sich aus der Tradition der Gewerkschaftsbewegung und ihren historischen Entstehungsbedingungen. Auch heute noch ist es begrüßenswert, daß die Arbeiter, die sonst eher über eingeschränkte gesellschaftliche und kulturelle Einfluß- und Entfaltungsmöglichkeiten verfügen, wenigstens unter den Gewerkschaftsmitgliedern dominieren. Allerdings birgt die Konzentration der Gewerkschaft auf die Industriearbeiterschaft die Gefahr, daß andere neu entstandene und in Entstehung begriffene Arbeitsbereiche gewerkschaftlich unterrepräsentiert sind, wobei gerade auch solche Arbeitsbereiche betroffen sein können, die für die neuen Problemstellungen (z. B. ökologische Fragen, spezifische Situationen in typischen Frauenberufen) eine zentrale Bedeutung inne haben.

Wichtigster Prädiktor für die Vorhersage der Mitgliedschaft in der Gewerkschaft ist das Geschlecht: Gewerkschaftsmitglieder sind ganz überwiegend männlich. Hier zeigt sich einmal mehr, wie groß der Nachholbedarf an Reformen in den Gewerkschaften ist. Dies betrifft auch ganz zentral die Emanzipation und Gleichberechtigung der Frau.

Literatur

Hoffmann, J., Hoffmann, R., Lange, D., Mückenberger, U. (1993): Herausforderungen der Gewerkschaftspolitik nach dem Ende des Ost-West-Konflikts. Gewerkschaftliche Monatshefte 5/93: 271-284.

Kurz-Scherf, I. (1994): Brauchen die Gewerkschaften ein neues Leitbild von Erwerbsarbeit? Oder: Brauchen die Frauen eine neue Gewerkschaft? Gewerkschaftliche Monatshefte 7/94: 436-457.

Schulte, D. (1994): Erneuerung unserer Politik - Reform unserer Organisation. Grundsatzreferat auf dem 15. ordentlichen DGB-Bundeskonreß 1994 in Berlin. Gewerkschaftliche Monatshefte 7/94: 425-435.

Vom klassischen bis zum rot-grünen Gewerkschaftsmitglied. Eine Typologie der gewerkschaftlich Engagierten

Hans-Jürgen Wirth und Elmar Brähler

Gibt es *den* Typus des Gewerkschafters?

In der folgenden Studie soll untersucht werden, ob es „den Gewerkschafter" gibt oder ob eine Differenzierung in mehrere, methodisch sinnvoll trennbare Gewerkschaftertypen möglich ist. Allein von der gewerkschaftlichen Struktur her ist nicht zu erwarten, daß es nur einen Typ von Gewerkschafter gibt. Das Engagement der Gewerkschaften im Angestelltenbereich, im öffentlichen Dienst oder auch bei Wissenschaftlern und Künstlern hat die Gewerkschaften für neue Berufsgruppen geöffnet. Mag früher die Gleichung: Gewerkschaftsmitglied = Arbeiter gegolten haben, so muß man heute feststellen, daß es weder „den Arbeiter" noch „das Gewerkschaftsmitglied" mehr gibt und daß viele Personen in leitenden Positionen oder aus dem Bildungswesen Gewerkschaftsmitglieder sind. Die oben gestellte Frage, ob es einen Typus des Gewerkschafters gibt, ist intuitiv mit „nein" zu beantworten. Doch welche Typen von Gewerkschaftern lassen sich empirisch eruieren?

Zur Methode

Zur Beantwortung dieser Frage wurden aus unserer schon mehrfach in diesem Buch erwähnten repräsentativen Erhebung von 1989 die 308 Gewerkschaftsmitglieder als Untergruppe gesondert untersucht. (Eine detailliertere Stichprobenbeschreibung findet sich in dem Aufsatz von Brähler, Köhl und Wirth in diesem Band).

Mit Hilfe von sieben Skalen, die die Einstellungen über die Erwartungen an die Gewerkschaften erfassen, wurden Typen von Gewerkschaftsmitgliedern herausgearbeitet. Die Skalen umfassen folgende Bereiche (zur Skalenbildung vgl. den Beitrag von Köhl, Brähler und Wirth in diesem Band):

- negative Zukunftserwartungen (niedrig/hoch)
- autoritärer Charakter (antiautoritär/autoritär)
- gewerkschaftliche Gestaltungsmöglichkeiten (wenig/viel)
- gewerkschaftliche Defizite (wenige/viele)
- kämpferische Gewerkschaften (zu stark/zu wenig)
- politische Ohnmacht (einflußreich/ohnmächtig)
- positive Zukunftserwartungen (niedrig/hoch)

Die Gruppen wurden mit Hilfe dieser sieben Gewerkschaftsskalen gebildet.

Eine empirisch gewonnene Typologie der Gewerkschaftsmitglieder

Als Methode zur Typenbildung wurde das Verfahren der Clusteranalyse eingesetzt. Hierbei wird versucht, Gruppen von Personen zu finden, die sich innerhalb eines Clusters möglichst ähnlich sind, während zugleich die Unterschiede zwischen den Clusters möglichst groß sein sollen. Anschließend wurde überprüft, inwiefern sich die gefundenen Cluster auch hinsichtlich der anderen Variablen, die nicht in die Clusteranalyse einbezogen werden (Gießen-Test), unterscheiden. Dieser zweite Schritt stellt zum einen eine inhaltliche Bereicherung insofern dar, als die gefundenen Typen plastischer werden, und ist zum anderen eine Überprüfung, ob die gefundenen Cluster sich auch bei den Gießen-Test-Variablen bewähren (Validierung). Nach der Analyse der Ergebnisse erwies sich die 5 Clusterlösung als am besten geeignet. Wie Abbildung 1 zeigt, sind die fünf Gewerkschaftlertypen deutlich voneinander zu differenzieren.

Abb. 1: Gewerkschaftertypen

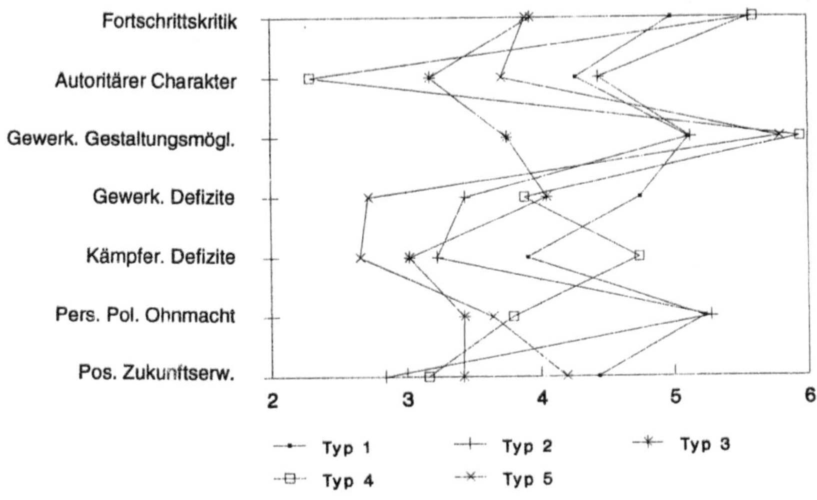

Diese fünf Gruppen werden im folgenden dargestellt und hinsichtlich verschiedener zusätzlicher Variablen untersucht. Zunächst werden in Abbildung 4 die Skalenwerte der 5 Gruppen dargestellt. Die Skalensummenwerte wurden aus Gründen der besseren Darstellbarkeit durch die Anzahl der eingehenden Items dividiert, so daß die Skalenwerte direkt vergleichbar sind. Theoretisch ergibt sich ein mittlerer Skalenwert von 4 (z.B. bei nur Mittelankreuzungen). Typ 1 ist vor allem durch seine negativen Zukunftserwartungen und das Gefühl persönlicher politischer Ohnmacht gekennzeichnet. Dabei schreibt er den Gewerkschaften eine gewisse politische Macht zu, die er aber nicht unbedingt als positiv bewertet (relativ hoher Wert für gewerkschaftliche Fehler). Im Vergleich zu den anderen Gewerkschaftsmitgliedern weist er eher autoritäre Persönlichkeitszüge auf. Typ 2 ähnelt dem ersten. Die negativen Zukunftserwartungen sind bei ihm noch stärker ausgeprägt. Im Gegensatz zu Typ 1 sieht er aber weniger gewerkschaftliche Fehler, wobei er die kämpferischen Seiten der Gewerkschaft als ausreichend einstuft. Typ 3 zeigt wesentlich weniger negative Zukunftserwartungen. Die gewerkschaftlichen Einflußmöglichkeiten sieht er als eher gering an und sieht von daher auch keinen Handlungsbedarf für stärker kämpferische Gewerkschaften. Gleichzeitig glaubt er an eigene politische Einflußmöglichkeiten ohne dabei autoritäre Charakterzüge aufzuweisen. Typ 4 zeigt außerordentlich hohe negative Zukunftserwartungen. Den Gewerkschaften schreibt er sehr starke Einflußmöglichkeiten zu, wobei für ihn die Gewerkschaften kämpferischer sein müßten. Seine eigenen Einflußmöglichkeiten bezeichnet er als mittelmäßig. Er weist einen ausgeprägten antiautoritären Charakter auf. Typ 5 hat im Vergleich mit den anderen Gruppen eher positive Zukunftserwartungen. Er setzt dabei wohl sehr viele Hoffnungen in die Gewerkschaftsarbeit. Ihr wird viel Macht zugeschrieben. Gleichzeitig haben für ihn die Gewerkschaften nur wenige Fehler und sind ausreichend kämpferisch.

Alters- und Geschlechtsverteilung

Um die einzelnen Typen noch besser interpretieren zu können, sollen noch einige weitere Unterscheidungsmerkmale und Gruppencharakteristiken aufgeführt werden. In Tabelle 2 wird die Alters- und Geschlechtsverteilung der einzelnen Gruppen aufgeführt.

Tabelle 2: Alters- und Geschlechtsverteilung der 5 Clustertypen

	Typ 1	Typ 2	Typ 3	Typ 4	Typ 5	Gesamt
N	91	68	51	50	48	308
Alter	45,1	48,3	38,9	41,4	41,8	43,6
Männer	80,2 %	73,5 %	76,5 %	72,0 %	81,2 %	76,9 %
Frauen	19,8 %	26,5 %	23,5 %	28,0 %	18,8%	23,1 %

Die Clustergruppe 1 und 5 haben einen höheren Männeranteil und die Clustergruppe 4 einen höheren Frauenanteil als der Durchschnitt in der Gesamtgruppe aufweist. In Clustergruppe 2 sind eher ältere Personen und in Clustergruppe 3 eher jüngere.

Abb. 2: Verteilung des Schulabschlusses bei den Clustergruppen

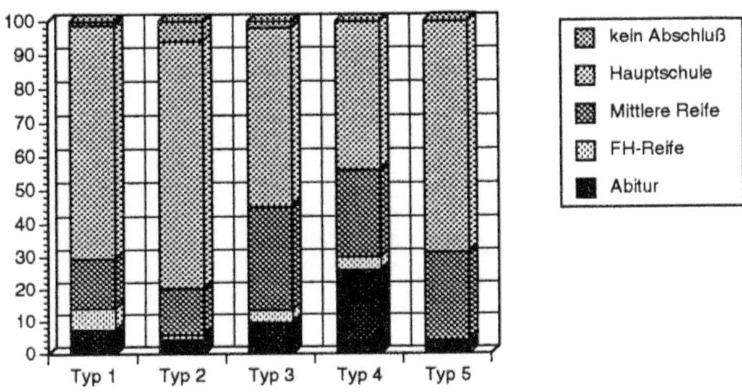

In Abbildung 2 ist die Verteilung des Schulabschlusses für die fünf Clustertypen dargestellt. Auffallend ist, daß besonders die Personen aus Gruppe 4 eine besonders hohe Bildung aufweisen, wohingegen die Personen in Gruppe 2 die niedrigsten Abschlüsse angeben. Dies spiegelt sich auch bei der Einschätzung der Schichtzugehörigkeit wieder (Abbildung 3).

Abb. 3: Einschätzung der Schichtzugehörigkeit nach Clustergruppen getrennt.

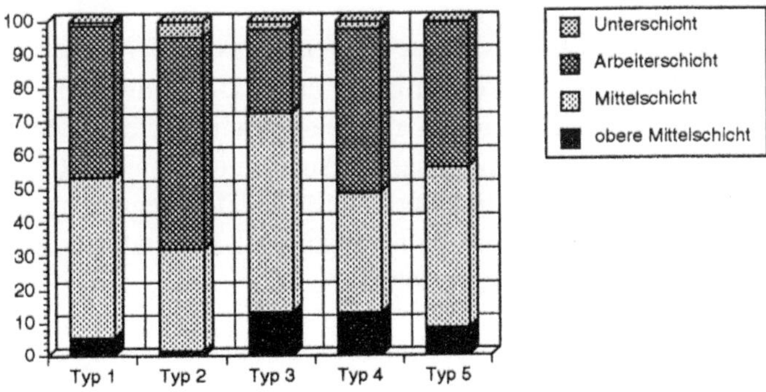

Die Personen aus Cluster 2 fühlen sich am ehesten der Arbeiterschicht zugehörig. Bei Cluster 3 schätzen sich die Personen im Verhältnis zu ihrer Ausbildung eher einer höheren Schicht zugehörig ein. Umgekehrt ist dies bei Cluster 4. Trotz ihrer hohen Schulbildung schätzen sie sich eher niedrigeren

Schichten zugehörig ein. Als weiterer Indikator für ein besseres Verständnis der Gruppen wird die angegebene Parteienpräferenz vorgestellt

Auffallend ist bei Clustergruppe 2 der sehr niedrige Anteil an Wählern der GRÜNEN. In Gruppe 1 und 5 sind relativ hohe Anteile von FDP-Wählern vorhanden. Die Parteienpräferenz der Personen aus Cluster 4 zeigt eine in dieser Höhe nicht zu erwartende Bevorzugung von SPD und GRÜNEN (zusammen über 90%).

Abb. 4: Parteienpräferenz der einzelnen Clustergruppen

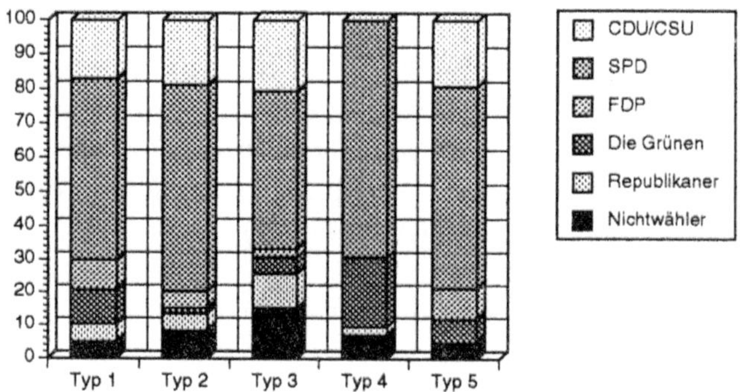

Die Personen aus Cluster 3 haben im Verhältnis zu den anderen Gruppen die höchsten Präferenzen für Republikaner und CDU. Außerdem weisen sie den höchsten Anteil an Nichtwählern auf. Die Parteienpräferenz schlägt sich auch bei der Einschätzung der politischen Ausrichtung nieder. Gruppe 4 schätzt sich deutlich am weitesten links-orientiert ein. Demgegenüber weist Gruppe 3 nur eine leichte Rechts-Orientierung gegenüber den anderen drei Gruppen auf (zu den Einzelergebnissen vgl. Abb. 5).

Abb. 5: Links- Rechts-Orientierung der einzelnen Clustergruppen

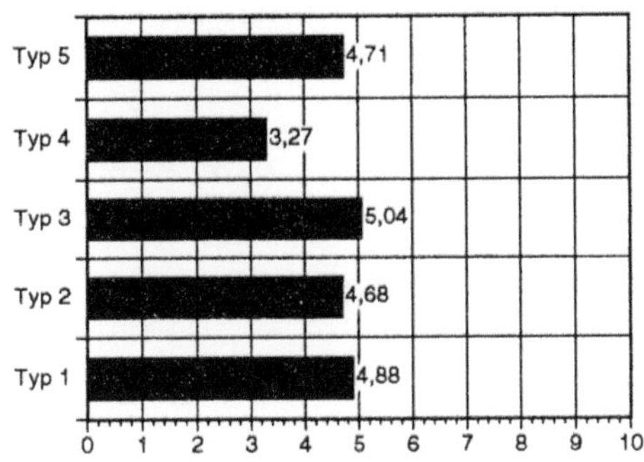

Als letztes Gruppenmerkmal aus dem sozialen und politischen Bereich soll die Einstellung zu verschiedenen Randgruppen aufgezeigt werden (vgl. Abb. 6). Wie aus dem bisher aufgezeigten Daten zu erwarten, haben die Personen aus Cluster 4 fast durchgehend die positivsten Einstellungen zu verschiedenen Randgruppen (Ausnahme Spätaussiedler). Insgesamt erschreckend ist die eher negative Einstellung zu vielen Randgruppen. Nur Atomkraftgegner, die wahrscheinlich auch keine Randgruppe mehr sind, werden insgesamt eher positiv bewertet. Im neutralen Bereich befinden sich Spätaussiedler, türkische Gastarbeiter und geistig Behinderte. Alle anderen Randgruppen werden eher negativ bewertet.

Abb. 6: Einstellung der Gewerkschaftsmitglieder zu Randgruppen getrennt nach den Clustertypen

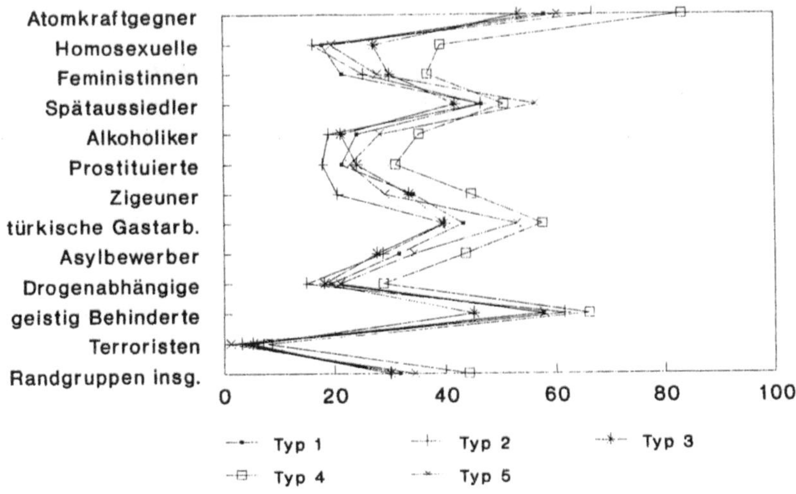

Als letztes Unterscheidungskriterium sollen noch einige psychosoziale Daten berichtet werden. Als unabhängige Variablen diente wiederum die Clusterzuordnung, als abhängige die Gießen-Test Skalenwerte.

Der Gießen Test hat sechs Skalen mit folgenden Bezeichnungen:

negative soziale Resonanz	positive soziale Resonanz
Dominanz	Gefügigkeit
Unterkontrolliertheit	Zwanghaftigkeit
Hypomanie	Depression
Durchlässigkeit	Retentivität
soziale Potenz	soziale Impotenz

Die Mittelwerte der einzelnen Gruppen sind Abbildung 10 zu entnehmen. Nur signifikante Unterschiede, die sich in einer einfaktoriellen Varianzanalyse mit anschließendem Scheffé-Test ergeben haben, sollen im folgenden erläutert werden. Die Personen von Clustergruppe 3 und 4 bezeichnen sich als dominanter als die Personen von Gruppe 2 und 5. Die Personen aus Gruppe 5 glauben eher durchlässig zu sein. Demgegenüber beschreiben sich die Personen aus Gruppe 2 und 3 eher als verschlossen. Sowohl die Personen aus Gruppe 5 als auch die aus Gruppe 4 bezeichnen sich als sozial potent, währenddessen sich die Personen aus Gruppe 2 eher als sozial impotent einschätzen würden.

Diskussion

Im folgenden soll nun versucht werden, die einzelnen Gewerkschaftlertypen noch einmal ausführlich zu beschreiben und anhand der sozialen, politischen und psychologischen Daten zu charakterisieren. Die sozialpsychologische Struktur der einzelnen Typen soll dabei plastisch werden. Die Beschreibung enthält deshalb auch einige spekulativ-interpretaive Züge, fußt aber immer auf den empirischen Daten.

Typ 1: Der klassische Gewerkschafter

Dieser Typ ist vor allem durch seine negativen Zukunftserwartungen einerseits und sein Gefühl persönlicher politischer Ohnmacht andererseits gekennzeichnet. Nach seiner Meinung machen Politiker nach Wahlen ohnehin, was sie wollen, ohne sich an Wahlversprechen zu halten. Sein Verdruß äußert sich wohl auch darin, daß die FDP und Die Grünen von ihm relativ großen Zuspruch erhalten. Daß Typ 1 sowohl für die Grünen als auch für die FDP relativ große Sympathie hat, läßt allerdings auf ein inkonsistentes politisches Bewußtsein schließen: Er ist zwar gegen "die da oben", kann sich aber offenbar nicht so recht entschließen, wem er sein Vertrauen schenken soll.

Den Gewerkschaften schreibt Typ 1 eine gewisse politische Macht zu, sieht dort aber auch viele Defizite. Das Spektrum der Defizite reicht vom Umgang mit Mitgliedsbeiträgen und mangelndem Einsatz für Arbeitslose über Unattraktivität für junge Menschen bis hin zu einem mangelnden Einsatz für umweltschonende Produktionsverfahren. Typisch für seine Einstellung ist der Gegensatz zwischen dem Handlungsspielraum, den er Gewerkschaften zuschreibt, und den persönlichen Ohnmachtsgefühlen. Seine Meinung läßt sich etwa so zusammenfassen: "Eigentlich könnte die Gewerkschaft viel tun, tatsächlich aber kümmert sie sich nicht genug um die brennenden Probleme und interessiert sich zu wenig für die Belange und die Meinung ihrer einfachen Mitglieder." Im Vergleich zu anderen Gewerkschaftsmitgliedern weist Typ 1 konservativ-autoritäre Persönlichkeitszüge auf. Disziplin, Moral und Obrigkeitsgläubigkeit stehen in enger Verbindung zu dem oben angesprochenen Gefühl der politischen Ohnmacht. Das in sich widersprüchliche Zusammenspiel von autoritären Charakterzügen, stark ausgeprägten negativen Zukunftserwartungen, hohen Erwartungen an die Aktivität der gewerkschaftlichen Institution bei gleichzeitigen Ohnmachtsgefühlen und einer hohen Ausprägung der positiven Zukunftserwartungen läßt bei Typ 1 an ein Gewerkschaftsmitglied denken, das die Gliederungsprinzipien der Funktionärsgewerkschafter widerspiegelt. Die Verlautbarungspolitik beispielsweise der Gewerkschaftsvorstände kann diesen Typus von Gewerkschaftsmitgliedern zwar kaum noch wirklich überzeugen, wie sich in seiner vehementen Gewerkschaftsschelte. zeigt, doch können die Funktionäre darauf bauen, daß er dank seiner Autoritätsfixiertheit, seiner politischen Ohnmachtsgefühle und seiner Passivität letztlich doch akzeptiert, was ihm von oben vorgesetzt wird. Impulse zur Veränderung und Erneuerung der Gewerkschaft sind von ihm jedenfalls nicht zu erwarten.

Typ 2: Der traditionelle ältere Gewerkschaftler

Die negativen Zukunftserwartungen von Typ 2 sind noch stärker ausgeprägt als bei Typ 1. Im Gegensatz zu Typ 1 sieht er aber weniger gewerkschaftliche Defizite und betrachtet die kämpferischen Seiten der Gewerkschaft als ausreichend ausgeprägt. Typ 2 hat von allen Typen den höchsten Unterschichtanteil und den höchsten Anteil an Personen ohne Schulabschluß. Zwei Drittel dieser Gruppe ordnen sich selbst der Arbeiterschicht zu und beinahe ebensoviel wählen die SPD. Für die Partei der Grünen hat Typ 2 nur wenig Sympathien. Sein Durchschnittsalter ist deutlich höher als das der anderen. Autoritäre Charakterzüge sind bei ihm extrem ausgeprägt und gekoppelt mit dem Gefühl persönlicher politischer Ohnmacht. Daß er der Gewerkschaft keine Defizite attestiert und meint, sie kümmerten sich genug ..., paßt zu seiner autoritär-affirmativen Grundhaltung. Während Typ 1 zwar auch autoritäre Charakterzüge hat, aber gegen die Gewerkschaften "motzt", ist Typ 2 kritiklos mit dem zufrieden, was er in der Gewerkschaft vorgesetzt bekommt. Obwohl er so negativ eingestellt ist, motzt er nicht, sondern gibt zumindest vor, mit allem zufrieden zu sein, was ihm die Gewerkschaft bietet. Auf der anderen Seite ist er sehr pessimistisch, wenn er in die Zukunft blickt. Er glaubt, daß die Technisierung der Arbeitswelt Arbeitsplätze vernichte und die Umwelt gefährde. In diesem Zusammenhang sieht er auch eine Verschärfung der wirtschaftlichen Krise, die auch zu mehr egoistischem Handeln führen wird. Auf der psychologischen Ebene gibt es einige auffällige Ergebnisse. Typ 2 glaubt, daß er sich im Umgang mit anderen Menschen eher gefügig verhält. Außerdem bezeichnet er sich im Umgang mit anderen Menschen als eher verschlossen (im Vergleich zu Typ 3 und 4) und glaubt von sich eher, im Umgang mit anderen Menschen nicht so geschickt zu sein. Da bei diesem Typ sowohl die SPD als auch die Republikaner relativ hohe Sympathie genießen, könnte man vermuten, daß speziell dieser Typ zu den traditionellen SPD-Wählern gehört, die besonders anfällig dafür sind, zu den Republikanern zu wechseln.

Typ 3: Der anti-gewerkschaftliche Gewerkschaftler

Charakteristisch für Typ 3 ist, daß er auch ohne die Gewerkschaft leben kann und den Gewerkschaften nichts zutraut. Typ 3 zweifelt sehr stark daran, daß die Gewerkschaften irgendwelche Einflußmöglichkeiten auf das politische Geschehen haben. Er bemängelt zwar auch einige Fehler in der Gewerkschaftsarbeit, sieht aber im Gegensatz zu den anderen beiden Typen keinen größeren Handlungsbedarf, was sich in seinen eher positiven Zukunftserwartungen zeigt. Besteht einmal Handlungsbedarf, so vertraut Typ 3 darauf, aus eigener Kraft etwas ändern zu können. Obwohl Typ 3 im Durchschnitt keinen besonders hohen Schulabschluß hat, so glaubt er doch, einer verhältnismäßig hohen Schicht anzugehören. Ob ein Zusammenhang zwischen dem Glauben an die eigene politische Macht und dieser Einschätzung der Schichtzugehörigkeit besteht, kann letztendlich nicht gesagt werden. Eventuell gibt es in dieser Gruppe verstärkt „soziale Aufsteiger“. Ein weiteres wichtiges Merkmal von Typ 3 ist seine Parteipräferenz. Das niedrigste Ergebnis für die SPD (46,2 %) ist gekoppelt mit den höchsten Prozentsätzen an Nichtwählern (13 %) und Stimmen für die Republikaner (10,3 %). Wahlabstinenz und die Stimmabgabe für die Republikaner sind wohl auch als Zeichen zu verstehen für die Frustration über das Verhalten der traditionellen Parteien. Trotz seines hohen Bildungsgrades tendiert er deutlich nach rechts, sowohl was seine Parteipräferenz für die Republikaner (10,3%) und die CDU/CSU (20,5%), als auch was seine politische Ausrichtung auf dem Links-Rechts-Schema anbelangt (vgl. Abb. 5). Daß bei Typ 3 immerhin 5,1% ihre Präferenz für die Grünen ausdrücken, läßt darauf schließen, daß es sich bei diesem Typ um einen sogenannten „Protestwähler” handelt, dessen Protest sich gegen die Älteren und Etablierten richtet. Was seine psychologischen Merkmale und seine politische Werthaltung angeht, ist er aber kein typischer Grüner, sondern eher ein Rechter. Das zeigt sich auch in seinen Ressentiments gegenüber Randgruppen, die sehr deutlich ausgeprägt sind: Von allen fünf Typen hat er die geringste Sympathie für sämtliche Randgruppen, die in dem Fragebogen aufgezählt wurden. Die geringste Sympathie hat er für Asylanten und Gastarbeiter. Dann richtet sich sein Ressentiment auf Aussiedler und geistig Behinderte. Auf Adornos Autoritätsskala fällt dieser Typ nicht besonders aus dem Rahmen. Gleichwohl aber steckt er voller Ressentiments. Er repräsentiert den Typ des “Neuen Rechten”. Er wirkt wie ein Schnösel: Eiskalt und dominant (vgl. Gießen-Test-Skala 2) setzt er seine Machtansprüche durch. Er repräsentiert den Jungtypus bei den Republikanern. Man könnte vermuten, daß er weniger der Arbeiterschicht entstammt und bei den Gewerkschaften z. B. zur Gewerkschaft “Handel, Banken und Versicherungen” oder zur DAG gehört. Auf der psychologischen Ebene fällt auf, daß sich diese Personen aber eher als antiautoritär kennzeichnen, was vordergründig im Widerspruch zu dem hohen Anteil an Stimmen für die Republikaner steht. Dieser Widerspruch stützt allerdings die Vermutung, daß dieses Wahlverhalten als Protest zu verstehen ist. Im zwischenmenschlichen Bereich glauben diese Personen eher durchset-

durchsetzungsfähig zu sein (im Gegensatz zu Gruppe 2 und 5). Außerdem halten sie sich für verschlossen im Umgang mit anderen Menschen (im Gegensatz zu Gruppe 5).

Typ 4: Der anti-autoritäre, progressive Gewerkschaftler

Es handelt sich um einen sehr prägnanten Typ, bei dem sich hoher Bildungsgrad (26% Abitur) mit einer linken politischen Ausrichtung paart. In vielen Bereichen stellt er das Gegenstück zu Typ 3 dar. Stark negative Zukunftserwartungen gehen zusammen mit dem Glauben an sehr große Einflußmöglichkeiten der Gewerkschaft. Um diese Einflußmöglichkeiten auch auszuschöpfen, wünschen sich die Personen dieser Gruppe eine wesentlich kämpferischere Gewerkschaft. Gleichzeitig erklären sie sich auch bereit, Verantwortung zu übernehmen und ihre persönlichen Einflußmöglichkeiten auszuschöpfen. Was die Gewerkschaften angeht, wünscht Typ 4 sich von diesen einen größeren kämpferischen Einsatz und sieht auch große Gestaltungsmöglichkeiten für die Gewerkschaften. Auf der Dimension persönlicher politischer Ohnmacht versus Macht liegt er im Mittelfeld, d.h., er kann offenbar realistisch einschätzen, daß er allein nichts ausrichten kann, ohne deshalb jedoch in Resignation zu verfallen. Seine negativen Zukunftserwartungen sind extrem stark ausgeprägt. Auch hat er nur wenige positive Zukunftserwartungen. Insofern ist seine Haltung zur Zukunft im Unterschied zu der der anderen Typen in sich konsistent. Interessant ist, daß seine negativen Zukunftsaussichten einhergehen mit großer persönlicher Aktivität und persönlichem Engagement. Er entspricht insofern einer Haltung, die Max Horkheimer einst beschrieben hat als eine Kombination von theoretischem Pessimismus und praktischem Optimismus (vgl. Richter 1994). Obwohl die Personen dieser Gruppe im Durchschnitt die höchste Schulbildung aufweisen, glauben sie aber nicht automatisch, einer höheren Schicht anzugehören. Ihre ausgeprägte politische Links-Orientierung zeigt sich auch in ihrem Wahlverhalten, das im vollständigen Gegensatz zu dem von Gruppe 3 steht. 21,4 % dieser Gruppe würden die Grünen wählen und 69 % die SPD. Keine einzige Stimme würde auf CDU/CSU oder FDP fallen und nur 2,4 % würden die Republikaner wählen. Typ 4 entspricht dem Typus des Wählers, der sich eine rot-grüne Koalition wünscht. 21,4% sind für die Grünen, 69 % für die SPD.

Auffallend ist weiterhin die beinahe durchgehend offenste Einstellung gegenüber den Randgruppen. Hier hebt sich diese Gruppe auch deutlich gegenüber allen vier anderen Typen ab. Diese vorurteilslose Einstellung hängt wohl auch mit dem ausgeprägten antiautoritären Charakter zusammen. Dieser antiautoritäre Charakter hält sie aber nicht davon ab, sich im Umgang mit anderen Menschen durchzusetzen (im Gegensatz zu Gruppe 2 und 5). Außerdem glauben sie von sich, im Umgang mit anderen Personen eher geschickt und aufgeschlossen zu sein.

Typ 5: Der optimistische, offene, vorurteilsfreie, leicht naive Gewerkschaftler

Typ 5 ist durch seine positiven Zukunftserwartungen charakterisiert. Er setzt große Hoffnungen in die Gewerkschaften und hat wenig an ihnen auszusetzen.

Er glaubt, daß die Gewerkschaften viel Macht in unserer Gesellschaft besitzen. Da die Gewerkschaft seiner Meinung nach so gut wie keine Fehler macht und keine kämpferischen Defizite hat, hat er wohl das Gefühl, daß die Gewerkschaft „es schon richtig machen wird". Seine offene und vertrauensvolle Grundhaltung zeigt sich auch in seinem Wahlverhalten. Die wenigsten Nichtwähler und keine Stimme für die Republikaner unterstreichen die Zufriedenheit von Typ 5 mit dem etablierten System. Die FDP findet bei Typ 5 relativ viele Anhänger. Er blickt optimistisch in die Zukunft und fühlt sich persönlich/politisch nicht ohnmächtig. Seiner Ansicht nach tun die Gewerkschaften genug. Er glaubt, daß die Gewerkschaften viel erreichen könnten, wenn sie nur wollten.

Auch auf der psychologischen Ebene unterstreicht er seine optimistische Weltsicht. Im Gießen-Test erscheint er als durchlässig und sozial potent. Im zwischenmenschlichen Kontakt gibt er an, eher gefügig zu sein und Streitigkeiten eher zu vermeiden (im Gegensatz zu Gruppe 3 und 4). Außerdem glaubt er auch im Kontakt zu anderen Menschen eher offen zu sein (im Gegensatz zu Gruppe 2 und 3) und sich dabei auch sehr geschickt zu verhalten (im Gegensatz zu Gruppe 2). Er hat keine Machtansprüche und kann dementsprechend umgänglich mit anderen sein. Insgesamt drängt sich bei dieser Gruppe das Bild des immer fröhlichen optimistischen Kumpels auf, der auch gegenüber Randgruppen aufgeschlossen ist. („Leben und leben lassen" könnte sein Lebensmotto sein). Er repräsentiert den geselligen Gewerkschaftertyp, der in der Gewerkschaft die Geselligkeit sucht und der sich wahrscheinlich in allen Vereinen findet. Er ist der Typ des "Vereinsmenschen". Er ist umgänglich, gesellig und anspruchslos. Die mitmenschlichen Kontakte in der Gewerkschaft sind ihm am wichtigsten, er will sich dort wohlfühlen.

Sind die Kirchen ein Hort der Solidarität?

Selbstkonzept und soziale Werturteile von Kirchenmitgliedern in Abhängigkeit von Kirchgang, Kirchengebundenheit und Kirchenzugehörigkeit

Hans-Jürgen Wirth und Elmar Brähler

Einleitung

In der Pionierzeit der Psychoanalyse entstanden verschiedene religions- und kirchenkritische Arbeiten, in denen die tiefenpsychologischen und massenpsychologischen Hintergründe von Religiosität, Gläubigkeit und Kirchengebundenheit analysiert wurden. Bekannt geworden sind Sigmund Freuds Essays *Die Zukunft einer Illusion* (1927), *Das Unbehagen in der Kultur* (1930) und *Massenpsychologie und Ich-Analyse* (1921). In der letztgenannten Arbeit versuchte Freud, die Bindung der Kirchenmitglieder an die Institution der Kirche massenpsychologisch als Unterwerfung unter die Vaterersatzautorität des Papstes und der Kirche zu erklären. Weitere psychoanalytische Autoren aus der Frühphase der Psychoanalyse, die sich mit Religion beschäftigt haben, sind u. a. Ernest Jones (1928), Theodor Reik (1923, 1927), Oskar Pfister (1944), Carl Gustav Jung (1928; 1932; 1940; 1941), Erich Fromm (1930;1950) und Erik Erikson (1958). Pfister nimmt insofern eine Sonderstellung ein, als er sowohl Pfarrer als auch Psychoanalytiker war und versuchte, die Erkenntnisse der Psychoanalyse für die Seelsorge nutzbar zu machen (vgl. Pfister 1944).

Die Religionskritik trat innerhalb der psychoanalytischen Bewegung mehr und mehr in den Hintergrund - von einigen Ausnahmen (vgl. Scharfenberg 1973; Lorenzer 1981; Moser 1976; Richter 1979; Widerspruch 1993) abgesehen -, was wohl mit der generellen Tendenz innerhalb der Psychoanalyse zu tun hat, die kulturkritische Seite der Psychoanalyse zu vernachlässigen (vgl. Nedelmann 1982; Parin 1978; Wirth 1991). In der evangelischen Kirche hat sich in den letzten Jahrzehnten ein eher kooperatives Verhältnis zur Psychoanalyse herausgebildet. Die Säkularisierung, Professionalisierung und Verwissenschaftlichung der Seelsorge führte dazu, daß die Praktiker der Seelsorge sich für Psychoanalyse und Psychotherapie interessierten. In Balint-Gruppen lernten Pfarrer und Seelsorger die Psychoanalyse kennen und schätzen.

Aber das Verhältnis zwischen Amtskirche und Psychoanalyse bleibt weiterhin gespannt: dies zeigt sich beispielsweise in dem Konflikt, den Eugen Drewermann mit der katholischen Amtskirche ausficht. Es ist sicher kein Zufall, daß seine Studie *Kleriker. Psychogramm eines Ideals* (1989), mit der er sich harsche Ablehnung der Kirchenoberen einhandelte, theoretisch auf der Psychoanalyse basiert.

Die psychoanalytischen Untersuchungen von Freud bis Drewermann beruhen auf psychologisch-therapeutischen Fallanalysen, aus denen generalisierende Rückschlüsse auf Strukturen und grundlegende psychische Prozesse gezogen werden. Dies ist durchaus ein berechtigtes wissenschaftliches Vorgehen, das allerdings noch keine Aussage über die Verbreitung bestimmter Phänomene innerhalb der Gesamtgruppe der Gläubigen erlaubt. Hier können nur empirische Untersuchungen weiterführen. Wie Buggle (1991) und Wolf & Deusinger (1992) feststellen, sind psychologisch-empirische Untersuchungen von Kirchenmitgliedern und Religion allerdings ausgesprochen selten. Als Ausnahmen im deutschsprachigen Bereich sind hier Deusinger, Deusinger (1981; 1986), Dörr (1987), Hark (1985), Zwingmann (1992) und Spring u.a. (1992) zu nennen. Doch nicht nur in der Psychologie, sondern auch in der Soziologie sind Kirche und Religion unterbelichtet (vgl. Kaufmann, Schäfers 1988). Möglicherweise besteht in der empirischen Wissenschaft - im Unterschied zur Psychoanalyse - ein Tabu, sich mit diesem Thema auseinanderzusetzen. Buggle (1991) zitiert in diesem Zusammenhang den Philosophen Günther Anders (1982): „Wo ich nicht darf, denk ich nicht scharf."

In der im vorliegenden Buch schon mehrfach angesprochenen repräsentativen Untersuchung der Westdeutschen am Vorabend der Wende 1989 haben wir auch die Konfessionszugehörigkeit, die Zahl der Kirchenbesuche und den Grad der Verbundenheit mit der Kirche erfragt. An dieser Stelle berichten wir über die Zusammenhänge dieser Variablen mit dem Selbstkonzept und sozialen Werturteilen.

Stichprobe und Methoden

Wie Abbildung 1 zeigt, waren von 2 025 befragten Bundesbürgern 921 evangelisch, 72 evangelisch-freikirchlich, 832 katholisch, 27 sonstige Konfessionen, 171 konfessionslos und 2 verweigerten die Aussage. In der folgenden Auswertung berücksichtigen wir nur die 3 Gruppen evangelisch, katholisch und konfessionslos. Nebenbei sei bemerkt, daß die Situation in den neuen Bundesländern eine ganz andere ist: "Hier stellt bereits die formale Mitgliedschaft in einer Kirche die Ausnahme dar, 2/3 der Bevölkerung sind konfessionslos. Auch hinsichtlich der Stärke der beiden Großkirchen besteht ein Unterschied zum Westen. 27 % der erwachsen Bevölkerung gehören der evangelischen Kirche an, 6 % bekennen sich zur katholischen Konfession" (Koch 1992, S. 142).

Abb. 1: Konfessionszugehörigkeit Stichprobe 1989

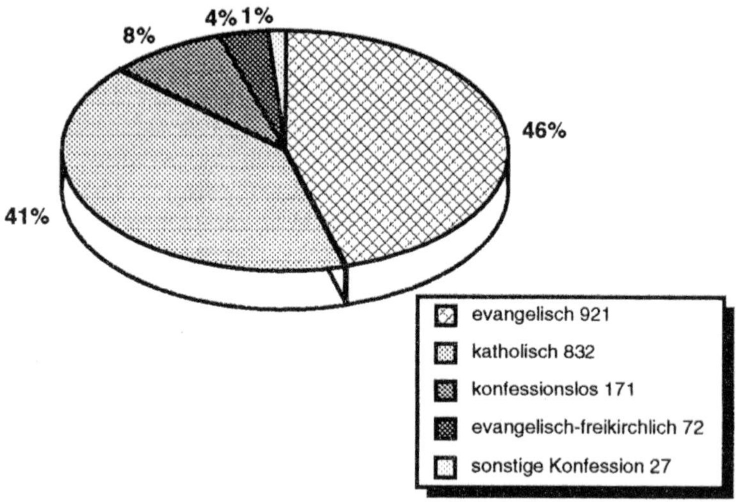

Da die Konfessionszugehörigkeit bei manchen Menschen eher formaler Natur ist, ohne daß sie sich kirchlich engagieren, haben wir bei der Erhebung auch danach gefragt, wie stark man sich an die jeweilige Kirche gebunden fühle, wobei unter den Abstufungen sehr stark / stark / weniger stark / gar nicht, gewählt werden konnte. Außerdem wurde die Häufigkeit des Kirchgangs ermittelt.

Die Abbildung 2 zeigt die Häufigkeit des Kirchgangs in Abhängigkeit von der Konfession: Erwartungsgemäß gehen Katholiken viel häufiger in die Kirche als Protestanten.

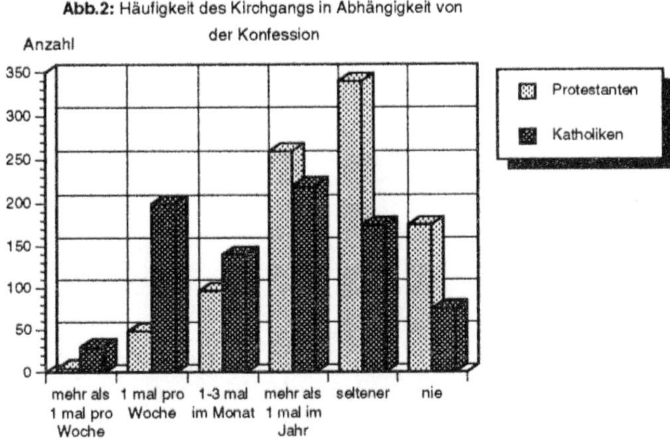

Abb.2: Häufigkeit des Kirchgangs in Abhängigkeit von der Konfession

Auch das Gefühl der Gebundenheit an die Kirche ist bei Katholiken deutlich stärker ausgeprägt als bei Protestanten (vgl. Abb. 3).

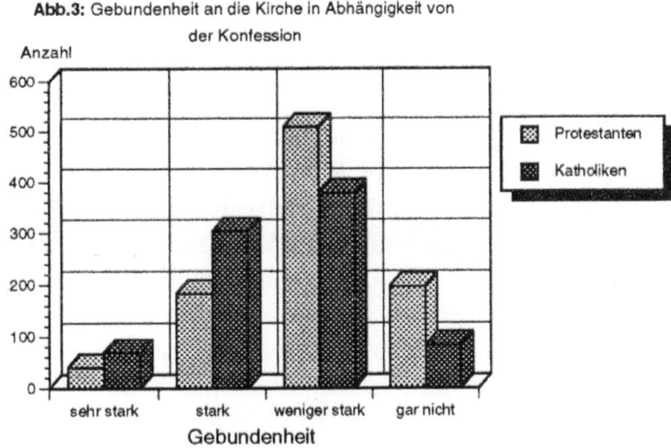

Abb.3: Gebundenheit an die Kirche in Abhängigkeit von der Konfession

So verwundert es nicht, daß ein enger Zusammenhang zwischen Häufigkeit des Kirchgangs und Gebundenheit an die Kirche besteht: je stärker man sich mit der Kirche verbunden fühlt, desto häufiger besucht man sie - und umgekehrt. Dies gilt sowohl für Katholiken als auch für Protestanten (vgl. Abb. 4). Allerdings gibt es sowohl Menschen, die sich weniger stark mit der Kirche verbunden fühlen und trotzdem eifrige Kirchgänger sind, als auch abstinente Kirchgänger, die gleichwohl eine starke Verbundenheit mit der Kirche verspüren. Doch sind diese beiden Gruppierungen deutlich in der Minderzahl.

Abb.4: Zusammenhang von Gebundenheit an die Kirche und Häufigkeit des Kirchgangs

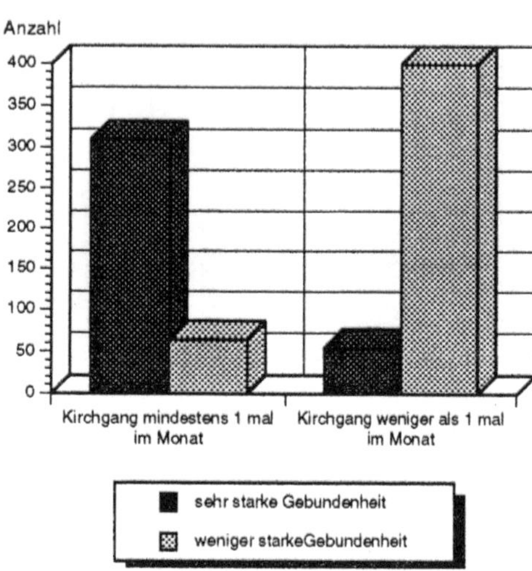

Das Selbstkonzept in Abhängigkeit von der Konfessionszugehörigkeit

Um das Selbstporträt in Abhängigkeit von der Konfessionszugehörigkeit zu untersuchen, wurden über die 40 Items und die 6 Skalen des Gießen-Tests Varianzanalysen durchgeführt: zwischen Katholiken und Protestanten ergaben sich keine signifikanten Unterschiede. Hingegen zeigten sich bei 11 Items Unterschiede zwischen Katholiken und Protestanten einerseits und Konfessionslosen andererseits.

Im Gegensatz zu den Konfessionsgebundenen sehen sich die Konfessionslosen als weniger ordentlich. Sie sagen von sich, daß sie mit der Wahrheit eher großzügig und mit Geld eher schlecht umgehen. Auf Skalenebene bündeln sich diese Eigenschaften zum Merkmal der Unterkontrolliertheit. Ihre Lässigkeit wird komplettiert durch ihren Hang, sich im Leben eher Bequemlichkeit zu verschaffen.

Hinzu kommt die größere Dominanz der Konfessionslosen: sie legen eher Wert darauf, andere zu lenken, neigen dazu, ihren Ärger abzureagieren und sind besonders eigensinnig und ungeduldig. Dementsprechend oft geraten sie in Auseinandersetzungen mit anderen Menschen. Daß sie glauben, eine Änderung ihrer äußeren Lebensbedingungen würde ihre seelische Verfassung nur wenig beeinflussen, ergibt zusammen mit den guten schauspielerischen Fähigkeiten das Bild eines selbstbewußten und stabilen Menschen, den so leicht nichts aus der Bahn werfen kann. Auf Skalenebene schlägt sich dies in einer Tendenz zur Hypomanie nieder.

Interpretation: Das Selbstbild der Konfessionsungebundenen spiegelt ein von Skrupeln befreites Selbstbewußtsein wider, das mit Bequemlichkeit und Lässigkeit einhergeht. Mit einer gewissen Selbstverständlichkeit nimmt man für sich das Recht in Anspruch, sein Leben nach seinen eigenen Vorstellungen und Bedürfnissen zu gestalten. Natürlich gilt entsprechendes in umgekehrter Richtung für die Konfessionsgebundenen: Sie machen es sich im Leben eher schwerer, indem sie ihre Ungeduld, ihren Ärger, ihren Eigensinn und ihre Aggressionen stark zügeln. Sie ordnen sich sowohl anderen Menschen als auch moralischen Normen und formalen Regeln unter. Psychoanalytisch gesprochen, stehen die Konfessionsgebundenen unter dem Diktat eines überdurchschnittlich strengen Über-Ichs. Der Durchschnitt der Bevölkerung liegt bezüglich der diskutierten Skalen 2, 3 und 4 in der Mitte zwischen den beiden Vergleichsgruppen.

Insofern scheinen diese Ergebnisse die schon von Freud aufgestellte Behauptung zu bestätigen, daß nämlich Kirche und Religion Über-Ich-Surrogate darstellen, auf die Elternimagines projiziert werden. Einerseits führt die Projektion dazu, daß sich der religionsgebundene Mensch unter dem Schutz von Kirche und Gott sicherer, aufgehobener und angstfreier fühlt. Andererseits büßt er damit aber auch etwas von seiner Selbständigkeit, seinem Eigensinn und seiner freien Selbstentfaltung ein und unterwirft sich formalen Regeln der Ordentlichkeit. Würde er mehr Dominanz und Eigensinn entwickeln, bekäme er Angst.

Interessanterweise ergaben sich bei 2 Gießen-Test-Variablen, die sich in anderen Untersuchungen als besonders sensible und wichtige Kriterien erwiesen haben (vgl. Brähler und Richter 1990; Wirth und Schürhoff 1990), keine signifikanten Unterschiede zwischen den beiden Gruppen: im Reflexionsvermögen (ich mache mir häufig / selten Gedanken über meine inneren Probleme) und im sozialen Verantwortungsgefühl (ich mache mir häufig / selten Sorgen um andere Menschen) ergaben sich beim Vergleich zwischen Konfessionslosen und Konfessionellen keine signifikanten Unterschiede. Wir kommen auf diese beiden Variablen noch zurück.

Im übrigen erbrachte die statistische Kontrolle von Alter und Geschlecht keine wesentlich anderen Ergebnisse, d. h. die Befunde sind tatsächlich in erster Linie auf die Konfessionszugehörigkeit zurückzuführen.

Selbstkonzept in Abhängigkeit von Kirchenverbundenheit und Kirchgang

Es sollte geprüft werden, ob sich Unterschiede im psychologischen Selbstkonzept in Abhängigkeit von der Kirchenverbundenheit, der Kirchenzugehörigkeit und der Häufigkeit des Kirchgangs ergeben würden. Dazu wurden für die 40 Items und die 6 Skalen des Gießen-Tests Dreiwegvarianzanalysen über die Modi

- Verbundenheit mit der Kirche (sehr stark und stark *versus* weniger stark und gar nicht)
- Häufigkeit des Kirchgangs (mindestens einmal pro Monat *versus* weniger als einmal pro Monat)
- Religion (evangelisch *versus* katholisch)

durchgeführt.

Die Personen, die sich mit der Kirche sehr stark oder stark verbunden fühlen, sind dadurch charakterisiert, daß sie gut mit Geld umgehen können, überordentlich sind und wenig von sich preisgeben. Ihre Überstrukturiertheit zeigt sich auch in ihrer Fähigkeit, leicht bei einer Sache bleiben zu können. Insgesamt wird eine ausgeprägte Tendenz zur Zwanghaftigkeit deutlich, die sich auch auf Skala 2 des Gießen-Tests als Neigung zur Überkontrolliertheit zeigt.

Neben der prägnanten Zwanghaftigkeit sticht die Fügsamkeit und das geringe soziale Verantwortungsgefühl der Kirchenverbundenen ins Auge. Zwar beschreiben sie sich als geduldig und geraten nur selten in Auseinandersetzungen mit anderen Menschen, doch zugleich machen sie sich auch nur selten Sorgen um ihre Mitmenschen. Ihre Verbundenheit mit der Kirche beruht offenbar nicht so sehr darauf, daß die Nächstenliebe ihnen ein dringendes inneres Anliegen wäre, sondern weist eher den Charakter einer anal gefärbten Folgsamkeit auf. Der Durchschnitt der Kirchenverbundenen läßt sich am besten durch den Typus des zwanghaften, folgsamen und braven Untertans charakterisieren.

Bei dieser Beschreibung wird man an Freuds Arbeit *Zwangshandlungen und Religionsübungen* (1907) erinnert, in der er die frappierende Ähnlichkeit zwischen den Zwangsgedanken, Zwangsimpulsen und zwanghaften Verhaltensweisen des Zwangsneurotikers und dem religiösen Zeremoniell aufzeigt. Nach Freud beruht die Ähnlichkeit des neurotischen mit dem heiligen Zeremoniell darauf, daß beide sich aus den gleichen unbewußten Quellen speisen. Sowohl der Zwangsneurotiker als auch der Religiöse stehen unter der Herrschaft eines unbewußten Schuldgefühls, das sich vornehmlich gegen sexuelle, aggressive und - wie Freud (1907, S. 137) sich ausdrückte - "eigensüchtige, sozial schädliche Triebe", richtet. Die zwangsneurotischen Rituale haben ebenso wie die religiösen Handlungen die Funktion der Abwehr verpönter Triebregungen. Sie sollen den "Versuchungen" entgegenwirken und die Angst vor drohendem Unheil oder göttlichen Strafen lindern. Freud (1907, S. 138 f.) kam zu dem Ergebnis, "die Zwangsneurose als pathologisches Gegenstück zur Religionsbildung aufzufassen, die Neurose als individuelle Religiosität, die Religion als universelle Zwangsneurose zu bezeichnen." Mancher Zwangskranke hat eine Affinität zu religiösen Gemeinschaften, weil er dort den inneren Zwang durch einen äußeren ersetzen kann und auf diesem Wege eine gewisse Linderung seiner Symptome finden kann. Umgekehrt kann man sagen, daß in dem Fall, in dem die gesellschaftlichen Wahnsysteme und Ersatzbefriedigungen (Religionen) zur Regulierung des individuellen psychischen Haushaltes nicht ausreichen, "Privatreligionen" (Neurosen) entstehen.

Unsere empirischen Ergebnisse scheinen die psychoanalytische These von der Religion als kollektiver Zwangsneurose zu bestätigen. Bemerkenswert ist insbesondere der Befund, daß die Kirchenverbundenen angeben, sich selten Sorgen um andere Menschen zu machen. Dem christlichen Gebot der Nächstenliebe und der Solidarität mit den Schwachen und Außenseitern entspricht offenbar keine innere soziale Einstellung, kein Wunsch nach Solidarität, kein Bedürfnis des "sympathischen Anteilnehmens" (Max Scheler). Vielmehr stellt die Nächstenliebe für die Kirchenverbundenen ein äußeres Gebot dar, das man an Gott und die Kirche abgetreten hat. "Die Kirche hat etwas, was selig mache, in eine Pflicht und Schuldigkeit pervertiert. Das Urphänomen der Sympathie wird von einem natürlichen Bedürfnis zu einer Sache des Gehorsams. Mitfühlen, Mitleiden, Caritas werden gefordert, als geschehe in ihnen nicht eine befreiende gemeinsame Selbsterweiterung, vielmehr eine notwendige Selbstüberwindung. Und die Kirche hat sich zu der Instanz gemacht, welche die Erfüllung dieser Pflicht verlangt und kontrolliert. Sie hat damit das Sympathieprinzip einem Machtverhältnis untergeordnet, daß sie selbst etabliert hat. Dadurch ist die fatale Gleichsetzung von mitfühlender Solidarität und 'Sklavenmoral' entscheidend gefördert worden. Sympathisierendes Mitfühlen, Caritas, Gehorchen und Ohnmächtig-Sein wurden eins" (Richter 1979, S. 249). In der rituellen Befolgung der caritativen Gebote zu bestimmten feierlichen Anlässen beschreiten die kirchengebundenen Menschen einen Weg, auf welchem sie sich von der erdrückenden Herrschaft ihres strengen Über-Ichs wenigstens teilweise entlasten können. Die religiöse Moral hat Tabu-Charakter und nimmt die Gestalt des moralischen Masochismus an. Wie sich schon in einer früheren Untersuchung über die *Motive sozialen Engagements* (Wirth 1979, S. 80) zeigte, kann die katholische Konfessionszugehörigkeit als negativer Indikator für soziales Engagement gelten. In einer empirischen Studie von Moeller und Scheer (1974) war der Anteil der Konfessionslosen an der Klientel einer psychotherapeutischen Beratungsstelle für Studierende auffällig hoch. Die Autoren vermuteten, "daß die Kirche bei psychischen Konflikten Halt gibt, aber auch, daß sie die Auseinandersetzung mit seelischen Konflikten behindert, die von den Studierenden in der Beratungsstelle ja gesucht wird" (Moeller, Scheer 1974, S. 9).

Wenden wir uns nun den häufigen Kirchgängern zu. Bei ihnen ergaben sich Selbsteinschätzungen, die in eine ganz andere Richtung weisen. Sie suchen wenig Anschluß an andere Menschen und meiden eher Geselligkeit. Ihre großen Schwierigkeiten im Kontakt mit anderen Menschen schlagen sich auch in Hemmungen beim Umgang mit dem anderen Geschlecht nieder. In der Liebe fühlen sie sich wenig erlebnisfähig. Es überrascht zunächst, daß sie meinen, viel von sich preiszugeben. Darin kommt wohl weniger eine Fähigkeit zum Ausdruck, sich im sozialen Kontakt zu öffnen, als der überstarke Wunsch, überhaupt mit den eigenen Bedürfnissen und Empfindungen von den Mitmenschen wahrgenommen zu werden. Die häufigen Kirchgänger sind nämlich darauf eingestellt, daß man sie für minderwertig hält und eher als schwach einschätzt. Aufgrund ihres mangelhaften Selbstwertgefühls (soziale Impotenz auf Skala 6 des Gießen-Testes) und ihrer starken Ängstlichkeit gehen sie jedem Streit aus dem Wege. Statt dessen neigen sie dazu, ihren Ärger in sich hineinzufressen. Statt sich auseinanderzusetzen, legen sie es darauf an, von anderen gelenkt zu werden und verhalten sich besonders fügsam.

Bei den häufigen Kirchgängern handelt es sich offenbar um eine Gruppe von Menschen, die sich durch große Hilflosigkeit, Selbstunsicherheit, Ängstlichkeit und soziale Isolation auszeichnet. Sie fühlen sich schwach und suchen Trost, geistigen Zuspruch und emotionale Unterstützung in der Kirche. Man bekommt Mitleid mit diesen Menschen und kann sich gut vorstellen, daß der Besuch des Gottesdienstes für sie eine stabilisierende Funktion hat. Der Typus des hilfesuchenden Kirchgängers erinnert an das Karl Marx'sche Diktum von der Religion als Opium des Volkes: "Religion ist der Seufzer der bedrängten Kreatur, das Gemüt einer herzlosen Welt, wie sie der Geist geistloser Zustände ist. Sie ist das Opium des Volkes" (Marx 1958; S. 30).

Psychoanalytisch gesprochen, bekommt die Religion für diese Menschen die Funktion der Bewahrung einer einigermaßen stabilen psychischen Verfassung. Religion und Kirche verhelfen ihnen dazu, die unbewältigte infantile Angst vor dem Liebesverlust (der Eltern) umzuwandeln in die Angst vor dem Verlust der Liebe Gottes. In einem zweiten Schritt bietet die Religion dann Mittel und Wege an, durch "magische Worte und bedeutsame Gesten, beruhigende Töne und einschläfernde Gerüche" (Erikson zitiert nach Leupold-Löwenthal 1993, S. 21) den Menschen Trost zuzusprechen, sie vor ihrer Angst vor dem Alleinsein und der Ungewißheit ihrer Existenz zu schützen. Diese Zusammenhänge führen einerseits zu der religionskritischen Einschätzung Freuds, daß die Religion die infantilsten Bestrebungen des Menschen ausnütze, um diese an sich zu binden und politische Macht zu erlangen. Andererseits läßt sich aber auch mit Jung einwenden, daß die Religion eine wichtige psychohygienische Funktion haben könnte, insbesondere dann, wenn sie ihre Aufgabe explizit als seelsorgerische verstünde.

Im übrigen finden unsere Ergebnisse in den Befunden von Wolf und Deusinger (1992, S. 19) eine Entsprechung: "Je ausgeprägter die extrinsische religiöse Orientierung, um so höher der Grad an Neurotizismus und um so geringer das Ausmaß an allgemeiner Selbstwertschätzung, d. h., extrinsische religiöse Orientierung ist mit einem Ausmaß von bis zu etwa 25 % eher mit psychischer Instabilität assoziiert." Dieser Befund - so führen die Autoren weiter aus - stütze die theoretische Annahme Allports (1963), "daß eine extrinsische religiöse Orientierung mit psychischer Instabilität einhergehe, da ihr ein individuelles Defizit an emotionaler Sicherheit und Geborgenheit zugrunde liege, welches der extrinsisch Religiöse durch die Nutzbarmachung von Religion zu Kompensationszwecken auszugleichen versuche" (ebd., S. 19). Sozialisationstheoretisch ist zu bedenken, daß "die spezifische Sozialisation von religiös orientierten Personen in besonderem Maße Bescheidenheit und 'Demut' belohnen könnte", so daß "das Ansehen des anderen (des Nächsten) besonders hoch im Vergleich zur eigenen Person eingeschätzt wird" (ebd., S. 20).

Konfessionszugehörigkeit und Einstellung zu Randgruppen

In einem weiteren Fragebogen wurde die Sympathie bzw. Antipathie zu verschiedenen sogenannten "Randgruppen" ermittelt, wobei ein Wert zwischen 100 für volle Sympathie und 0 für völlige Antipathie vergeben werden konnte. Solcher Art Fragebögen werden in der Vorurteilsforschung benutzt, um den Ausprägungsgrad und die psychologische Struktur sozialer Vorurteile zu ermitteln. Abb. 5 und 6 zeigen die Ergebnisse.

Zunächst fällt auf, daß Protestanten und Katholiken sehr ähnliche Einstellungen aufweisen. Nur in ihrer Haltung zu den Homosexuellen unterscheiden sie sich voneinander: Erwartungsgemäß sind die Protestanten liberaler als ihre katholischen Glaubensbrüder und -schwestern. Bei allen anderen Variablen ergaben sich nur geringfügige Unterschiede zwischen beiden Konfessionen. Die

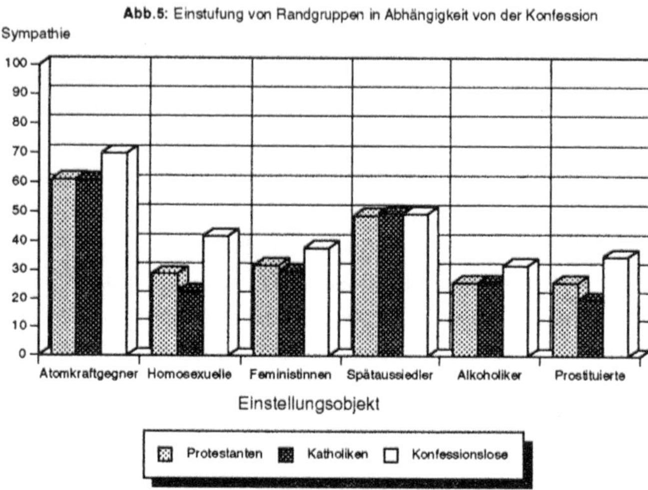

teilweise sehr beträchtlichen signifikanten Unterschiede, die bezüglich 9 der 12 zur Disposition stehenden Randgruppen auftraten, ergaben sich zwischen den Konfessionslosen auf der einen und den beiden konfessionsgebunden Gruppen auf der anderen Seite: Atomkraftgegner, Alkoholiker, Prostituierte, Zigeuner, türkische Gastarbeiter, Homosexuelle, Feministinnen, Drogenabhängige und Terroristen sind den Konfessionsgebundenen (Katholiken *und* Protestanten) sehr viel unsympathischer als den Konfessionslosen. Lediglich bei Spätaussiedlern, Asylbewerbern und geistig Behinderten zeigte sich kein Unterschied zwischen Katholiken, Protestanten und Konfessionslosen.

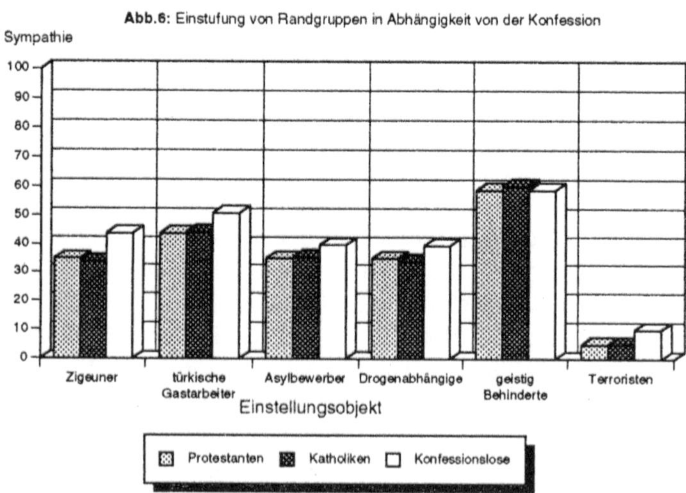

Wie man aus der Vorurteilsforschung weiß, sind diese Befunde als deutliches Zeichen für ausgeprägte soziale Vorurteile zu interpretieren. Besonders stark ausgeprägt ist die Antipathie der Konfessionsgebundenen gegenüber Homosexuellen, Prostituierten, Zigeunern und Terroristen. Das Ressentiment der Konfessionsgebundenen richtet sich also vornehmlich gegen sexuelle und aggressive Devianz. Dies fügt sich ein in das Bild der Kirchenmitglieder, wie es sich in den vorangegangenen Abschnitten herausgeschält hat: Das problematische Verhältnis, daß die Kirchenmitglieder zu ihren eigenen aggressiven und sexuellen Impulsen und Bedürfnissen haben, drückt sich auch in der Struktur ihrer Vorurteile aus: eigene verpönte aggressive und sexuelle Bedürfnisse werden verdrängt, hinter einer Maske der christlichen Tugend und Unschuld versteckt und auf die Randgruppen projiziert. In Stile der bekannten Sündenbock-Praktik (vgl. Richter 1963) dienen die Randgruppen dem christlichen Bürger als eine Projektionsleinwand für verdrängte Triebbedürfnisse (vgl. Wirth 1984). Je bedrohlicher die eigenen verdrängten sexuellen und aggressiven Impulse empfunden werden, um so stärker müssen sie draußen bei den Außenseitern als unsympathisch eingestuft und sanktioniert werden. Dies erklärt auch, warum emanzipatorisch engagierte Gruppen wie Atomkraftgegner und Feministinnen von den Konfessionsgebundenen weniger sympathisch eingestuft werden als von den Konfessionsungebundenen. Die emanzipatorischen Ziele der Atomkraftgegner und Feministinnen werden von den Konfessionsgebundenen als Infragestellung ihres Untertanengeistes und als Angriff auf ihre rigide anale Abwehrstruktur empfunden. Offenbar führt das strengere Über-Ich, daß wir den Konfessionsgebundenen attestiert hatten, nicht dazu, daß sie die christliche Tugend der Nächstenliebe wirklich in ihr individuelles Gewissen internalisiert hätten. Vielmehr zeigen die empirischen Befunde einen Vorsprung an christlichen Tugenden gerade bei den Menschen, die sich nicht an eine Konfession gebunden fühlen.

Um diese Zusammenhänge noch differenzierter beurteilen zu können, interessierten wir uns für die Frage, ob sich Kirchenverbundenheit und häufiger Kirchgang auswirken auf die Einstellung zu Randgruppen. Die folgenden Abbildungen (Abb. 7 und 8) enthalten die Ergebnisse.

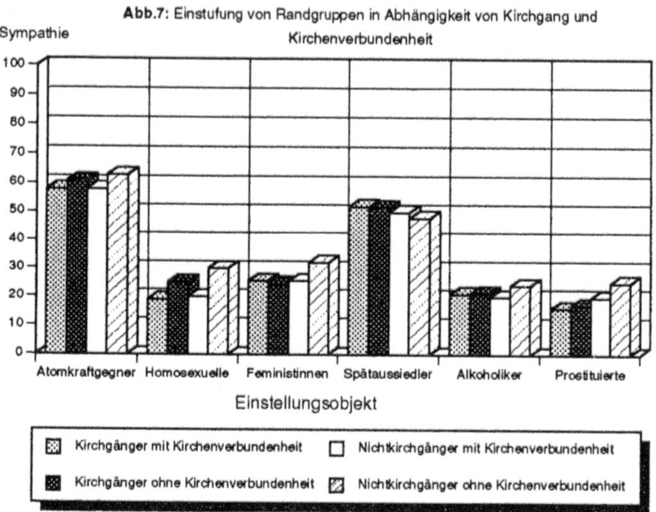

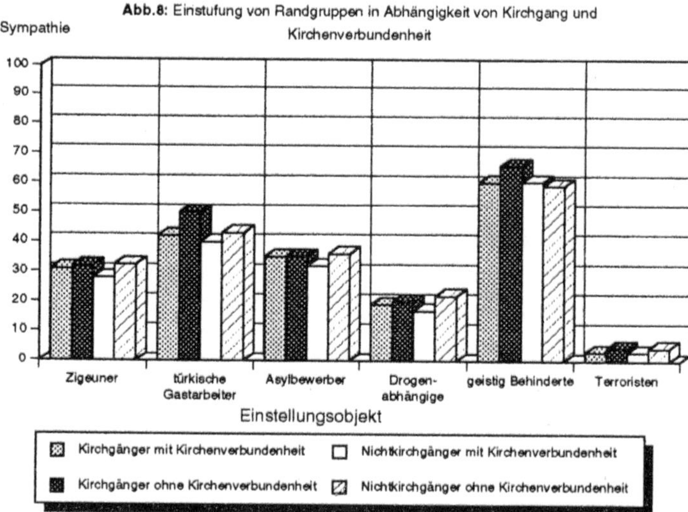

Zuletzt interessiert die Frage, ob sich Kirchenverbundenheit und häufiger Kirchgang auswirken auf die Einstellung zu Randgruppen. Es zeigte sich, daß vor allem die Verbundenheit zur Kirche bedeutsam für die Einstellung zu sozialen Randgruppen ist (vgl. Tab. 1).

Tabelle 1: Einstellung zu Randgruppen in Abhängigkeit von Kirchgang und Kirchenverbundenheit

	Kirchg mit Verbundenh.	Kirchg. ohne Ver-. bundenh.	Nichtkirchg. mit Verbundenh.	Nichtkirchg. ohne Verbundenh.	
Atomkraftgegner	57.3	61.1	56.4	63.6	V
Homosexuelle	18.7	24.8	20.3	29.7	V
Feministinnen	26.7	23.4	26.8	33.8	
Spätaussiedler	53.1	52.2	49.9	47.5	
Alkoholiker	21.8	22.1	21.0	25.8	
Prostituierte	15.5	17.3	19.5	24.9	K,V
Zigeuner	32.1	33.9	27.7	34.5	V
türk. Gastarbeiter	43.0	49.9	41.1	43.8	V
Asylbewerber	34.9	34.8	30.9	35.9	
Drogenabhängige	18.6	19.8	15.0	22.6	V
geistig Behinderte	60.6	67.5	60.6	58.7	
Terroristen	3.8	6.7	4.0	6.3	V

Bei 7 von 12 Randgruppen gibt es signifikante Unterschiede: Die Kirchenverbundenen zeigen erhöhte Antipathien gegenüber Atomkraftgegnern, Homosexuellen, Prostituierten, Zigeunern, türkischen Gastarbeitern, Drogenabhängigen und Terroristen. Häufige Kirchgänger lehnen Prostituierte eher ab. Gegenüber Spätaussiedlern, Alkoholikern, Feministinnen, Asylbewerbern und geistig Behinderten unterscheiden sich die Einstellungen der 4 Untersuchungsgruppen nicht.

Im Zusammenhang mit unseren Befunden sind die Ergebnisse und Thesen von Renate Köcher vom Institut für Demoskopie Allensbach interessant: Köcher (1988) führt zunächst in Übereinstimmung mit unseren Befunden aus, daß Religiosität und Kirchenbindung mit rigiden Moralvorstellungen einhergehen" (ebd., S. 152), was sich z. B. an der mißbilligenden Haltung kirchennaher Katholiken und Protestanten zur Abtreibung und zu außerehelichen Beziehungen zeige. Zudem stellt Köcher bei den Kirchentreuen eine "positivere Haltung zu gesellschaftlichen Institutionen und Staat" (ebd., S. 152) sowie die Bereitschaft fest, "eigene Interessen zugunsten anderer zurückzustecken" (ebd., S. 153). Den Kirchenfernen, insbesondere in der jüngeren Generation, attestiert sie hingegen "egozentrische und hedonistische Lebensziele" (ebd., S. 152), durch die das christliche "Ethos der Mitmenschlichkeit" (ebd., S. 153) geschwächt werde. Besonders die junge Generation weise "den Anspruch der Kirchen, Normen zu setzen, mit überwältigender Mehrheit zurück. Gewünscht ist die helfende nicht die fordernde Kirche" (ebd., S. 151).

"Die Zurückweisung verbindlicher Normen" richte sich "nicht nur gegen die Kirchen", sondern sei "heute generell weit verbreitet. Entscheidend sind auch hier die späten 60er Jahre. Parallel zu der Abkehr von den Kirchen veränderten sich zwischen 1968 und der Mitte der 70er Jahre auch die grundsätzlichen Einstellungen zu Autoritäten und Normen wie die moralischen Wertvorstellungen einschneidend. Das Leitmotiv dieser Veränderungen war eine höhere Bewertung individueller Freiheit" (ebd., S. 151).

Was Köchers empirische Befunde anbelangt, decken sich diese größtenteils mit unseren Ergebnissen. Was jedoch die Interpretation und die Bewertung betrifft, läßt sich Renate Köcher allzusehr von ihren konservativen Überzeugungen leiten. Die Kirchenfernen beschreibt sie mit abwertenden Begriffen wie: "egozentrisch", "hedonistisch", "opportunistisch" (ebd. S. 153), "Gleichgültigkeit", "materielle Grundhaltung", "Selbstgerechtigkeit" (ebd., S. 154), "Konsumentenmentalität" und "instrumentelle Sichtweise von Personen und Institutionen" (ebd., S. 155). Die Kirchentreuen hingegen werden von Köcher zum letzten Hort von Mitmenschlichkeit, Hilfsbereitschaft und Rücksichtnahme stilisiert. Unsere Befunde jedoch weisen in eine andere Richtung: Die Bereitschaft der Kirchentreuen zu "einer stärkeren Ausrichtung auf andere Menschen" (ebd., S. 152) hört spätestens dann auf, wenn diese Ausrichtung mit "einer positiven Haltung zu gesellschaftlichen Institutionen und Staat" und mit den eigenen "rigiden Moralvorstellungen" (ebd., S. 152) in Konflikt gerät. Wie wir gesehen haben, können jedenfalls die moralisch geächteten Randgruppen der Gesellschaft kaum mit der christlichen "Ausrichtung auf andere Menschen" rechnen. So paßt es denn auch zu Köchers Argumentation, wenn sie die Erwartung an Kirche und Religion, diese möge "sozial erwünschte Einstellungen und Verhaltensweisen, wie Interesse an anderen Menschen, Rücksichtnahme und soziales Engagement" (ebd., S. 155) fördern, als "Konsumentenmentalität" (ebd., S. 155) und als "eine instrumentelle Sichtweise von Kirche und Religion" (ebd., S. 153) geisselt. Sie demonstriert ihre konservative Haltung und ihre Überidentifikation mit der Institution beispielhaft an den Erwartungen von Eltern an den Religionsunterricht: "Eltern erwarten vom Religionsunterricht in erster Linie die Förderung sozial erwünschter Einstellungen und Verhaltensweisen, wie Interesse an anderen Menschen, Rücksichtnahme, soziales Engagement, weniger dagegen, daß eine Beziehung zu religiösen Fragen und Überzeugungen hergestellt wird. Religion und Kirche sind in der modernen Gesellschaft nicht von Verfolgung und Ausgrenzung betroffen, auch wenig von harter Gegnerschaft und Kritik. Probleme entstehen mehr aus der Tendenz, Religion und Kirche von religiösen Bezügen zu entleeren, sie zu verweltlichen und instrumentell als Garanten sozial erwünschter Ziele zu nutzen" (ebd., S. 155). Mit anderen Worten: Wenn Menschen von Kirche und Religion erwarten, daß diese Rücksichtnahme und soziales Engagement, d. h. also das zuvor noch beschworene "Ethos der Mitmenschlichkeit", fördern solle, so steht dies für Renate Köcher in unmittelbarer Nachbarschaft zur Verfolgung und Ausgrenzung von Religion und Kirche, wobei Köcher noch unterschlägt, daß die Kirchen, historisch betrachtet, eher zu den Verfolgern und Ausgrenzern als zu den Opfern von Ausgrenzung und Verfolgung gehörten.

Konfession und gesellschaftspolitische Werturteile

In mehreren Fragebögen wurden Zukunftserwartungen, Einstellungen zur Gewerkschaft und Einschätzungen der wirtschaftlichen Situation erhoben. Dabei ergaben sich 7 Dimensionen:

1. Fortschrittskritik (viel / wenig)
2. positive Zukunftserwartungen (viel / wenig) = Optimismus im Sinne von Technik- und Wissenschaftsgläubigkeit
3. Autoritarismus (niedrig / hoch)
4. gewerkschaftliche Gestaltungsmögichkeiten (gering / groß)
5. gewerkschaftliche Defizite (wenig / viele)
6. kämpferische Gewerkschaften (erwünscht / nicht erwünscht)
7. politische Ohnmacht (gering / groß)

Die Fragebögen und die Konstruktion der Skalen werden in den Beiträgen von Köhl und Schürhoff und von Brähler, Köhl und Wirth in diesem Buch detailliert beschrieben. Hier soll deshalb nur kurz auf empirische Befunde eingegangen werden. Es wurden Varianzanalysen über die 7 Skalen durchgeführt zwischen den 3 Gruppen Katholiken, Protestanten, Konfessionslose. Dabei zeigten sich die folgenden Resultate:

Die Konfessionslosen zeigen mehr negative Zukunftserwartungen als die Konfessionsgebundenen, wobei die Katholiken noch geringere negative Zukunftserwartungen haben als die Protestanten. (Die Einzeldifferenzen sind jedoch nicht signifikant.) Dieses Ergebnis leuchtet sofort ein, wenn man bedenkt, daß negative Zukunftserwartungen die Bereitschaft zu gesellschaftskritischen Einstellungen voraussetzen. Diese ist bei den Katholiken offenbar am geringsten ausgeprägt.

Tabelle 2: Gesellschaftspolitische Werturteile in Abhängigkeit von der Konfession

	Protestanten (1)	Katholiken (2)	Konfessionslose (3)	Signifikante Differenzen
Fortschrittskritik	4.83	4.71	4.92	*
Pos. Zukunftserw.	3.60	3.69	3.57	
Autoritarismus	3.75	4.05	3.21	***1/2, 2/3, 1/3
Gew. Gestalungsm.	4.74	4.59	4.64	**1/2
Gew Defizite	4.19	4.23	4.27	
Kämpferische Gew.	3.35	3.10	3.26	***1/2, 2/3
Politische Ohnmacht	4.54	4.62	4.14	***1/3, 2/3

Betrachten wir nun die Einstellungen der Kirchenmitglieder zu den Gewerkschaften. Dies ist ein interessantes Thema, weil die Gewerkschaften - ähnlich wie die Kirchen - gesellschaftliche Organisationen sind, die Probleme mit der Divergenz zwischen ihren humanistischen Idealen und deren Umsetzung und Verankerung in der Institution haben. Außerdem müssen beide mit starken konservativen Strömungen innerhalb ihrer Anhängerschaft kämpfen.

Wenden wir uns zunächst Dimension 7 zu: Politische Ohnmacht versus politische Gestaltungsmöglichkeiten. Die Chancen, politisch Einfluß zu nehmen, werden von den Konfessionslosen stark betont, während sich Katholiken und Protestanten politisch eher ohnmächtig fühlen. Im Unterschied dazu fällt auf, daß die Gestaltungsmöglichkeiten, die den Gewerkschaften zugeschrieben werden, besonders von den Protestanten betont werden. Die Katholiken sehen nur wenig gewerkschaftliche Gestaltungsmöglichkeiten, während die Konfessionslosen hier in der Mitte liegen.

Was die Kampfbereitschaft der Gewerkschaften angeht, wünschen sich die Konfessionslosen eher kämpferische Gewerkschaften, den Katholiken sind die Gewerkschaften kämpferisch genug, und die Protestanten liegen hier in der Mitte. Bei der Skala "gewerkschaftlichen Defizite" gibt es keine signifikanten Unterschiede.

In diesen Ergebnissen kommt die politische Abstinenz und das politische Ohnmachtsgefühl der Konfessionsgebundenen deutlich zum Ausdruck, wobei sich die Katholiken besonders ohnmächtig fühlen. Die Protestanten nehmen hier eine merkwürdig zwiespältige Haltung ein: Zum einen fühlen sie sich selbst politisch ohnmächtig. Zum anderen schreiben sie den Gewerkschaften politische Macht zu, wünschen sich aber nur sehr verhalten, daß die Gewerkschaften ihre Gestaltungsmöglichkeiten kämpferischer nutzen sollten. Man könnte vermuten, daß hierin ein ungelöster Ambivalenzkonflikt zum Ausdruck kommt: Einerseits wollen die Protestanten die Gesellschaft verändern, andererseits wollen sie dabei niemandem wehtun, haben Angst vor der eigenen Courage, d. h. den eigenen aggressiven Strebungen, und verharren deshalb in ihrem politischen Ohnmachtsgefühl. Bei ihrer Einschätzung, daß die Gewerkschaften große Gestaltungsmöglichkeiten besitzen, mag dann der Wunsch Vater des Gedankens sein, die Gewerkschaften mögen diese Gestaltungsmöglichkeiten doch besser nutzen, als sich die Protestanten dies selbst zutrauen - aber bitte nicht zu kämpferisch! - Die deutlichsten Differenzen zeigen sich auf der Skala "Autoritarismus". Die Katholiken neigen sehr stark zu autoritären Vorstellungen. Den Gegenpol bilden die Konfessionsungebundenen. Bei diesen sind autoritäre Einstellungen am schwächsten ausgeprägt. Die Protestanten liegen in der Mitte.

Betrachten wir abschließend noch die Werturteile auf den 7 Skalen in Abhängigkeit von Kirchengebundenheit und Kirchgang. Dies wird in Tabelle

Tabelle 3: Gesellschaftspolitische Werturteile in Abhängigkeit von Kirchgang und Kirchenverbundenheit

	Kirchg. mit Verbundenh.	Kirchg. ohne Ver-. bundenh.	Nichtkirchg. mit Verbundenh.	Nichtkirchg. ohne Verbundenh.
Fortschrittskritik	4.68	4.92	4.80	4.80
Pos. Zukunftserw.	3.62	3.59	3.72	3.67
Autoritarismus	4.40	4.05	4.06	3.65
Gew. Gestaltungsmög.	4.64	4.56	4.59	4.70
Gew. Defizite	4.18	4.40	4.19	4.20
Kämpferische Gew.	2.99	3.50	2.89	3.35
Pol. Ohnmacht	4.69	4.65	4.61	4.54

3 dargestellt:

Berücksichtigt man die oben erwähnten 7 Skalen zur Politik und zu den Gewerkschaften, so zeigt sich nach Varianzanalysen eine große signifikante Differenz bei der Skala "Autoritarismus". Sowohl die häufigen Kirchgänger als auch die ihrer Kirche Verbundenen haben eine besonders autoritäre Einstellung im Vergleich zu den Nichtkirchgängern bzw. den Nicht-Kirchengebundenen. Zusammengenommen bedeutet dies, daß die kirchentreuen Kirchgänger am autoritärsten eingestellt sind, während die nicht kirchengebundenen Nichtkirchgänger am wenigsten autroritär sind, ohne jedoch die Konfessionslosen zu erreichen. Dazu kommt noch die Religionsabhängigkeit: Die Katholiken sind autoritärer als die Protestanten.

Zusammenfassende Beurteilung

Insgesamt erbrachten die unterschiedlichen Zugangsweisen unserer Untersuchung (psychologisches Persönlichkeitsprofil mit dem Gießen-Test, Vorurteilsfragebogen und Fragebögen zu Autoritarismus und Werturteilen) ein in sich konsistentes Profil der Kirchenmitglieder. Die Ergebnisse unserer Befragung sind nicht sehr schmeichelhaft für die Kirchen bzw. deren Anhänger. Von dem Anspruch der Nächstenliebe sind vor allem die Kirchentreuen sehr weit entfernt. Sie sind statt dessen voller Vorurteile gegenüber Minderheiten und Randgruppen und verleihen ihrem Ressentiment gegenüber Fremden deutlich Ausdruck. Aufgrund ihrer autoritären Fixierung sind sie zu echtem Mitfühlen und Mitleiden nicht in der Lage, sondern können Caritas nur im Sinne einer "almosenspendenden und tröstenden Oben-Unten-Beziehung" (Richter 1979, S. 263) verstehen. Statt in den Außenseitern und Randgruppen die abgespaltenen Teile ihrer eigenen Existenz wiederzuerkennen, was allererst Solidarität ermöglichen würde, sehen sie in den Randgruppen nur das Fremde, Bedrohliche und Angsteinflößende, von dem sie sich abzusetzen bemüht sind. Die Kirchen sind offenbar kein Hort der Solidarität und Mitmenschlichkeit.

Die Kirchenmitglieder sind nach unseren Befunden autoritär fixiert, unterwürfig, spießig, antidemokratisch und, gemessen an dem Anspruch der Kirchen, unchristlich. Auf dem Hintergrund dieser Befunde verwundert es nicht, daß die Kirchen sich sehr schwer tun, gegen den derzeit grassierenden Rechtsruck und die Fremdenfeindlichkeit klare Positionen zu beziehen.

Literatur

Allport, G. W. (1963): Behavioral science, religion and mental health. In: Journal of Religion and Health, 2: 187-197.

Anders, G. (1982): Ketzereien. München (Beck).

Brähler, E., Richter, H. E. (1990): Wie haben sich die Deutschen seit 1975 psychologisch verändert? Mehr Individualismus, mehr Ellbogen, stärkere Frauen. In: Richter, H.E. (Hg.), (1990): Russen und Deutsche. Alte Feindbilder weichen neuen Hoffnungen. Hamburg (Hoffmann und Campe).

Buggle, F. (1991): Warum gibt es (fast) keine deutsche empirische Religionspsychologie? Forschungsbericht des Psychologischen Instituts der Albert-Ludwigs-Universität Freiburg i. Br., Nr. 73.

Deusinger, I. M., Deusinger, F. L. (1976): Einstellungen Jugendlicher zu Gott.

Ansätze, 8: 38-53.

Deusinger, I. M., Deusinger, F. L. (1981): Untersuchungen zur Religionspsychologie. In: Haase, H. (Hg.), (1981): Handbuch der angewandten Psychologie. Band III. Markt und Umwelt. München (Moderne Industrie), S. 154-779.

Dörr, A. (1987): Religiosität und Depression. Weinheim (Deutscher Studienverlag).

Drewermann, E. (1989): Kleriker. Psychogramm eines Ideals. Olten (Walter).

Erikson, E. H. (1958): Der junge Mann Luther. Frankfurt 1975(Suhrkamp).

Freud, S. (1907): Zwangshandlungen und Religionsübungen. GW Band VII, S. 129-142.

Freud, S. (1921): Massenpsychologie und Ich-Analyse. In: GW XIII, S. 71-101.

Freud, S. (1927): Die Zukunft einer Illusion. In: GW XIV; S. 323-380.

Freud, S. (1930): Das Unbehagen in der Kultur. In: GW XIV, S. 419-506.

Fromm, E. (1950): Psychoanalyse und Religion. München 1985 (dtv).

Fromm, E. (1955): Die Entwicklung des Christusdogma. Eine psychoanalytische Studie zur sozialpsychologischen Funktion der Religion. In: Das Christusdogma und andere Essays. München 1984 (dtv).

Hark, H. (1985): Neurose und Religion. Archiv für Religionspsychologie, 17: 21-73.

Jones, E. (1928): Zur Psychoanalyse der christlichen Religion. Frankfurt 1970 (Suhrkamp).

Jung, C. G. (1928): Psychoanalyse und Seelsorge. In: Jung 1991, S. 133-138.

Jung, C. G. (1932): Über die Beziehung der Psychotherapie zur Seelsorge. In: Jung 1991, S. 113-132.

Jung, C. G. (1940): Psychologie und Religion. In: Jung 1991, S. 7-112.

Jung, C. G. (1941): Das Wandlungssymbol in der Messe. In: Jung 1991, S. 139-228.

Jung, C. G. (1991): Psychologie und Religion. München (dtv).

Kaufmann, F.-X., Schäfers, B. (Hg.), (1988): Religion, Kirchen und Gesellschaft in Deutschland. In: Gegenwartskunde. Sonderheft 5. Opladen (Leske u. Budrich).

Koch, A. (1992): Religiosität und Kirchlichkeit in Deutschland. In: Mohler, P. P., Bandilla, W. (Hg.), (1992): Blickpunkt Gesellschaft 2. Einstellungen und Verhalten der Bundesbürger in Ost und West. Opladen (Westdeutscher Verlag), S. 141-155.

Köcher, R. (1988): Wandel des religiösen Bewußtseins in der Bundesrepublik Deutschland. In: Kaufmann, Schäfers 1988, S. 145-158.

Leupold-Löwenthal, H. (1993): Psychoanalyse und Religion. In: A. Szanya (Hg.) (1993): Religion auf den Couch. Wien (Picus), S. 13 - 29

Lorenzer (1981): Das Konzil der Buchhalter. Eine Religionskritik. Frankfurt (Europäische Verlagsanstalt).

Marx, K. (1958): Zur Kritik der Hegelschen Rechtsphilosophie; Einleitung. In: Marx, K. Engels, F.: Über Religion. Berlin 1958 (Dietz) S. 30 ff.

Moeller,M.L., Scheer,J.W. (1974): Psychotherapeutische Studentenberatung - Probleme der Klienten - Probleme der Institution. Stuttgart (Enke).

Moser, T. (1976): Gottesvergiftung. Frankfurt (Suhrkamp).

Nedelmann, C. (1982): Zur Vernachlässigung der psychoanalytischen Kulturtheorie. Psyche 38: 344-359.

Parin, P. (1978): Warum die Psychoanalytiker so ungern zu brennenden Zeitproblemen Stellung nehmen. Eine ethnologische Betrachtung. Psyche 32: 385-399.

Pfister, O. (1944): Das Christentum und die Angst. Frankfurt/M., Berlin 1985 (Ullstein).

Reik, T. (1923): Der eigene und der fremde Gott. Zur Psychoanalyse der religiösen Entwicklung. Frankfurt 1972 (Suhrkamp).

Reik, T. (1927): Dogma und Zwangsidee. Imago 13: 247-382.

Richter, H.E. (1963): Eltern, Kind und Neurose. Psychoanalyse der kindlichen Rolle. Reinbek (Rowohlt).

Richter, H.E. (1979): Der Gotteskomplex. Die Geburt und die Krise des Glaubens an die Allmacht des Menschen. Reinbek (Rowohlt).

Scharfenberg, J. (1923): Narzißmus, Identität und Religion. Psyche 27: 949-966.

Spring, H., Moosbrugger, H., Zwingmann, Ch., Frank, D. (1992): Katholische Kirchengemeinden zwischen Tradition und Pluralisierung. Ein quasiexperimenteller Beitrag zum Zusammenhang zwischen kirchlichem Dogmatismus und ekklesiogenen Neurosen. In: Arbeiten aus dem Institut für Psychologie der Johann-Wolfgang-Goethe-Universität Frankfurt am Main, Nr. 4 (Vervielfältigtes Manuskript).

Widerspruch 26 (1993): Religion und Gewalt. Schwerpunktthema von Heft 26, 13. Jg., Zürich 1993.

Wirth, H.-J. (1979): Motive sozialen Engagements. Über Selbstbild, Einstellung und Arbeitsweise sozial-politisch handelnder Gruppen am Beispiel der Initiativgruppe Eulenkopf. Lollar (Achenbach).

Wirth, H.-J. (1984): Die Schärfung der Sinne. Jugendprotest als persönliche und kulturelle Chance. Frankfurt (Syndikat).

Wirth, H.-J. (Hg.), (1991): Psychoanalyse als politische Psychologie. Schwerpunktthema von psychosozial 47, 14. Jg., Weinheim (Psychosozial-Verlag).

Wirth, H.-J., Schürhoff, R. (1990): "Erinnern hilft vorbeugen". Wie sich Deutsche und Russen mit der Hitler- und Stalin-Zeit auseinandersetzen. Ergebnisse einer vergleichenden sozialpsychologischen Studie. Journal für Sozialforschung 30: 413-423.

Wolf, S., Deusinger, I. M. (1992): Einstellungen zur Religion und psychische Stabilität. In: Arbeiten aus dem Institut für Psychologie der Johann-Wolfgang-Goethe-Universität Frankfurt am Main, Nr. 9 (Vervielfältigtes Manuskript).

Zwingmann, Ch. (1992): Religiousness, Extrinsic-Intrinsic Religious Orientation and Life Satisfaction in a Sample of German Catholics. In: Arbeiten aus dem Institut für Psychologie der Johann-Wolfgang-Goethe-Universität Frankfurt am Main, Nr. 7 (Vervielfältigtes Manuskript).

Entsolidarisierung der Avantgarde?

Eine sozialpsychologische Vergleichsstudie der Studierenden von 1968 und 1989

Elmar Brähler, Jörn W. Scheer, Hans-Jürgen Wirth

Fragestellung

Das historische Jahr 1968 liegt jetzt ein Vierteljahrhundert zurück - fast eine Generation. Die Rebellion der Studentinnen und Studenten, ein verändertes Verhältnis zur - tatsächlichen oder unterstellten - faschistischen Vergangenheit der Elterngeneration, neue Ansätze in der Kindererziehung (Stichwort: "Kinderläden") - all dies und vieles andere mehr wird mit "68" in Verbindung gebracht. Tatsächlich markiert jenes Jahr aber nur den allgemein sichtbaren, dramatischen Höhepunkt eines Geschehens, das schon Jahre zuvor begann. Zu nennen sind hier beispielsweise die hochschulpolitischen Reformdebatten, die u.a. durch die 1961 erschienene SDS-Denkschrift "Hochschule in der Demokratie" (SDS 1961) angestoßen wurde, Großdemonstrationen gegen die US-Intervention in Vietnam seit 1963, Massenveranstaltungen gegen den "Bildungsnotstand" um 1965, Demonstrationen gegen das Schah-Regime in Iran, die Erschießung des Studenten Benno Ohnesorg durch einen Polizisten am 2. Juni 1967 während des Staatsbesuches des Schah in Berlin. Hochschulpolitische und allgemeinpolitische Aktionen an der Freien Universität Berlin, in Frankfurt am Main und andernorts ließen eine breite Bewegung der akademischen Jugend und in ihrem Gefolge auch unter den Oberschülern erkennen, die auf Veränderungen in einer Vielzahl gesellschaftlicher Bereiche drängte.

Wie immer in solchen Umbruchzeiten ergaben sich auch viele unbeabsichtigte Nebenwirkungen, psychosoziale Überforderungen und Selbstüberforderungen der Akteure, Zerreißproben zwischen seelischen Ressourcen und sozialen Kompetenzen einerseits und überhöhten Ansprüchen, idealistischen

Erwartungen und ethischen Normen, die sich als Anforderungen an den einzelnen richteten, andererseits. Schon kurz nach den spektakulären Aktionen kamen die Universität und die Studierenden aus gänzlich anderen Gründen in die Schlagzeilen: Studienzeitverlängerung, Prüfungsversagen, Suizide und neurotische Störungen unter Studierenden gerieten in das Blickfeld von Psychologen, Soziologen und Medizinern. Bereits 1967 erschien an der FU Berlin eine medizinische Dissertation "Zur Psychodynamik der neurotischen Prüfungsangst" von Michael Lukas Moeller. 1968 wurde in Berlin ein Symposion zum Thema "Psychische Störungen bei Studenten" abgehalten (vgl. Ziolko 1969). An der Psychosomatischen Universitätsklinik Gießen, deren Leitung Horst-Eberhard Richter 1962 übernommen hatte, wurde 1966 neben der psychosomatischen Ambulanz eine "Psychotherapeutische Beratung für Studierende" unter Leitung von M. L. Moeller eingerichtet, eine der ersten ihrer Art in der Bundesrepublik. In Göttingen wurden 1966 (vgl. Sperling, Jahnke 1974, S, 52) in Frankfurt 1968 (vgl. Leuzinger-Bohleber, Mahler 1993, S. 7) psychotherapeutische Beratungsstellen für Studierende aufgebaut. Es wurde bald deutlich, daß nicht nur individualgeschichtlich begründete Neurosen die Studierenden beratungsbedürftig machten, obwohl auch diese nicht selten waren, sondern daß ein Gutteil studentischer Probleme im individuellen Erleben und Verhalten durch überindividuelle, "gesellschaftliche" Faktoren bedingt waren. Zu diesen gesellschaftlichen Faktoren gehörte auch die Universität selbst. Durch die Gesellschaftskritik der Studentenbewegung hatte sich das allgemeine Bewußtsein für die negativen Begleiterscheinungen von institutionellen Prozessen allgemein und speziell in der Universität geschärft. Die "Politisierung der Wissenschaften", um den Titel einer Aufsatzsammlung von Peter Brückner, Thomas Leithäuser und Werner Kriesel (1973) aus der damaligen Zeit zu zitieren, führte dazu, daß zum einen insbesondere Sozialwissenschaftler sich selbstkritisch mit der eigenen Rolle, der eigenen Institution, in diesem Falle also der Universität, zu beschäftigen begannen und daß zum anderen die sogenannten "Betroffenen", die Studierenden also, sich ebenfalls mit ihrer Rolle und ihrer gesellschaftlichen Funktion auseinandersetzten und sich dabei sozialwissenschaftlicher Argumente und Theorien bedienten. In diesen Diskussionsprozessen löste sich die Dichotomie von Forschern und Beforschten tendenziell auf: Die Forscher und ihre Methoden wurden selbst Objekt sozialwissenschaftlicher Analyse und politischer Kritik, während umgekehrt die Beforschten für sich in Anspruch nahmen, auch selbst Wesentliches zur Analyse ihrer eigenen Situation und Rolle beisteuern zu können und ihr Studium durch neue Formen der Selbstorganisation in die eigenen Hände zu nehmen. Diese teilweise Verflüssigung überkommener universitärer Strukturen und Rollenmuster führte zu neuen Einsichten und kreativen Ansätzen, Universität und Studium zu verändern. Die Aufbruchstimmung dieser Zeit spiegelt sich auch in einer ganzen Reihe von Publikationen zur psychosozialen Situation der Studierenden wider. Hier seien beispielhaft einige Titel genannt:

Reinke, E. (1973): Psychologiestudium und Politisierung. Studentische Selbstorganisation als Kritik der Psychologie. Frankfurt (Athenäum).
Kuckuck, M (1974): Student und Klassenkampf. Studentenbewegung in der BRD seit 1967. Hamburg (Assoziation).
Marks, St. (1977): Studentenseele. Erfahrungen im Zerfall der Studentenbewegung. Hamburg (Assoziation).
Wagner, W. (1977): Uni-Angst und Uni-Bluff. Wie studieren und sich nicht verlieren. Berlin (Rotbuch).
Schülein, J. A. (1979): Monster oder Freiraum? Texte zum Problemfeld Universität. Gießen (Focus).

Im Vorfeld dieser universitären Diskussionsprozesse entstand 1966/67 an der Gießener Psychosomatischen Klinik ein Forschungsprojekt "Psychische Probleme bei Studierenden", das von der Stiftung Volkswagenwerk gefördert wurde. Daran waren Dieter Beckmann, Michael Lukas Moeller, Horst-Eberhard Richter, Jörn W. Scheer und Helmut Zenz beteiligt. Es war wohl mehr als ein historischer Zufall, daß die Untersuchungen im wesentlichen zur Zeit der Hochblüte der 68er Bewegung stattfanden.

Die meisten Untersuchungen wurden als schriftliche Befragungen durchgeführt, abgesehen von den Interviews in den Beratungsstellen. Sie galten dem Arbeitsverhalten, der Einstellung zur Universität, politischen Überzeugungen, dem Erleben von Prüfungen und auch körperlichen Beschwerden - unterschiedlich gewichtet je nach besonderer Fragestellung. Zentrales Instrument in allen Untersuchungen war der Gießen-Test (Beckmann, Richter 1972), ein kurz zuvor in der Psychosomatischen Universitätsklinik in Gießen entwickelter Persönlichkeitsfragebogen. 1969 fand - zum Zweck der Standardisierung dieses Instruments - eine bundesweite repräsentative Befragung mit dem Gießen-Test statt.

Die Ergebnisse dieser Untersuchungen wurden - außer in zahlreichen Artikeln - in mehreren Monographien veröffentlicht: Die Befunde über die Gießener Studentenschaft von Beckmann u.a. (1971; 1972), über die Studierenden in der Beratung von Moeller und Scheer (1970;1974), über Studierende in der Prüfung von Scheer und Zenz (1973). Folgeuntersuchungen, zum Beispiel über sozialpolitisch engagierte Studenten (vgl. Wirth 1976; 1979) über die psychosoziale Befindlichkeit Studierender verschiedener Fachbereiche (Krüger u.a. 1982, Krüger u.a.1986), über den Vergleich zwischen russischen und deutschen Studenten (vgl. Richter 1990; Wirth, Schürhoff 1990a; 1990b; 1991) und transkulturelle Vergleiche (vgl. Wirth, Brähler 1992; 1994) schlossen sich an.

Zu den wesentlichen Ergebnissen zählten einige Leitthesen, die das Verhältnis von Studierenden und der Normalbevölkerung betrafen. Dazu gehörte die Überlegung, daß neurotische, d.h. psychotherapeutischer Beratung bedürftige Studierende nicht nur - gleichsam als Individuen - Neurotiker seien, sondern aufgrund ihrer größeren Sensibilität und Sensitivität Probleme erkennen könnten und erkennen ließen, die andere Studierende ebenfalls, wenn auch in abgeschwächter Form, oder erst später beträfen.

Vor allem aber wurden die Studierenden insgesamt in ihren von der Normalbevölkerung abweichenden Zügen als eine Art "intellektuelle und psychosoziale Avantgarde" angesehen, die manches erlebte und vorlebte, auch erlitt und erstritt, was die Normalbevölkerung vielleicht schon betraf, ihr aber (noch) nicht zugänglich war. Dies war zwar eine faszinierende Theorie, doch mußte sie notwendigerweise Hypothese bleiben, da man ja nicht in die Zukunft schauen konnte.

20 Jahre später nun konnten im Rahmen einer Neustandardisierung des Gießen-Tests erstens erneut eine repräsentative Stichprobe der Bundesbevölkerung mit dem Gießen-Test untersucht werden (vgl. Beckmann u.a.1991) und zweitens im Rahmen einer vergleichenden sozialpsychologischen Studie zwischen deutschen und russischen Studierenden eine Stichprobe der Gießender Studentenschaft gewonnen werden (vgl. Richter 1990). Dadurch ergab sich die Möglichkeit, sozial definierte Kollektive im Abstand von mehr als 20 Jahren zu vergleichen. Bei allen methodologischen Einschränkungen, denen ein solcher Vergleich unterworfen ist, lassen sich doch einige höchst interessante Befunde zu sozialpsychologisch und sozialhistorisch wichtigen Themen gewinnen. Solche Fragestellungen sind zum Beispiel:

- Wie unterscheiden sich die Studierenden und die Durchschnittsbevölkerung in der Blütezeit der 68er Bewegung und in dem Zeitraum der deutschen Vereinigung?
- Wie haben sich die Durchschnittsbevölkerung und die Studierenden im Vergleich verändert?
- Haben sich die "normalen Menschen" tatsächlich in Richtung auf die Studierenden bewegt, was die Metapher von der "Avantgarde" nahelegen

würde? Oder haben sich die Studierenden infolge restaurativer Tendenzen der Normalbevölkerung angeglichen und im Sinne einer "Entsolidarisierung", d. h. einer Zunahme von Tendenzen zu Konkurrenz und Rivalität, von der "68er Mentalität" entfernt?

Stichproben und Methoden

Es wurden folgende Untersuchungsstichproben einbezogen:

1) 162 Studierende der Universität Gießen 1968, 99 Männer und 63 Frauen. Diese Stichprobe stellte eine Kontrollgruppe für eine Untersuchung über die Psychotherapeutische Studentenberatung dar. Es handelte sich um Studierende der Medizin, Veterinärmedizin, Naturwissenschaften, Rechts- und Wirtschaftswissenschaften, der philosophischen Fakultät und der Abteilung für Erziehungswissenschaften (vgl. Moeller und Scheer 1970; 1974).
2) Eine repräsentative Stichprobe von 660 Personen in der Bundesrepublik und West-Berlin im Alter von 18 bis 60 Jahren im Jahre 1968 (Beckmann und Richter 1972). Es handelt sich um die erste Standardisierungsstichprobe für den Gießen-Test.
3) Im Rahmen einer sozialpsychologischen Studie über Feindbilder zwischen Russen und Deutschen (vgl. Richter 1990) wurden 1.431 Studierende der Fachrichtungen Medizin, Psychologie, Physik/Chemie/Mathematik/Biologie sowie Wirtschaftswissenschaften der Universität Gießen befragt. Davon waren 645 Männer und 786 Frauen. Die Erhebung erfolgte im September und Oktober 1989, also unmittelbar vor Öffnung der Berliner Mauer.
4) Im Rahmen eines Forschungsprojektes über gesundheitsrelevante Verhaltensweisen und über Einstellungen zur Politik und zu den Gewerkschaften wurde der GT 1989 erneut standardisiert. Zur Grundgesamtheit gehörten alle während des Befragungszeitraumes (3.6. - 11.7.1989) in der Bundesrepublik und West-Berlin lebenden deutschen Bundesbürger im Alter von über 18 Jahren. Die Stichprobe umfaßt 1.546 Personen, davon 724 Männer und 822 Frauen. Hier werden aus Vergleichsgründen nur die 18 - 60jährigen (n=1575) einbezogen (vgl. Beckmann u.a. 1991).

Vergleiche

Verglichen wurden jeweils die Mittelwerte der entsprechenden Gruppen oder Untergruppen in den einzelnen Items sowie den Skalen des Gießen-Tests. Es ist zu beachten, daß es sich bei den zeitlichen Vergleichen nicht um echte Längsschnittuntersuchungen handelt: Es wurden nicht die gleichen Personen im Abstand von 20 Jahren untersucht. Vielmehr wurden "Studierenden damals und Studierenden 20 Jahre später" untersucht, also mehrere Querschnitte verglichen. Zu beachten ist, daß sich die Zusammensetzung der Studentenschaft teilweise stark verändert hat, was sich u.a. in den unterschiedlichen Anteilen der Fachrichtungen spiegelt. Zudem umfaßte die 68er Studentenuntersuchung - bedingt durch die damaligen Erkenntnisziele - nur Studierende aus den Anfangs- und Endsemestern - also Studierende in eher schwierigen "Studienphasen" -, was ebenfalls die Vergleichbarkeit einschränkt.

Im einzelnen wurden die folgenden Vergleiche angestellt:

1. Gießener Studierende 1968 und Normalbevölkerung 1968
2. Gießener Studierende 1989 und Normalbevölkerung 1989
3. Gießener Studierende 1968 und 1989
4. Normalbevölkerung 1968 und 1989

Bei den Items wurden die betrachtet, die mindestens eine Mittelwerts-Differenz von .30 aufweisen. Dies sind Differenzen , die mindestens auf dem 1 %-Niveau signifikant sind. Die Grenze wurde gewählt, um bedeutsame Differenzen zu erfassen.

Die Gießener Studierenden 1968 und die Normalbevölkerung 1968

Tabelle 1 zeigt die GT-Skalenwerte für die Studierenden 1968 und die Repräsentativstichprobe 1968.

Tabelle 1: GT-Skalenwerte 1968

	Studierende 1968	Repräsentativ 1968
Soziale Resonanz	26,87	28,86
Dominanz	24,03	27,35
Kontrolle	23,03	27,74
Grundstimmung	24,69	22,80
Offenheit	22,42	23,44
Soziale Potenz	19,16	21,51

Die Studierenden unterscheiden sich in allen Skalen hochsignifikant. Im folgenden werden wir bei jeder Skala, die Items mit den höchsten Differenzen (≥.50) einzeln grafisch darstellen.

Abb. 1 (Item 9): Andere sind mit meiner Arbeitsleistung eher besonders zufrieden/ eher unzufrieden.

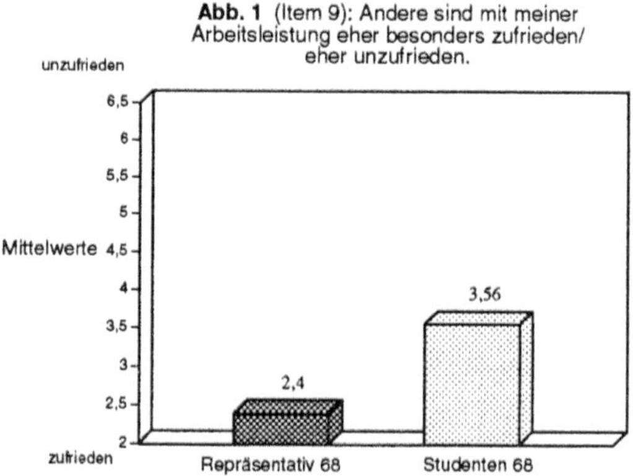

Die Studierenden von 68 waren sich ihrer gesellschaftlichenAußenseiterrolle durchaus bewußt. Wie ihre erhöhte negative soziale Resonanz zeigt, registrierten sie, daß sie von der Gesellschaft für ihre Aufmüpfigkeit sanktioniert und abgelehnt wurden. Ihre Erwartung, daß andere mit ihrer Arbeitsleistung eher unzufrieden seien (vgl. Abb.1), reflektiert die damals in der Bevölkerung weit verbreitete Ansicht, die Studierenden sollten lieber mehr studieren, als so viel zu protestieren. (Ironisch aufgegriffen wurde dieses Thema 2 Jahrzehnte später von Joschka Fischer (1987) im Titel seines "politischen Tagebuches": "Regieren geht über studieren".)

Die Studierenden von 68 waren sogar darauf eingestellt, daß man sie für minderwertig hielt (Item 23) und glaubten, daß es ihnen eher schlecht gelinge, ihre Interessen im Lebenskampf durchzusetzen. Angesichts der damals noch guten Aussichten, mit Hilfe des Studiums einen gesellschaftlich angesehenen Beruf ergreifen zu können, kann diese negative Einschätzung des eigenen sozialen Status als Ergebnis der harschen Kritik breiter Teile der Öffentlichkeit an den Studierenden betrachtet werden.

Die ausgeprägte Dominanz (Skala 2) der 68er spricht für ihr Selbstbewußtsein und ihren Durchsetzungswillen. Im Vergleich mit der Durchschnittsbevölkerung glaubten sie besonders eigensinnig und ungeduldig zu sein (vgl. Abb. 2). Dementsprechend häufig gerieten sie in Auseinandersetzungen mit anderen Menschen. Während es ihnen eher schwerfiel, mit anderen zusammenzuarbeiten, halfen ihnen ihre guten schauspielerischen Fähigkeiten dabei, andere zu dominieren. Diese Dominanz der Studierenden ist zum einen Ausdruck ihrer gehobenen sozialen Stellung als Akademiker und zum anderen Ausdruck ihres Anspruchs, gesellschaftspolitische Avantgarde zu sein.

Abb. 2 (Item 31): Ich glaube, ich benehme mich besonders fügsam/ besonders eigensinnig

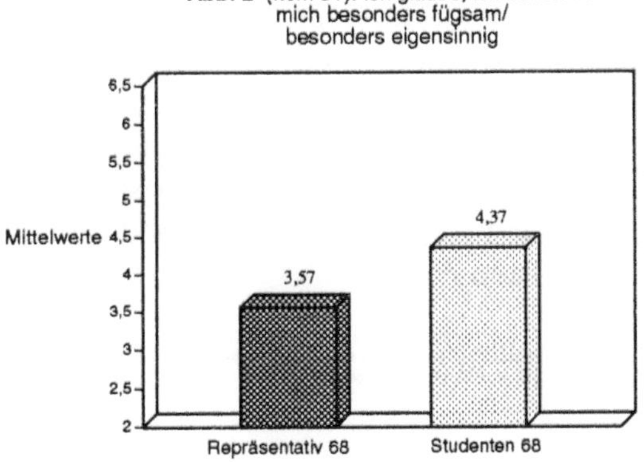

Die gravierendsten Differenzen zwischen den 68er Studierenden und der Bevölkerung von 68 ergaben sich bei den Items, die zur Skala Kontrolle gehören: die Studierenden schätzten sich sehr viel unterkontrollierter ein als der Durchschnitt der Deutschen. So glaubten die Studierenden, eher schlecht mit Geld umgehen zu können, eher wenig ordentlich zu sein (vgl. Abb. 3) und mit der Wahrheit eher großzügig umzugehen.

Diese Tendenz zur "Verwahrlosung" wurde ergänzt durch ihre Schwierigkeiten, bei einer Sache bleiben zu können. Dafür fiel es ihnen eher leicht, ausgelassen zu sein und sich im Leben eher Bequemlichkeit zu verschaffen.

Abb. 3 (Item 21): Ich habe den Eindruck, ich bin eher sehr wenig ordentlich/ eher überordentlich

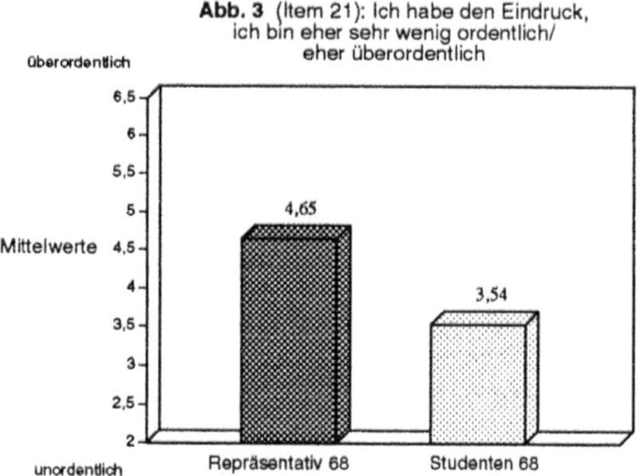

Diese psychische Polarisierung vermittelt ein anschauliches Bild von den spannungsvollen Auseinandersetzungen, die sich 1968 zwischen, den "triebhaft-verwahrlosten" Studierenden einerseits und der "zwanghaften" Bevölkerungsmehrheit abspielten. Es gehörte ja auch zu den erklärten Zielen der rebellierenden Studierenden, sich vom Einfluß der damals dominierenden soziokulturellen Normen von Ordentlichkeit, Pünktlichkeit, Sparsamkeit und Wahrheitsliebe freizumachen. Die Ablehnung dieser "bürgerlichen" Wertvorstellungen war also nicht nur politisches Programm der studentischen Aktivisten, sondern prägte auch das psychologische Selbstbild des durchschnittlichen Studierenden der damaligen Zeit.

Abb. 4 (Item 24): Ich habe den Eindruck, ich schaffe mir im Leben eher besonders viel Mühe/eher Bequemlichkeit.

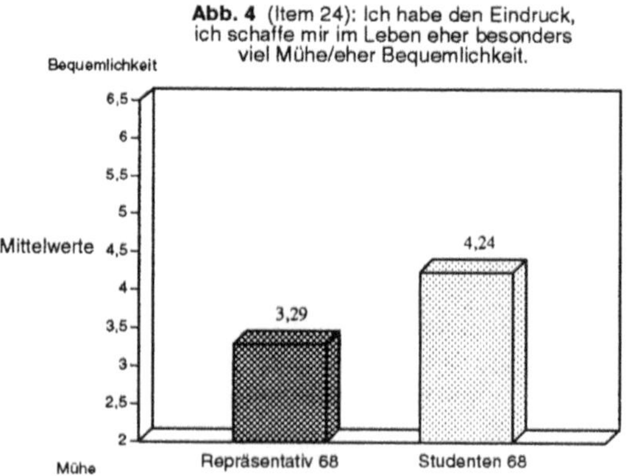

Auch auf der Skala Grundstimmung unterschieden sich die Studierenden von der Bevölkerung. Die Studierenden hielten sich oft für sehr bedrückt und neigten dazu, sich immer Selbstvorwürfe zu machen.

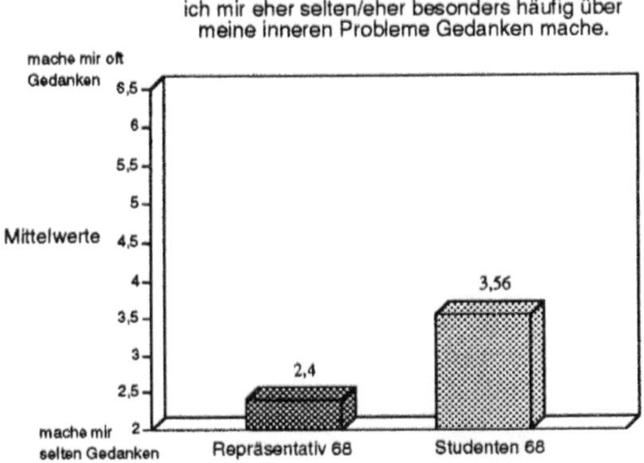

Abb. 5 (Item 5): Ich habe den Eindruck, daß ich mir eher selten/eher besonders häufig über meine inneren Probleme Gedanken mache.

Zudem machten sie sich häufig über ihre inneren Probleme Gedanken. Diese Merkmalskombination markiert eine depressive Grundstimmung, die allerdings auch mit der Bereitschaft einhergeht, selbstkritisch über die eigenen Probleme nachzudenken. Die Studierenden neigten dazu, ihre Aggressionen eher nach innen als nach außen zu wenden.

Was ihre psychosozialen Beziehungen anbelangt, beschreiben sich die Studierenden durchlässiger als der Durchschnitt der Bevölkerung. Insbesondere glaubten sie, im Vergleich zu anderen in der Liebe intensiver erlebnisfähig zu sein.

Hierzu passend glaubten sie auch, eher engen Anschluß an andere Menschen zu suchen.

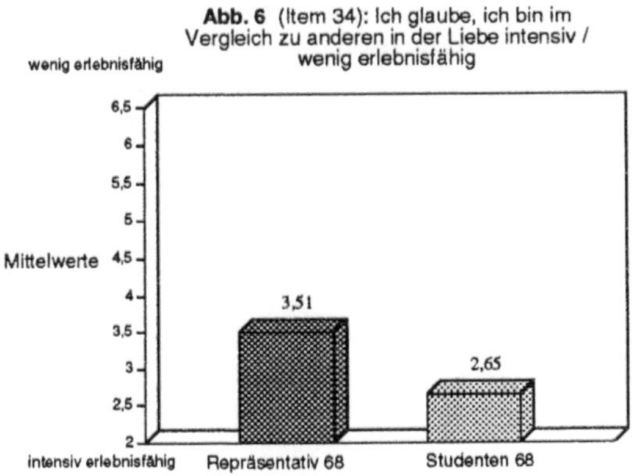

Abb. 6 (Item 34): Ich glaube, ich bin im Vergleich zu anderen in der Liebe intensiv / wenig erlebnisfähig

Auf der Skala 6 - soziale Potenz - stellen sich die Studierenden im Vergleich zum Durchschnitt der Bevölkerung als potente Persönlichkeiten auf der ödipal-genitalen Entwicklungsstufe im Sinne der Psychoanalyse dar. Reichtum an Phantasie als wesentliches Merkmal kreativer Originalität paart sich bei ihnen mit dem Interesse daran, andere zu übertreffen, d. h. mit einer aktiv konkurrierenden Haltung, die Selbstvertrauen voraussetzt.

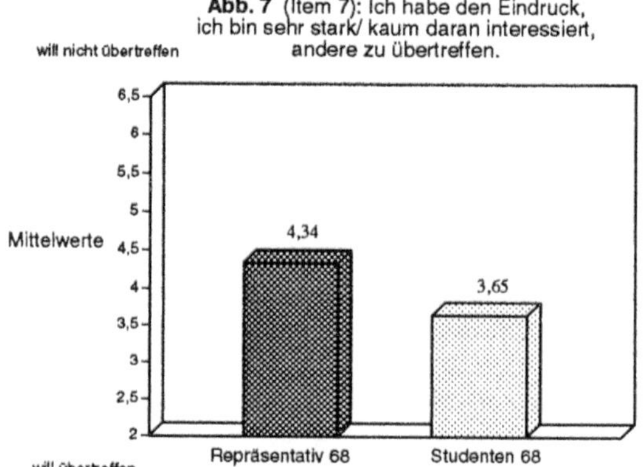

Abb. 7 (Item 7): Ich habe den Eindruck, ich bin sehr stark/ kaum daran interessiert, andere zu übertreffen.

Die phallisch-narzißtische Potenz wird indessen ergänzt durch ausgeprägte Liebesfähigkeit: Die Fähigkeit, einem Partner besonders viel Liebe schenken zu können, der Unbefangenheit im Umgang mit dem anderen Geschlecht und dem Wunsch nach Geselligkeit.

Die Studenten von 68 entsprechen demnach sehr viel mehr dem klassisch-psychoanalytischen Gesundheitsideals der genitalen Reife als der Durchschnitt der Bevölkerung.

Insgesamt zeigen die dargestellten Unterschiede ein sehr plastisches Bild der damaligen aufmüpfigen Studentengeneration. Nebenbei sei erwähnt, daß die jungen nichtstudentischen Erwachsenen von 68 diese Abweichungen vom Bevölkerungsdurchschnitt nicht in dieser Form und Ausprägung aufwiesen, was bedeutet, daß die dargestellten Merkmalskombinationen speziell für die Population der Studierenden zutrafen.

Die Studierenden 1989 und die Normalbevölkerung 1989

Zunächst läßt sich feststellen, daß bei 9 Items die Unterschiede zwischen Studierenden und Bevölkerung bedeutsam geblieben sind, 15 bedeutsame Unterschiede von 1968 existieren nicht mehr, und 7 bedeutsame Differenzen sind neu dazu gekommen. Demnach hat sich die Zahl der bedeutsamen Unterschiede seit 1968 von 24 auf 16 Items reduziert. Studierende und Bevölkerung sind sich also ähnlicher geworden. Das zeigt sich auch auf den GT-Skalen: So wiesen 1968 noch alle 6 Skalen signifikante Unterschiede auf, während 1989 nur noch bei den 4 Skalen soziale Resonanz, Dominanz, Offenheit und Grundstimmung signifikante Unterschiede feststellbar waren (vgl. Tabelle 2).

Tabelle 2: GT-Skalenwerte 1989

	Studierende 1989	Repräsentativ 1989
Soziale Resonanz	28.4	29.4*
Dominanz	24.1	25.9*
Kontrolle	25.8	25.8
Grundstimmung	25.3	22.0*
Offenheit	22.5	21.2*
soziale Potenz	18.6	19.4

Abb. 8 (Item 5): Ich habe den Eindruck, daß ich mir eher selten/eher besonders häufig über meine inneren Probleme Gedanken mache.

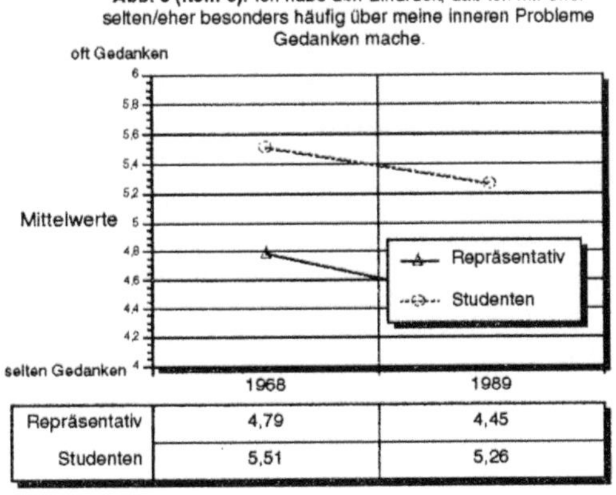

	1968	1989
Repräsentativ	4,79	4,45
Studenten	5,51	5,26

Doch betrachten wir zunächst einige Items, bei denen nach wie vor deutliche Unterschiede bestehen: Bei den folgenden Graphiken haben wir nicht nur die Daten von 1989, sondern auch die von 1968 jeweils für Studierende und Bevölkerung aufgenommen, so daß man auch die Veränderungen über die Zeit sieht. Studierende machen sich besonders häufig Gedanken über ihre inneren Probleme (vgl. Abb. 8). Das war 1968 der Fall und gilt auch noch 1989, wobei die Bereitschaft zur Selbstreflexion in beiden Gruppen etwas nachgelassen hat.

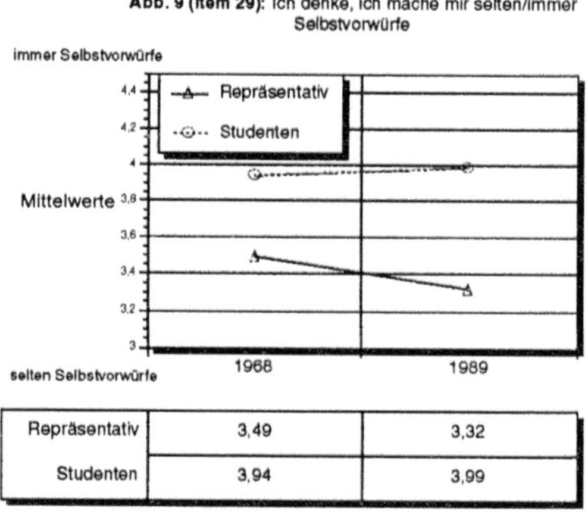

Abb. 9 (Item 29): Ich denke, ich mache mir selten/immer Selbstvorwürfe

	1968	1989
Repräsentativ	3,49	3,32
Studenten	3,94	3,99

Auch neigen die Studierenden dazu, sich oft Selbstvorwürfe zu machen (vgl. Abb. 9), und sie sind dementsprechend oft bedrückt.

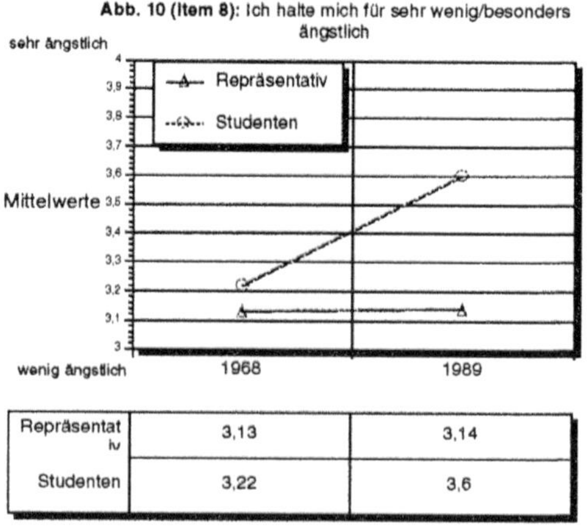

Abb. 10 (Item 8): Ich halte mich für sehr wenig/besonders ängstlich

	1968	1989
Repräsentativ	3,13	3,14
Studenten	3,22	3,6

Die depressive Grundstimmung der Studierenden, die bereits 1968 bestand, hat sich 1989 insofern weiter verstärkt, als zwei weitere signifikante Differenzen hinzugekommen sind, die zu dieser Skala gehören: Studierende halten sich 1989 für ängstlicher als die Normalbevölkerung (vgl. Abb. 10) und erleben sich eher als abhängig von einer Änderung ihrer äußeren Lebensbedingungen. Dies war 1968 nicht der Fall.

Auf der Depressionsskala haben sich Studierende und Bevölkerung gegenüber 1968 sogar noch weiter voneinander entfernt: Die Studierenden sind noch depressiver, die Normalbevölkerung ist noch hypomanischer geworden als früher. Interpretiert man diese Befunde im Zusammenhang mit der psychoanalytischen Theorie von der Depression als Ausdruck einer Innenwendung der Aggression, so bedeutet das, daß Studierende heute noch mehr dazu neigen, ihre Aggressionen gegen sich selbst zu richten. Die Depressionsskala des Gießen-Tests läßt sich aber auch in nicht-pathologisierenden Begriffen so interpretieren, daß man erhöhte Depressionswerte als Bereitschaft zur Selbstreflexion (vgl. Item 5: Ich mache mir häufig Gedanken über innere Probleme) und als Fähigkeit zum Leiden auffaßt. Demnach wären Studierende nach wie vor als eine Bevölkerungsgruppe aufzufassen, die sich durch eine besondere Sensibilität, Reflexionsvermögen und Leidensbereitschaft auszeichnet.

Abb. 11 (Item 31): Ich glaube, ich benehme mich im Vergleich zu anderen besonders fügsam/besonders eigensinnig.

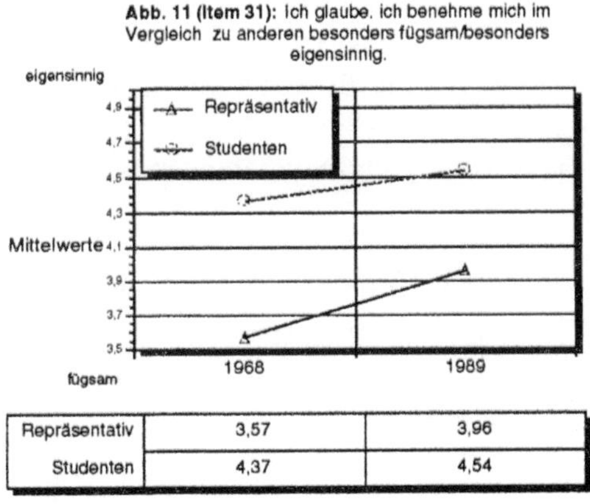

	1968	1989
Repräsentativ	3,57	3,96
Studenten	4,37	4,54

Auch hinsichtlich der Dominanz (Skala 2) heben sich die Studierenden nach wie vor von der Normalbevölkerung ab, wenn auch der Unterschied nicht mehr ganz so krass ist wie 1968. Die Bevölkerung hat in ihren Dominanzwerten deutlich aufgeholt. Studierende halten sich immer noch für besonders eigensinnig (vgl. Abb. 11) und haben es schwer, mit anderen eng zusammenzuarbeiten, wahrscheinlich weil sie eher daran interessiert sind, andere zu übertreffen (vgl. Abb. 12).

Abb. 12 (Item 7): Ich habe den Eindruck, ich bin sehr stark/kaum daran interessiert andere zu übertreffen.

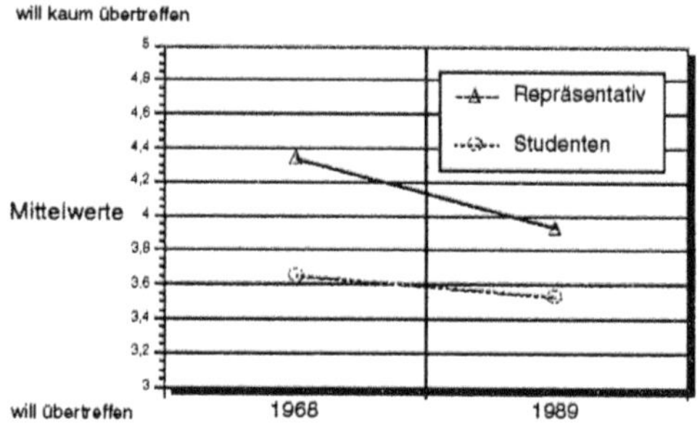

will kaum übertreffen

Mittelwerte

will übertreffen

	1968	1989
Repräsentativ	4,34	3,93
Studenten	3,65	3,53

Wie wir in einer anderen Studie (vgl. Brähler, Wirth 1991) zeigen konnten, korreliert der Dominanzwert positiv mit dem Bildungsgrad. Die Herrschaftsansprüche und der Eigensinn der besser Gebildeten drücken sich als Dominanz aus. Die gewachsene Dominanz der Bevölkerung ist als Bildungseffekt zu verstehen (vgl. Brähler, Richter 1990).

In ihrer Wirkung auf die soziale Umgebung fühlen sich die Studierenden auch 1989 noch negativer als die Bevölkerung. Insbesondere sind sie immer noch darauf eingestellt, daß man sie für minderwertig hält (vgl. Abb. 13). Der Abstand zwischen Bevölkerung und Studierenden ist etwa gleich geblieben.

Abb. 13 (Item 23): Ich glaube, ich bin eher darauf eingestellt, daß man mich für minderwertig/für wertvoll hält.

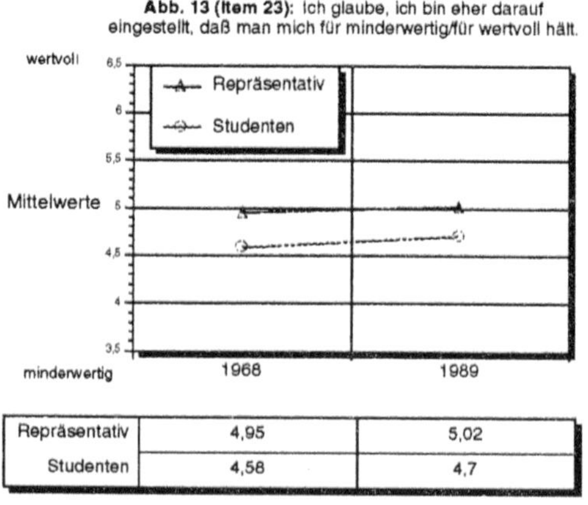

	1968	1989
Repräsentativ	4,95	5,02
Studenten	4,58	4,7

Da dies in einem merkwürdigen Kontrast zur Dominanz der Studierenden steht, muß hierin eine spezifische Problematik der Studentenrolle zum Ausdruck kommen: Bei der Skala Soziale Resonanz steht der Aspekt im Vordergrund, "ob man narzißtisch gratifiziert oder frustriert wird. (...) Es geht darum, wie man sich zeigt und wie man gesehen wird" (Beckmann, Brähler, Richter 1991, S. 39). Offenbar ist die soziale Rolle des Studierenden nicht dazu geeignet, sich auf der sozialen Bühne gut in Szene zu setzen und gut zu verkaufen zu können.

Die Offenheit der Bevölkerung ist größer geworden, sie ist größer als die der Studierenden, die sich kaum geändert haben.

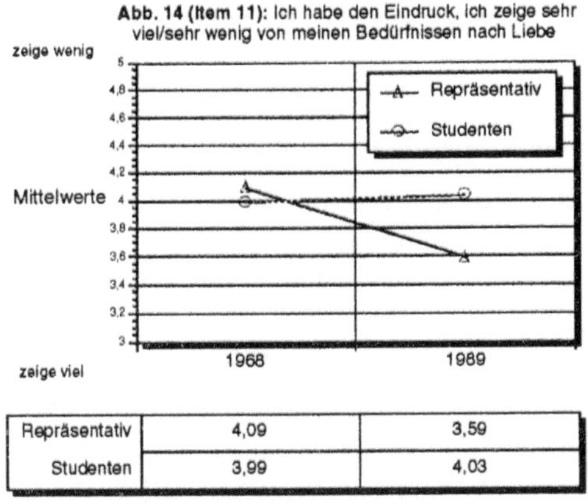

Abb. 14 (Item 11): Ich habe den Eindruck, ich zeige sehr viel/sehr wenig von meinen Bedürfnissen nach Liebe

	1968	1989
Repräsentativ	4,09	3,59
Studenten	3,99	4,03

Dies wird auch deutlich an den 1989 neu hinzugekommenen Unterschieden zwischen Studierenden und Bevölkerung: Obwohl die Studierenden glauben, einem Partner außerordentlich viel Liebe schenken zu können, zeigen sie wenig von ihrem Bedürfnis nach Liebe (vgl. Abb. 14).

Auch fühlen sie sich anderen Menschen eher fern und glauben, daß sie nur schwer aus sich herausgehen können.

Alles in allem geben sich die Studierenden von 1989 als gesetzter, weniger offen und spontan. Statt dessen wirken sie in ihrem emotionalen Ausdruck stärker gezügelt. Dazu paßt dann auch, daß sie glauben, im Vergleich zu anderen älter zu wirken (vgl. Abb. 15).

Abb. 15 (Item 20): Ich glaube, im Verhalten zu meinen Altersgenossen wirke ich in meinem Benehmen eher jünger /eher älter.

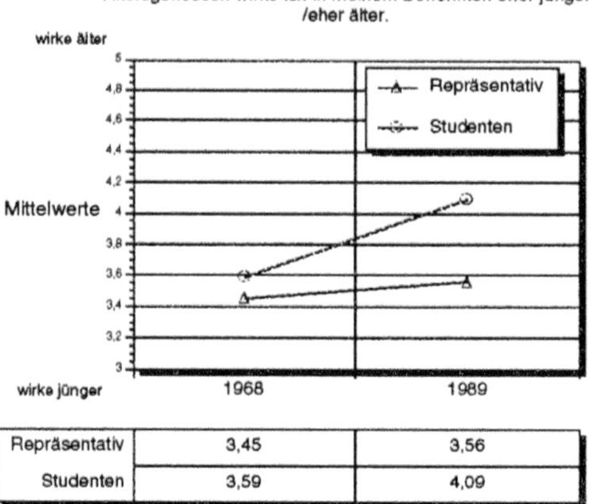

	1968	1989
Repräsentativ	3,45	3,56
Studenten	3,59	4,09

Besonders interessant erscheinen nun die Bereiche, in denen die Unterschiede von 1968 inzwischen verschwunden sind oder sich sogar in der Richtung umgekehrt haben: Die gravierendste Angleichung zwischen Studierenden und Bevölkerung hat gerade bei der Skala stattgefunden, die 1968 den größten Unterschied aufwies: der Skala Kontrolle. Zu dieser Skala gehören die Einzelitems "mit Geld bzw. mit der Wahrheit umgehen", "ausgelassen sein" und "Ordentlichkeit".

Abb. 16 (Item 13): Ich glaube, ich kann im Vergleich zu anderen eher gut /eher schlecht mit Geld umgehen.

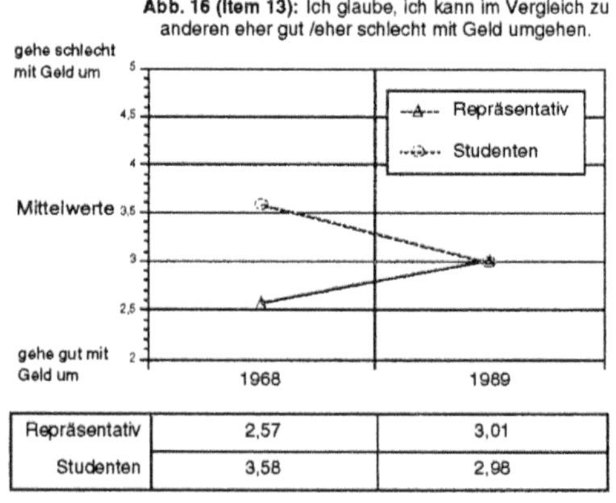

	1968	1989
Repräsentativ	2,57	3,01
Studenten	3,58	2,98

Was den Umgang mit Geld angeht, bestand in der Protestzeit der 60er Jahre ein großer Unterschied zwischen der Bevölkerung und den Studierenden, der 1989 völlig verschwunden ist. "Money makes the world go round" - diese Lektion haben die Studierenden offenbar gelernt. So könnte ein hämischer Kommentar lauten. Doch übersähe eine solche Interpretation, daß auch die

Bevölkerung sich in der Zwischenzeit verändert hat - und zwar in die entgegengesetzte Richtung. Wie Abbildung 16 zeigt, haben sich Studierende und Bevölkerung buchstäblich in der Mitte getroffen.

Abb. 17 (Item 39): Ich glaube, ich kann sehr schwer/sehr leicht ausgelassen sein.

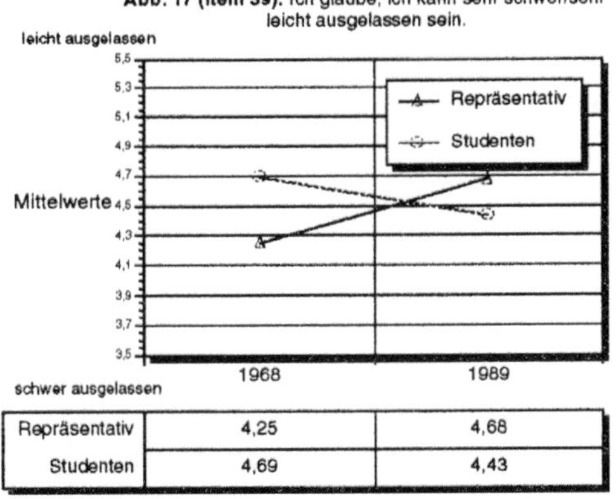

	1968	1989
Repräsentativ	4,25	4,68
Studenten	4,69	4,43

Auch die folgenden Merkmale ergeben das gleiche Bild: Die Studierenden sind deutlich kontrollierter geworden, während sich die Bevölkerung inzwischen von ihrer Überkontrolliertheit verabschiedet hat.

Was die Fähigkeit anbelangt, ausgelassen sein zu können, haben sich Bevölkerung und Studierenden gar in entgegengesetzter Richtung entwickelt (vgl. Abb. 17). Die Bevölkerung ist heute leichter ausgelassen als die Studierenden. In den 60er Jahren war es noch umgekehrt. Das gleiche gilt für den Umgang mit der Wahrheit (vgl. Abb. 18). Die Studierenden sind mit der Wahrheit genauer geworden, die Bevölkerung nimmt es mit der Wahrheit hingegen großzügiger.

Abb. 18 (Item 8): Ich glaube, ich bin mit der Wahrheit eher großzügig/eher übergenau.

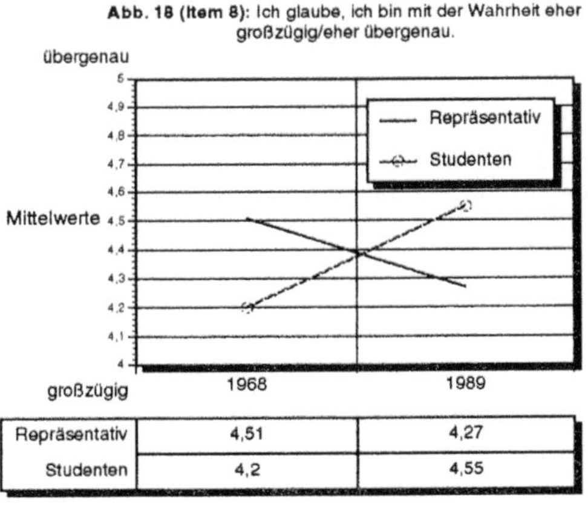

	1968	1989
Repräsentativ	4,51	4,27
Studenten	4,2	4,55

Auch was die Ordentlichkeit anbelangt, zeigt sich das gleiche Bild: Die sehr große Differenz von 68 zwischen den "unordentlichen" Studierenden und der "überordentlichen" Bevölkerung hat sich deutlich verringert (vgl. Abb. 19).

Der Merkmalskomplex der Skala Kontrolle steht offenbar unter dem Einfluß unserer soziokulturellen Normen von Sparsamkeit, Ordentlichkeit, Pünktlichkeit, Wahrheitsliebe. Insofern ist es rückblickend nicht verwunderlich, daß sich die 68er Studierenden und die Bevölkerung auf dieser Skala polarisierten, drehte sich doch ein Gutteil des Generationskonfliktes von 68 um die Fragen nach der Relevanz der sogenannten "Sekundärtugenden".

Abb. 19 (Item 21): Ich habe den Eindruck, ich bin eher sehr wenig ordentlich/eher überordentlich.

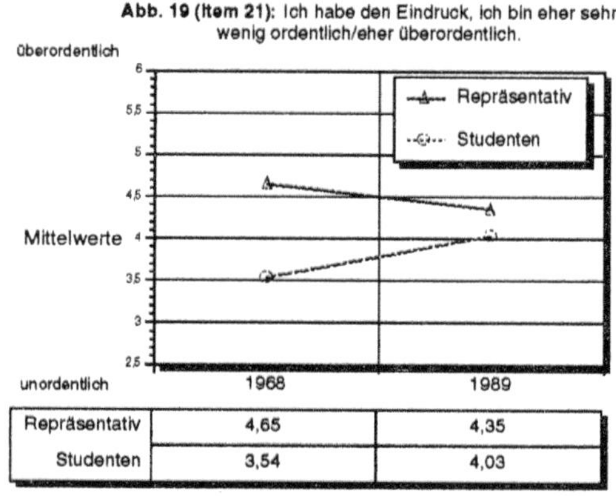

	1968	1989
Repräsentativ	4,65	4,35
Studenten	3,54	4,03

Die beiden Gruppen haben sich aufeinander zu bewegt; wenn man so will, haben sie voneinander gelernt: Während die Bevölkerung sich von den Studierenden hat anstecken lassen, ihre "innerpsychische Selbstzwangapparatur" im Sinne von Norbert Elias aufzulockern und der Seite der Triebe und Bedürfnisse mehr Raum zu geben, haben die Studierenden aus der extrem konträren Rolle herausgefunden, gegen jedwede Form der Ordnung und Strukturierung opponieren zu müssen. Dies zeigt sich auch bei der Skala Offenheit. Bei den Studierenden sind die Werte bei beiden Erhebungszeitpunkte fast identisch. Die Bevölkerung hingegen hat sich stark verändert und übertrifft 1989 die Studierenden sogar noch an Durchlässigkeit.

Wie haben sich die Studierenden von 1968 bis 1989 verändert?

Nachdem die Unterschiede zwischen Studierenden und Normalbevölkerung seit 1968 erheblichen Wandlungen unterworfen waren, hätte man erwarten können, daß sich die Studenten-Generationen von 68 und 89 auch stark unterscheiden. Dies ist aber nicht der Fall. Nur bei 12 der 40 GT-Items und bei zwei der GT-Skalen ergaben sich signifikante Differenzen. Die Studierenden fühlen sich 1989 sozial akzeptierter (Skala 1). Der Haupttrend liegt in der Zunahme von Kontrolliertheit. Die Studierenden von 89 sind ordentlicher, können besser mit Geld umgehen, nehmen es mit der Wahrheit genauer, können leichter bei einer Sache bleiben und geben sich im Leben mehr Mühe als ihre Kommilitonen aus dem Jahre 1968. Alle genannten Items gehören zur Skala Kontrolle. Außerdem fühlen sich die Studierenden von 1989 eher

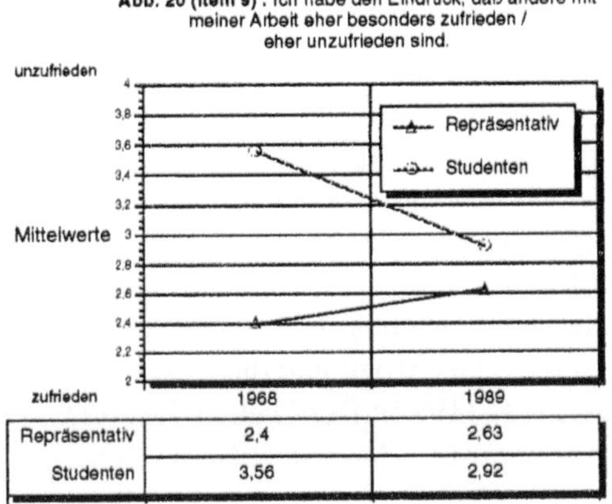
Abb. 20 (Item 9): Ich habe den Eindruck, daß andere mit meiner Arbeit eher besonders zufrieden / eher unzufrieden sind.

	1968	1989
Repräsentativ	2,4	2,63
Studenten	3,56	2,92

abhängig von ihren äußeren Lebensbedingungen. Sie halten sich für besonders ängstlich und haben es eher leicht, sich für längere Zeit an einen anderen Menschen zu binden.

Möglicherweise können sich die Studierenden heute ihre Ängstlichkeit und Abhängigkeit eher eingestehen, als dies der aufmüpfigen und kämpferischen Studenten-Generation von 68 möglich war. Darauf deutet auch ein Befund hin, nach dem die Studierenden heute mehr Wert darauf legen, schön auszusehen; entsprach es doch den Wertvorstellungen von 68, solchen "Äußerlichkeiten" keinerlei Wert beizumessen, während schönes Aussehen im Zeitgeist der späten 80er Jahre hoch im Kurs steht.

Der "Lohn" für die stärkere Kontrolliertheit, den offeneren Umgang mit eigenen Ängsten, Abhängigkeitswünschen und narzißtischen Bedürfnissen mag darin bestehen, daß die Studierenden von 89 eher glauben, als stark eingeschätzt zu werden, und meinen, mit ihren Arbeitsleistungen eher Anerkennung zu finden (vgl. Abb. 20).

Wie schon gesagt, glauben sie auch, älter zu wirken. Wenn man so will, sind sie heute "erwachsener und vernünftiger" und auch angepaßter. Allerdings soll noch einmal ausdrücklich betont werden, daß sich das psychosoziale Profil der Studierenden vergleichsweise nur geringfügig verändert hat. Da sich die Normalbevölkerung hingegen im gleichen Zeitraum sehr stark verändert hat, indem sie sich dem psychologischen Profil der Studierenden angenähert hat, erscheint es tatsächlich gerechtfertigt, die Studierenden von 1968 als psychosoziale Avantgarde zu bezeichnen.

Literatur

Beckmann, D., Brähler, E., Richter, H.E. (1991): Der Gießen-Test (GT). 4., überarbeitete Auflage mit II. Neustandardisierung. Bern (Huber).

Beckmann, D., Moeller, M.L., Richter, H.E., Scheer, J.W. (1972): Studenten. Urteile über sich selbst, über ihre Arbeit und über die Universität. Bericht über ein Forschungsprogramm der Psychosomatischen Universitätsklinik Gießen. Frankfurt (Aspekte).

Beckmann, D., Moeller, M.L., Richter, H.E., Scheer, J.W. (1971): Studenten - Wie sehen sie sich selbst, ihre Arbeit und die Universität. Analysen 1: 1-9.

Beckmann, D., Richter, H.E. (1972): Der Gießen-Test (GT). Ein Test für Individual- und Gruppendiagnostik. Handbuch. Bern (Huber).

Brähler, E., Richter, H.E. (1990): Wie haben sich die Deutschen seit 1975 psychologisch verändert? Mehr Individualismus, mehr Ellbogen, stärkere Frauen. In: Richter, H.E. (Hg.), (1990): Russen und Deutsche. Alte Feindbilder weichenneuen Hoffnungen. Hamburg (Hoffmann und Campe).

Brähler, E., Wirth, H.-J.:Abwendung von sozialen Orientierungen. Auf dem Weg in einen modernisierten Sozialdarwinismus? In: Heitmeyer, W., Jacobi, J. (Hg.): Jugend und Politik. Weinheim 1991 (Juventa), S. 77-97.

Brückner, P., Leithäuser, T. , Kriesel, W. (1973): Politisierung der Wissenschaften. Gießen (Rotdruck/Prolit).

Fischer, J. (1987): Regieren geht über Studieren. Ein politisches Tagebuch. Frankfurt (Athenäum).

Krüger, H. J., Maciejewski, F., Steinmann, I. (1982): Studentenprobleme. Psychosoziale und institutionelle Befunde. Frankfurt, New York (Campus).

Krüger, H. J., Steinmann, I. Stetefeld, G., Haland-Wirth, I. M. (1986): Studium und Krise. Frankfurt, New York (Campus).

Kuckuck, M. (1974): Student und Klassenkampf. Studentenbewegung in der BRD seit 1967. Hamburg (Assoziation).

Leuzinger-Bohleber, M., Mahler, E. (Hg.), (1993): Phantasie und Realität in der Spätadoleszenz. Gesellschaftliche Veränderungen und Entwicklungsprozesse bei Studierenden. Opladen (Westdeutscher Verlag).

Marks, S. (1977): Studentenseele. Erfahrungen im Zerfall der Studentenbewegung. Hamburg (Assoziation).

Moeller, M.L., Scheer, J.W. (1970): Student und psychische Störung. Medizinische Habilitationsschrift. Gießen.

Moeller, M.L., Scheer, J.W. (1974): Psychotherapeutische Studentenberatung - Probleme der Klienten - Problematik der Institution. Stuttgart (Thieme).

Moeller, M. L. (1967): Untersuchungen zur Psychodynamik der neurotischen Prüfungsangst. Med. Dissertation, Berlin 1967.

Reinke, E. (1973): Psychologiestudium und Politisierung. Studentische Selbstorganisation als Kritik der Psychologie. Frankfurt (Athenäum).

Richter, H.E. (Hg.), (1990): Russen und Deutsche. Alte Feindbilder weichen neuen Hoffnungen. Hamburg (Hoffmann und Campe).

Scheer, J.W., Zenz, H. (1973): Studenten in der Prüfung. Eine Untersuchung zur akademischen Initiationskultur. Frankfurt (Aspekte).

Schülein, J. A. (1979): Monster oder Freiraum? Texte zum Problemfeld Universität. Gießen (Focus).

SDS (1961): Hochschule in der Demokratie. Frankfurt 1972 (Neue Kritik).

Sperling, E., Jahnke, J. (1974): Zwischen Apathie und Protest. Band I: Studentenprobleme und Behandlungskonzepte einer ärztlich psychologischen Beratungsstelle. Bern, Stuttgart, Wien (Huber).

Wagner, W. (1977): Uni-Angst und Uni-Bluff. Wie studieren und sich nicht verlieren. Berlin (Rotbuch).

Wirth, H.-J. (1976): Die Initiativgruppe Eulenkopf. Eine Studie über Motive, Persönlichkeit, Einstellung und Arbeitsweise der Mitglieder einer sozialpolitisch engagierten Gruppe.(Psychologische Diplomarbeit).

Wirth, H.-J. (1979): Motive sozialen Engagements. Über Selbstbild, Einstellung und Arbeitsweise sozial-politisch handelnder Gruppen am Beispiel der Initiativgruppe Eulenkopf. Gießen 1993 (Psychosozial-Verlag).

Wirth, H.-J., Brähler, E.: Das Selbstkonzept von jungen Frauen und Männern im transkulturellen Vergleich. In: Brähler, E., Felder, H., (Hg.): Weiblichkeit, Männlichkeit und Gesundheit. Opladen 1992 (Westdeutscher Verlag).

Wirth, H.-J., Brähler, E. (1994): Transkulturelle Aspekte des Geschlechterverhältnisses. Eine vergleichene sozialpsychologische Befragung deutscher und russischer Studierender. Psychoszial 17 (Heft 55): 27-44.

Wirth, H.-J., Schürhoff,R. (1990a): Russische und deutsche Studentinnen. Eine vergleichende sozialpsychologische Studie. Die Neue Gesellschaft/Frankfurter Hefte 37.: 1009-1015.

Wirth , H.-J., Schürhoff, R. (1990b): "Erinnern hilft vorbeugen". Wie sich Deutsche und Russen mit der Hitler- und Stalin-Zeit auseinandersetzen. Ergebnisse einer vergleichenden sozialpsychologischen Studie. Journal für Sozialforschung 30: 413-423.

Wirth, H.-J., Schürhoff, R. (1991): Können sich Deutsche und Russen aussöhnen? Ergebnisse einer vergleichenden sozialpsychologischen Studie. Psychosozial 14 (Heft 45): 129-136.

Ziolko, H. U. (1969): Psychische Störungen bei Studenten. Stuttgart (Thieme).

2. Ost-West-Aspekte

Selbstbild, Werthaltungen und psychische Befindlichkeit von Studierenden in Ost- und Westdeutschland nach der Wende

Henning Schauenburg

Überblick

Berichtet wird im folgenden über Ergebnisse einer Studie zu Persönlichkeitsaspekten und psychischer Befindlichkeit von Studierenden der Universitäten Halle und Göttingen vom April 1991 (n=438).

In den Selbstbild-Skalen des Gießen-Tests erleben sich ost- und westdeutsche Studierende ähnlich. Es finden sich Unterschiede zwischen einzelnen Studienfächern, die darauf hinweisen, daß ein engerer Zusammenhang zwischen gemessenen Persönlichkeitsvariablen und Fächerwahl als mit dem Studienort (Ost/West) besteht.

Sowohl bei Frauen wie Männern in Ostdeutschland gibt es Hinweise auf ein traditionell orientiertes Geschlechtsrollenstereotyp. Frauen erleben sich als weniger konkurrierend und mehr auf äußere Erscheinung Wert legend. Männer scheinen die aktuelle Verunsicherung durch Betonung eines Selbstkonzepts von Angstfreiheit und Verschlossenheit zu bewältigen versuchen.

Im idealen Selbstbild zeigen sich im Osten Kontrollwünsche, im Westen eher Bedürfnisse nach besseren sozialen Beziehungen und Entlastung von Leistungsdruck.

Der Vergleich mit einer repräsentativen Stichprobe westdeutscher Studierender aus dem Jahr 1968 ergab im Westen eine Veränderung in Richtung subjektiv erlebter größerer Leistungs- und Durchsetzungsfähigkeit sowie gleichzeitig mehr Kooperationsfähigkeit und Lebenszufriedenheit. Die ostdeutschen Befragten lagen in diesen Bereichen nahe bei den westlichen und erlebten sich zusätzlich betont "ordentlich", bindungsfähig und besorgt um andere Menschen.

Der Vergleich der Werthaltungen zeigt in beiden Gruppen eine Betonung sogenannt postmaterialistischer Werte (Meinungsfreiheit, Umweltschutz, Mitmenschlichkeit), dazu betonten Ostdeutsche materialistische Werte (Wirtschaftswachstum, Ruhe und Ordnung etc.).

Bei den Kontrollüberzeugungen sahen sich die Ostdeutschen sowohl stärker selbstbestimmt als auch mehr äußeren Mächten unterworfen als die Westdeutschen.

Hinsichtlich der psychischen Befindlichkeit zeigten die ostdeutschen weiblichen Studierenden geisteswissenschaftlicher Fächer ein überdurchschnittliches Maß an Beschwerden, während in den übrigen Gruppen keine Unterschiede zwischen Ost und West festzustellen waren.

Einleitung

Die Schwierigkeiten der deutschen Vereinigung sind heute in aller Munde. Die anfängliche Begeisterung hat einer zunehmenden Skepsis Platz gemacht. Die allgegenwärtigen ökonomischen Schwierigkeiten führen ebenso häufig zu Feindseligkeit und Frustration wie das Aufeinanderprallen unvertrauter Weltbilder und Verhaltensweisen. Die Diskussion um Wesensmerkmale Ost- und Westdeutscher wird dabei auch von Klischees und projektiven Verzerrungen gekennzeichnet, die die komplexe seelische Realität der betroffenen Menschen nur unzureichend abbilden.

Empirische Untersuchungen können das Verständnis für die Unterschiede, aber auch die Gemeinsamkeiten im psychischen Erleben der Beteiligten fördern. Wir stellen deshalb im folgenden Teilergebnisse einer vergleichenden Untersuchung zur psychischen Befindlichkeit und Persönlichkeitskonzepten bei Studierenden der Universitäten Halle und Göttingen vor.

Im vorliegenden Beitrag diskutieren wir Selbstbild und ideales Selbstbild, wie wir es mit dem Gießen-Test (Beckmann u. a. 1991) erfragt haben.

Darüber hinaus vergleichen wir unsere, nach der Wende gewonnenen Ergebnisse mit den Werten einer im Jahr 1968 unter einer repräsentativen Gruppe westdeutscher Studierender mit dem gleichen Test durchgeführten Befragung.

Außerdem gehen wir auf den Vergleich der psychischen Befindlichkeit, der Kontrollüberzeugungen und der allgemeinen Werthaltungen ein, die an anderer Stelle ausführlich dargelegt werden (Schauenburg u. a. 1992, Schauenburg 1992, Kuda und Schauenburg 1994).

Für unsere, vor allem durch die enge Zusammenarbeit zweier psychotherapeutischer Studenten-Beratungsstellen möglich gewordene Studie waren zwei Fragen ausschlaggebend:

1. Hat sich die unterschiedliche Sozialisation in den beiden Teilen Deutschlands in typischen Bereichen der Selbstbeschreibung und der allgemeinen Werthaltungen niedergeschlagen?
2. Inwieweit wirkt sich die unterschiedliche aktuelle Lebenssituation auf diese Persönlichkeitsaspekte und auf die psychische Befindlichkeit aus?

Zusammensetzung der Stichprobe, Methodik und Durchführung der Studie

Unsere Untersuchung wurde in den Monaten April - Juni 1991 von der Ärztlich - psychologischen Beratungsstelle für Studierende der Universität Göttingen (Mitarbeiter an der Studie: Dipl. Psych. Dr. M. Kuda, Dipl. Psych. J. Rüggeberg) und der Psychologischen Beratungsstelle der Universität Halle (Dipl. Psych. Dr. R. Palussek) durchgeführt. Die Erhebung erfolgte anonym durch Fragebogenhefte, die unter Beteiligung von studentischen Hilfskräften sowie mit Hilfe von Dozenten in Unterrichtsveranstaltungen verteilt, von den Studenten zu Hause ausgefüllt und nach einigen Tagen wieder zurückgegeben wurden. Die Rücklaufquote betrug im Westen knapp 50%, im Osten über 60%. Dies ist für den gewählten Modus ein gutes Ergebnis (vgl. Bortz 1984)

Tab. 1: Zusammensetzung der untersuchten Stichprobe

	Göttingen	**Halle**
Probanden (N=)	221	217
davon Frauen (in %)	43,4	63,1
Alter (in Jahren)	24,1	21,9
Semesterzahl	6,8	5,2
Studienfächer:		
Medizin (N=)	39	46
Mathe / Physik (N=)	42	43
Agrarwissenschaften (N=)	44	52
Germanistik (N=)	43	42
Wirtschaftswissenschaften (N=)	46	34

und weist auf die stärkere Motivation bei den ostdeutschen Studierenden hin.

Die Zusammensetzung der Stichprobe ist teilweise unausgewogen. Bei den Germanistikstudenten in Halle überwiegen die Frauen zum Studienbeginn, die Medizinstudenten in Göttingen sind überwiegend Studierende vor dem Examen.

Wir verwendeten den Gießen-Test in der Selbstbild und Idealselbstbild-Version (Beckmann u. a. 1991). Die sprachlichen Formulierungen in den Selbst- und Idealbildversionen des Tests sind gleich. Lediglich die eingangs gestellte Frage lautet in der Version zum idealen Selbstbild "...wie Sie sein möchten...", statt, "...wie Sie sich im Vergleich zu anderen sehen." Dies und auch die Tatsache, daß die beiden Fragebögen nicht im zeitlichen Abstand, sondern wahrscheinlich von den Probanden hintereinander ausgefüllt wurden, bleibt als unklare Fehlerquelle zu berücksichtigen (Beckmann u. a. 1991).

Daneben wurden folgende Instrumente eingesetzt: IPC- Fragebogen zu Kontrollüberzeugungen (Krampen 1982), Fragebogen zur Suizidalität (FBS) (Stork 1972) Beschwerdeerfassungsbogen (BEB) (Kasielke und Hänsgen 1982) sowie ein Fragebogen zu Zukunftsvorstellungen und Werthaltungen (Kuda 1983).

Wir befragten Studierende aus den Fachbereichen Germanistik, Medizin, Agrarwissenschaften, Mathematik/Physik, Wirtschaftswissenschaften. Studierende dieser Fächer waren zum Zeitpunkt der Untersuchung verschiedenen Einflüssen hinsichtlich Zukunftsperspektive und Struktur des Studiums ausgesetzt. Darüber hinaus gibt es Hinweise darauf, daß die gewählten Richtungen im GT ein unterschiedliches Antwortmuster aufweisen (Beckmann 1971).

Unsere westdeutsche Stichprobe kann als repräsentativ angesehen werden. Die Mittelwerte sind praktisch identisch mit denen einer Studie über 1500 westdeutschen Studenten der Universität Gießen aus dem Jahr 1990 (Brähler und Richter 1990). Ostdeutsche Vergleichswerte liegen nicht vor.

Die Daten wurden mit den Statistikprogramm SAS verrechnet.

Als statistische Verfahren verwendeten wir Mittelwertvergleiche auf Skalen- und Itemebene. Diese wurden in Form komplexer Varianzanalysen mit den Bedingungen Stadt (Ost/West), Geschlecht und Studienfach durchgeführt. Alter und soziale Herkunft als bekannte Einflußvariablen wurden angesichts der homogenen Stichprobe nicht berücksichtigt. Beim Vergleich des idealen Selbstbildes wurden keine gerichteten Hypothesen überprüft. Aus diesem Grund rechneten wir zunächst eine multifaktorielle Varianzanalyse (Manova) über die 40 Items und zwei Gruppen (Ost/West), um diese auf generelle Unterschiede zu testen.

Tab. 2: GT-Skalen - Selbstbild

	Männer			**Frauen**			**Normwerte**	
	Gött. (n=125)	Halle (n=80)	p	Gött. (n=96)	Halle (n=137)	p	Männer 18.-34. Lj	Frauen 18.-34. Lj
NR - PR	26,98	26,71	.67	28,81	28,73	.89	29,29	29,93
DO - GE	24,06	25,20	.075	24,11	24,48	.59	25,64	25,32
UK - ZW	25,72	25,41	.64	26,26	25,36	.17	24,77	24,61
HM - DE	24,01	23,55	.56	24,96	25,96	.17	20,82	22,37
DU - RE	23,62	24,48	.30	21,23	21,04	.82	20,63	20,42

Selbstbild und ideales Selbstbild ost- und westdeutscher Studierender

Die sozialen und kulturellen Veränderungen für die Menschen in Ostdeutschland sind gravierend. Dabei sind Studierende, einmal aufgrund ihres Alters und wegen der noch offenen beruflichen Situation wahrscheinlich weniger existentiell betroffen. Dennoch haben ostdeutsche Studierende zum einen eine sehr unterschiedliche Sozialisation im Vergleich zu ihren westlichen Kommilitonen erfahren (deren Auswirkung auf das heutige Erleben allerdings noch unklar ist), zum anderen bleiben sie von den psychischen Folgeerscheinungen des generellen ökonomischen Niederganges ihrer Heimat nicht verschont. Gemeint sind beispielsweise Gefühle subjektiver Beschämung und Unterlegenheit, zu deren Bewältigung erhebliche psychische Abwehrleistungen zu vollbringen sind.

Maaz (1990, 1991) hat die Bevölkerung der ehemaligen DDR in generalisierender Weise als durch Gehemmtheit und Zwanghaftigkeit charakterisiert beschrieben. Diese Befunde konnten in ersten empirischen Untersuchungen nicht bestätigt werden (Becker u. a. 1991).

Wir wollten mit unserer Studie dazu beitragen, diese Diskussion auf eine solidere empirische Grundlage zu stellen, z. B. indem wir nicht Fremd- sondern Selbsteinschätzungen erfragen. Nach der Wende durchgeführte Untersuchungen müssen sich dabei der Schwierigkeit bewußt sein, daß sie den speziellen Einfluß der aktuellen Lebenssituation nur schwer von "Trait"-Merkmalen abgrenzen können. Dies gilt insbesondere für Selbstbilder, die sich sowohl aus zeitstabilen realistischen Selbsteinschätzungen wie aus, durch aktuelle oder habituelle Abwehrprozesse unterschiedlich verformten, Idealvorstellungen zusammensetzen (Beckmann u. a. 1991). Unsere Hypothesen versuchen deshalb sowohl sozialisationsbedingte als auch situationsspezifische Momente zu erfassen

1. Hypothese

Wenn die DDR-typische Erziehung und Lebensweise die Ausbildung zwanghafter und gehemmter Persönlichkeitszüge gefördert haben soll (vgl. Maaz 1991), dann müßte sich dies im GT auf den Skalen Unterkontrolliertheit-Zwanghaftigkeit (UK-ZW), Dominanz-Gefügigkeit (DO-GE) und Soziale Potenz-Impotenz (PO-IP) in hohen Werten für die ostdeutschen Studierenden niederschlagen.

Ergebnis: Tab.2 zeigt die Skalen-Werte nach Geschlechtern getrennt. Es fallen dabei weniger die Ost-West-Unterschiede als die bekannten Geschlechtsdifferenzen auf, die in Halle und Göttingen gleich ausgeprägt sind. Bezüglich unserer Hypothese zeigt sich im Ost-West-Vergleich nur bei den Männer im Osten ein Trend ($p<.07$) zu mehr Gefügigkeit (DO-GE). Dieser ist jedoch nicht interpretierbar, wenn man davon ausgeht, daß bei der Testung von insgesamt 12 Skalen mit einer angenommenen Irrtumswahrscheinlichkeit von maximal 10% schon zufällig ein Mittelwertsvergleich signifikante Unterschiede aufweisen kann. In beiden Geschlechtern sind die Werte für Zwanghaftigkeit und Soziale Potenz gleich ausgeprägt. Hypothese 1 kann also nicht bestätigt werden.

2. Hypothese

Ostdeutsche Studierende zeigen aufgrund der besonderen Lebensbedingungen in der damaligen DDR (Stichwort: Nischengesellschaft, wenig individuelle Konkurrenz) niedrigere Werte auf der Skala Durchlässigkeit-Retentivität (DU-RE), was als ein Maß für bessere Kontaktfähigkeit zu sehen wäre.

Ergebnis: Auf der Skala Durchlässigkeit (DU-RE), die das allgemeine Kontaktverhalten zeigt, finden sich ebenfalls keine signifikanten Unterschiede. Die häufig beschriebene "Nischengesellschaft" war auch eher ein Kleingruppenphänomen, demgegenüber in größeren gesellschaftlichen Zusammenhängen eine übermäßig starke Verschlossenheit und Abgrenzung herrschte. Allerdings erleben sich die Frauen in beiden Städten offener im Kontaktverhalten (DU-RE) und weniger befangen (PO-IP). Hypothese 2 muß also ebenfalls verworfen werden. Im Selbstbild finden sich keine Hinweise auf bessere Kontaktfähigkeit im Osten.

Der Gießen-Test ermöglicht auch die Erfragung der Grundstimmung (Skala HM-DE). Befindlichkeit und Stimmung sind überwiegend zustandsabhängig, d.h. sie werden zwar auch von persönlichen Dispositionen mitbestimmt, sind aber zeitlich und situativ sehr instabil. (Wenn man Depressivität unter Studierenden messen möchte, muß man außerdem berücksichtigen, daß sie in diesem Bereich grundsätzlich höhere Werte zeigen als eine nichtstudentische Normalbevölkerung (vgl. Tab.2)).

Unsere Erhebung erfaßt also auch das Ausmaß der subjektiven Belastetheit unserer Stichproben zum Zeitpunkt Sommer 1991 (vgl. Schauenburg u. a. 1992b).

3. Hypothese

Die aktuelle Verunsicherung führt zu höheren Werten auf der Hypomanie-Depressivitätsskala (HM-DE) und zu niedrigeren auf der, das allgemeine Selbstbewußtsein abbildenden Skala Negative-Positive Resonanz (NR-PR).

Ergebnis: In der Gesamtgruppe finden sich keine signifikanten Unterschiede in der Depressivität (HM-DE) oder der sozialen Resonanz (NR-PR). Aber die Frauen in beiden Gruppen erleben sich als sozial beliebter (Skala NR-PR) und depressiver (Skala HM-DE).

Hypothese 3 muß verworfen werden, auch wenn ein Trend zu mehr Depressivität bei den Hallenser Frauen besteht, der sich auch - sogar deutlich - in den Befindlichkeitsskalen zeigt (Schauenburg 1992b).

Neben der Untersuchung der Skalen des GT überprüften wir noch eine besondere Gruppe von Einzelitems, deren geschlechtsabhängiges Antwortmuster bekannt ist. Die Testautoren empfehlen ein solches Vorgehen (Einzelitemvergleich) für spezielle Fragestellungen (Beckmann u. a. 1991). Auch die Tatsache, daß die faktorenanalytisch gewonnenen GT-Skalen in verschiedenen Untersuchungen (Liepmann und Hoppe 1976, Kuda 1976, Holling und Liepmann 1979, Krauss u. a. 1980) nicht oder nur teilweise repliziert werden konnten, macht einen solchen Schritt sinnvoll bzw. notwendig. Im einzelnen handelt es sich um die Items 3, 4, 5, 7, 8, 14, 27 und 32 (vgl. Tab.3).

Diese Items ermöglichen Einblick in die Frage, ob sich in den Geschlechtern in beiden Gruppen unterschiedliche Geschlechtsrollen-Stereotype abbilden. Hierzu stellten wir folgende Hypothesen auf:

Tab. 3: Item-Vergleiche Halle - Göttingen und 1968-1991

Die Itemkurzformulierung wurde so gewählt, daß ein hoher Wert eine

***: p < .001; **: p < .01; _*: p < .05; (*): p < .1; Spalte 3: Fettdruck => Differenz

Items	**Selbstbild**		
	Gö n=221	**Halle n=217**	**westd. Studenten (1968)**
1 Geduldig	4,11	4,07	3,72
2 Ungesellig	3,21	3,06	3,63
3 Wunsch gelenkt zu werden	3,19	3,48 *	3,93
4 Wenig sensibel auf äußere Lebensbedingungen	3,52	3,25 (*)	4,00
5 Viele Gedanken über innere Probleme	4,92	5,06	4,61
6 Wunsch Ärger eher abzureagieren	3,67	3,53	3,96
7 Kein Wunsch andere zu übertreffen	3,53	3,93 **	3,36
8 Ängstlich	3,42	3,46	4,08
9 Andere unzufrieden mit meiner Arbeitsleistung	2,93	3,17 *	**5,31**
10 Wenig Vertrauen zu anderen Menschen	3,53	3,66	3,80
11 Bedürfnis nach Liebe wenig zeigen	3,95	3,74	3,90
12 Anschluß an Menschen suchen	4,71	5,08 **	4,70
13 Schlecht mit Geld umgehen	3,05	3,16	**4,94**
14 Bedrückt	3,60	3,63	**4,54**
15 Schwer etwas von mir preisgeben	4,13	4,41 (*)	3,85
16 Leicht mich beliebt zu machen	4,42	4,49	4,02
17 Binde mich schwer	3,45	3,57	4,23
18 Eher übergenau	4,64	4,48	3,75
19 Gehe schwer aus mir heraus	4,15	4,34	4,07
20 Wirke älter	4,00	3,63 **	4,13
21 Ordentlich	3,97	4,18	2,97
22 Gerate selten in Auseinandersetzungen	4,52	4,35	3,30
23 Keine Minderwertigkeitsgefühle	4,73	4,69	3,57
24 Eher bequem	3,82	3,86	**4,84**
25 Fühle mich anderen nahe	4,21	4,42 (*)	3,75
26 Wenig Phantasie	3,29	3,15	3,46
27 Schönes Aussehen wichtig	4,53	4,98 ***	**3,91**
28 Teamwork leicht	4,64	5,23 ***	**3,45**
29 Selbstvorwürfe häufig	3,68	3,70	**4,44**
30 Kann wenig Liebe geben	2,70	2,12 ***	**3,43**
31 Eher eigensinnig	4,35	4,22	4,80
32 Sorge um andere Menschen	4,61	5,01 ***	**3,96**
33 Durchsetzungsfähig	4,69	4,74	**3,45**
34 In Liebe eher wenig erlebensfähig	3,03	2,59 ***	3,09
35 Eher schlechter Schauspieler	3,97	3,83	3,27
36 Werde schwach eingeschätzt	2,96	3,07	**4,05**
37 Bin anziehend auf andere	4,33	4,26	4,20
38 Ungeduldig, wenig ausdauernd	3,35	3,35	**4,88**
39 Leicht ausgelassen	4,42	4,90 ***	4,35

hohe Ausprägung bedeutet (keine Invertierung).
1968 (BRD) zu 1991 (Gö. oder Halle) > 0,8; Spalte 9: G => Interaktion mit Geschlecht

Frauen		**Männer**		**Idealbild**	
Gö	**Halle**	**Gö**	**Halle**	**Gö**	**Halle**
n=92	**n=134**	**n=125**	**n=80**	**n=221**	**n=217**
3,86	4,03	4,30	4,14	5,57	5,41
2,81	2,81	3,51	3,49	3,05	2,56 ***
3,22	3,49	3,16	3,48 (*)	3,06	2,92
3,31	3,08	3,69	3,54	4,84	4,21 ***
5,16	5,34	4,74	4,56	4,24	3,95 *
4,00	3,68	3,42	3,26	5,14	4,94
3,66	4,12 **	3,43	3,60	4,07	3,78
3,67	3,80	3,22	2,88 *	2,44	2,36
2,96	3,13	2,91	3,24 *	2,09	1,97
3,40	3,54	3,63	3,86	2,98	3,44 ***
3,70	3,40	4,13	4,31	2,77	2,56
5,22	5,30	4,33	4,71	4,92	5,04
2,94	3,12	3,14	3,12	2,14	1,83
3,55	3,74	3,64	3,43	2,28	2,31
3,85	4,12	4,34	4,89 **	3,50	4,20 ***
4,75	4,53	4,17	4,43	5,29	5,41
3,20	3,37	3,65	3,90	2,56	2,46
4,86	4,57	4,46	4,33	4,72	4,62
3,79	4,20 (*)	4,43	4,58	2,62	2,59
3,76	3,58	4,19	3,70 ***	3,97	3,80
3,96	4,25	3,98	4,06	4,39	4,94 ***
4,43	4,16	4,60	4,68	4,40	4,57
4,80	4,66	4,68	4,73	5,65	5,68
3,60	3,75	3,99	4,05	4,35	3,95 **
4,50	4,64	3,98	4,05	5,21	5,38
3,10	3,01	3,44	3,40	2,46	2,64
4,94	5,47 ***	4,22	4,14	4,44	5,20 ***
4,96	5,50 ***	4,40	4,78 (*)	5,89	6,01
3,89	3,82	3,52	3,49	2,78	2,94
2,52	1,88 ***	2,83	2,55	1,78	1,68
4,47	4,32	4,26	4,04	4,56	4,30 *
5,17	5,29	4,18	4,56 (*)	4,67	4,88
4,69	4,81	4,70	4,63	5,82	6,12 **
2,98	2,41 ***	3,06	2,89	2,04	1,85
4,11	3,63	3,86	4,18	2,82	2,87
2,77	2,89	3,11	3,38	2,48	2,23 *
4,59	4,39	4,13	4,04	5,45	5,42
3,28	3,32	3,41	3,41	2,15	2,20
4,74	5,26 *	4,18	4,30	5,62	5,89 **

4. Hypothese

Die besondere Situation der Frau in der DDR-Gesellschaft (z. B. relative ökonomische Sicherheit, häufige Berufstätigkeit) ging mit einem Weiblichkeitsbild einher, das sich in einigen geschlechtstypischen Items dem männlichen Antwortmuster annähert.

Ergebnis: Entgegen unserer Erwartung sind bei den Frauen Differenzen in einigen der Items am stärksten ausgeprägt, die traditionelle weibliche Rollenstereotype abbilden (Tab. 3). So legen die ostdeutschen Studentinnen ihrer Selbsteinschätzung nach mehr Wert auf schönes Aussehen und wollen weniger mit anderen konkurrieren als ihre westdeutschen Kommilitoninnen. Außerdem sehen sie sich liebes- und erlebnisfähiger, insgesamt leichter ausgelassen, dabei befangener gegenüber Männern und teambewußter. Dies drückt zum Teil ein traditionelles Frauenbild (Beckmann 1979) aus. Die von uns aufgrund der gesellschaftlichen Position der Frau in der ehemaligen DDR erwartete Veränderung des Selbstkonzeptes läßt sich also in unserer Befragung nicht finden, weshalb Hypothese 4 verworfen werden muß.

5. Hypothese

Zum männlichen Rollenstereotyp gehört in allen Gesellschaften Dominanz, Angstfreiheit und Unabhängigkeit. Wir erwarten aufgrund der nicht sehr unterschiedlichen grundsätzlichen Lebenssituation ost- und westdeutscher Männer im Selbstbild keine Unterschiede. Zu prüfen sind aber Hinweise auf eine größere aktuelle Verunsicherung der ostdeutschen Männer.

Ergebnis: Verglichen mit den westdeutschen Männern erleben sich die ostdeutschen als weniger ängstlich (Tab. 3), sie glauben dabei aber weniger, daß andere mit ihren Leistungen zufrieden sind und wünschen sich tendenziell mehr Lenkung durch andere. Sie meinen, daß es ihnen schwerer fällt, etwas von sich preiszugeben. Typisch männliche Items wie Konkurrenzverhalten, wenig Bedrücktheit und eher wenig Nachdenken über eigene Probleme unterscheiden sich also tatsächlich nicht in den beiden Gruppen. Die Diskrepanz zwischen wenig manifester Angst und der Selbstunsicherheit bezüglich des Urteils anderer gibt allerdings einen versteckten Hinweis darauf, daß der Verunsicherung durch die Betonung von Angstfreiheit, Dominanz und Verschlossenheit begegnet wird. Hypothese 5 muß deshalb verworfen werden. Es finden sich entgegen der Erwartung Differenzen in den geschlechtsabhängigen Items, die als Ausdruck von Angstabwehr aufgefaßt werden können.

Eine weitere Untersuchungsmöglichkeit bietet die Erhebung des idealen Selbstbildes im GT, also der Antwort auf die Frage, wie jemand sein möchte. Sie beleuchtet das Ich-Ideal eines Menschen, das überwiegend Ausdruck einer gesellschaftlich beeinflußten Idealnorm ist. Im Vergleich können sich so kollektive Verhaltensleitbilder abbilden. Zwar findet man zwischen verschiedenen Kulturen häufig nur wenige Differenzen (Christen 1986), d.h. Idealbilder scheinen relativ kulturinvariant zu sein. Aber dennoch gibt es die Vermutung der Testautoren, daß sich spezifische Abwehrmuster und bedeutsame Wünsche zeigen. Wir wollten deshalb die Hypothese der kulturellen Invarianz des idealen Selbstbildes in unserer Stichprobe überprüfen und gefundene Differenzen explorativ interpretieren.

6. Hypothese

Im idealen Selbstbild, das als überwiegend geschlechts- und kulturinvariant gilt, zeigen sich keine wesentlichen Unterschiede in Ost und West.

Ergebnis: Wir hatten postuliert, daß sich im idealen Selbstbild auf Itemebene keine Unterschiede in den Stichproben finden. Entgegen unserer Annahme fanden sich Differenzen in insgesamt 12 Items (vgl. Tab.3). In der Varianzanalyse zeigt sich, daß die 40 Items zum Idealselbst in Ost und West tatsächlich generell unterschiedlich beantwortet wurden (Manova: Wilk's Lambda: .681; F-Wert (Wilk's Lambda): 4.132; DF: 353; p<.0001). Dies erlaubt die Interpretation der im T-Test gefundenen Mittelwertdifferenzen der Einzelitems. Faßt man diese zusammen, so betonen die ostdeutschen Studierenden Ideale von Ordentlichkeit, Verschlossenheit, Durchsetzungskraft und Unabhängigkeit von äußeren Einflüssen einerseits (Items, 4, 13, 15, 21, 33), andererseits wünschen sie sich besonders die Fähigkeit zu Geselligkeit, Ausgelassenheit und Attraktivität (Items 2, 27, 39).

Die Göttinger Studierenden äußern Wünsche nach Vertrauen zu anderen und nach Bequemlichkeit sowie danach, von anderen nicht zu stark gesehen zu werden, aber sie stellen auch ihr Bedürfnis nach mehr Eigensinn heraus (Items 10, 24, 31, 36).

Vergleich des Selbstbildes nach Fächern

Der nicht im Einzelnen aufgeführte Fächervergleich zeigt, daß sich die Profile der einzelnen Fachbereiche sehr ähnlich sind. Das heißt, Mathematiker im Westen unterscheiden sich von West-Medizinern stärker als von Ost-Mathematikern. So sehen sich z. B. Ost- wie West-Mediziner und Wirtschaftswissenschaftler als beliebter sowie auch geselliger und "sozial potenter" als ihre naturwissenschaftlichen und germanistischen Kollegen in beiden Städten.

Die Verwendung der üblichen Skalen in der Idealbildversion des Gießen-Tests ist nur mit Einschränkung zulässig, da wir keine eigene Faktorenanalyse durchgeführt haben. Zur besseren Übersichtlichkeit haben wir sie dennoch verwendet, da die durch die Skalen erfaßten Dimensionen u. E. auch für Idealvorstellungen relevant sind. Dabei zeigte sich auf der Ebene des Studienfächervergleiches, daß nur Wirtschaftswissenschaftler in beiden Gruppen stärker ein Ideal von Durchsetzungskraft und beruflicher Anerkennung hatten und Mathematiker beiderseits ein größeres Ideal von Zurückhaltung vertraten.

Vergleich mit dem Selbstbild einer Normstichprobe

Im Vergleich mit einer altersentsprechenden Stichprobe beider Geschlechter aus der Normalbevölkerung (BRD 1990, siehe Tab.2) zeigt sich, daß die Studierenden in beiden Städten in 3 Skalen deutlich von dieser abweichen. Sie erleben sich negativer sozial resonant (NR-PR), depressiver (HM-DE) und durchlässiger (DU-RE). Dies entspricht den Befunden anderer Untersuchungen.

Vergleich mit dem Selbstbild westdeutscher Studierender von 1968

Ohne gerichtete Hypothesen zogen wir eine ebenfalls repräsentative westdeutsche Stichprobe aus dem Jahr 1968 zum Vergleich heran. Ein solches Vorgehen ist unter dem Gesichtspunkt der seither eingetretenen gesellschaftlichen Veränderungen und angesichts der möglichen "Trendsetter"- Bedeutung studentischer Lebensweisen besonders interessant. (Nach Brähler [mündliche Mitteilung] zeigt sich innerhalb der Normalbevölkerung über die Jahre eine Annäherung an Selbstkonzepte, wie sie bei früheren Studentengenerationen gefunden wurden.)

Betrachtet man in der Tabelle 3 die entsprechende Spalte, so fällt auf, daß dort, wo im Westen die Veränderungen von damals zu heute auftraten, die Werte im Osten entsprechend ausfallen. Nimmt man nur die Items, die sich um einen Punktwert von mehr als 0,8 verschoben haben (nach Maßstäben des Gießen-Tests eine sehr deutliche Veränderung), so zeigt sich folgendes Bild:

Gegenüber den "68ern" sehen sich die westdeutschen Studierenden heute ordentlicher, leistungsfähiger, besser mit Geld umgehend, wahrheitsliebender, durchsetzungsfähiger, konzentrationsfähiger und insgesamt als stärker und "wertvoller" eingeschätzt (Items 9, 13, 21, 23, 33, 36, 38).

Außerdem erleben sie sich besorgter um andere, kooperativer, bindungs- und liebesfähiger sowie weniger mühevoll, weniger selbstabwertend und bedrückt (Items 14, 17, 24, 28, 29, 32).

Dabei ist im Osten die Selbstbeschreibung als "ordentlicher, liebes- und teamfähiger" und die Besorgtheit um andere besonders ausgeprägt .

Wenn Studierende sich heute, nach der Wende, genauer gesagt, als zwanghafter ("gut mit Geld umgehen", "ordnungsliebend", "wahrheitsliebend", "wenig Streit") erleben, so läßt sich dies mit dem Bild einer "innengeleiteten" Gesellschaft vereinbaren, deren Werte die Universitäten, anscheinend in Ost und West gleichermaßen, bestimmen. Dies geht, wie einige Items deutlich machen, gleichzeitig mit einem höheren Maß an Lebenszufriedenheit einher.

Extra erwähnt werden sollte die zunehmende Ablehnung des Wunsches im Westen, gelenkt zu werden, als möglicher Ausdruck von Strebungen nach Selbstverwirklichung. Im Osten ist dieser Wunsch augenblicklich noch signifikant höher ausgeprägt. D.h. die "regulierte" Gesellschaft der ehemaligen DDR mag hier ihre Spuren hinterlassen haben. Denkbar ist aber auch die Entstehung eines solchen Wunsches als Ausdruck aktueller Verunsicherung.

Nach den Beobachtungen von Brähler und Richter (1990) ist in der Normalbevölkerung seit 1975 der Trend festzustellen, daß die Menschen sich zwar heute auch eher konkurrierend und ehrgeizig, aber dafür weniger eigensinnig und zu Bequemlichkeit neigend, ausgelassener und offener im Kontakt darstellen. Im Bereich von Streitlust und Eigensinn hat dabei eine Annäherung an die Werte der 68er Studenten stattgefunden (vgl. den Beitrag von Brähler, Scheer und Wirth in diesem Band).

Überspitzt formuliert könnte man also sagen, daß sich die "Normalbevölkerung" in die umgekehrte Richtung bewegt hat wie die Studierenden, die sich heute angepaßter aber auch zufriedener erleben.

Zum Vergleich der psychischen Befindlichkeit

Der Frage, welche Auswirkungen die sozialen Veränderungen möglicherweise auf die psychische Gesundheit und das Wohlbefinden des Einzelnen hatten und haben, sind wir mit einem anderen Fragebogen nachgegangen, der Art und Ausmaß psychischer Störungen vergleichen sollte (vgl. Schauenburg 1992).

Aufgrund der oben beschriebenen Belastungen rechneten wir mit einer deutlich höheren Prävalenz von Angst und Depression bzw. funktionellen oder psychosomatischen Störungen in der ostdeutschen Stichprobe.

Der von uns verwendete Bogen erfragt die Symptome, wie sie in den letzten drei Wochen aufgetreten waren. Psychotische Erkrankungen, Sucht und organische Erkrankungen haben wir wegen der ohnehin geringen Prävalenz in der von uns untersuchten Population vernachlässigt.

Tabelle 4 zeigt, daß die Werte der Frauen in beiden Gruppen etwas höher liegen als die der Männer. Dies ist ein regelmäßig anzutreffendes Phänomen und zeigt sich auch in der Vergleichsgruppe aus der Normalbevölkerung. Bei den Männern finden sich keine Unterschiede im Gesamtmittelwert zwischen Westdeutschen und Ostdeutschen. Die ostdeutschen Frauen liegen mit ihrem Mittelwert signifikant über dem ihrer westdeutschen Kommilitoninnen.

Tab. 4: Gesamtsummenwert psychischer Beschwerden (BEB)

	West	Ost	p	DDR Bevölkerung 1982, 20-29 J.
Frauen	93,92 (n=96)	100,94 (n=137)	.008	95
Männer	88,24 (n=125)	89,06 (n=80)	.73	91

Betrachtet man den Beschwerdedruck im Vergleich der einzelnen Studienfächer, so findet sich eine für Studenten typische Rangfolge. Germanisten und Agrarwissenschaftler weisen die höchsten, Mathematiker und Physiker eher niedrige Werte auf. Medizinstudenten, die in der Literatur meist höhere Beschwerdewerte aufweisen, zeigen dies in unserer Untersuchung nur in Westdeutschland.

Die Wirtschaftswissenschaftler liegen im Westen besonders niedrig und im Osten im Durchschnittsbereich ihrer Stichprobe.

Ein Trend zu größerer sozialer Sensitivität mit entsprechend höherer Ausprägung von psychogenen Beschwerden ist in geisteswissenschaftlichen Fächern wie der Germanistik schon seit jeher bekannt. Die aktuelle Situation läßt die ostdeutschen Studenten dieser Fachrichtungen anscheinend besonders stark reagieren, zumal es sich in unserer Stichprobe überwiegend um junge Studienanfängerinnen handelt.

Die Studierenden unserer Stichprobe sind vermutlich, von den letzten Überlegungen abgesehen, eine von den politischen Umwälzungen wenig belastete Gruppe. Man darf nicht vergessen, daß mit den Verunsicherungen auch ein erheblicher Zugewinn an innerer und äußerer Freiheit und damit an Zukunftshoffnungen einherging. Eine Studie unter 45jährigen Arbeitslosen im zusammenbrechenden Industriegebiet von Bitterfeld, nur wenige Kilometer von Halle entfernt, hätte ohne Zweifel ein dramatisch anderes Bild ergeben.

Zum Vergleich der Kontrollüberzeugungen

Das Konzept der Kontrollüberzeugungen ist ein Konstrukt aus der sozialen Lerntheorie (Krampen 1981), das zu erfassen versucht, inwieweit ein Mensch der Überzeugung ist, selber Einfluß auf sein Leben zu haben (internale K.), oder aber der Macht anderer (externale K.) oder des Schicksals (fatalistische K.) unterworfen zu sein. Wegen der Sozialisationsunterschiede und der aktuellen Verunsicherung erwarteten wir, daß die "internale" Kontrollüberzeugung, im Westen stärker ausgeprägt sein würde. Der "externale Locus of Control" sollte im Osten überwiegen.

Tab. 5: Kontrollüberzeugungen nach Bundesländern

	Ost		West		Signifikanz von F			Allg. Bev. BRD 1981	Pat. d. Stud. Beratungsst. Göttingen
	Fr. n=80	Mä. n=134	Fr. n=92	Mä. n=125	Land	Geschl.	LxG	n=712	n=60
Internalität (I)	36,6	36,7	35,4	35,2	0,0005	n.s.	n.s.	34,4	32,
Machtlosigkeit (P)	23,0	24,4	21,7	22,0	0,001	n.s.	0,029	23,3	23,8
Fatalismus (C)	24,5	23,6	23,4	23,4	n.s.	n.s.	n.s.	23,9	23,7

Tatsächlich hatten aber die Studierenden aus Halle eine höhere "internale" Kontrollüberzeugung, d. h. sie sind der Meinung, daß ihr Leben selbstbestimmter und von mehr Eigenverantwortung geleitet ist. Allerdings erleben sie sich gleichzeitig deutlich abhängiger von anderen mächtigen Personen. Diese Befunde scheinen sich zu widersprechen, lassen sich aber erklären, wenn man die hohe Internalität eher als ein Idealbild, eine rasche Übernahme und Idealisierung westlicher Vorstellungen sieht (Schauenburg u. a. 1992a). Die beiden miteinander - zumindest zeitgleich - unvereinbaren Tendenzen weisen allerdings auf doppelte Orientierungsbedürfnisse der Ost-Studierenden hin. Einerseits sich aufgerufen fühlen, das Leben in die eigenen Hände zu nehmen, andererseits sich machtlos zu sehen, weist auf ein innerpsychisches Dilemma hin.

Zum Vergleich der Werthaltungen

Der in verschiedenen Beiträgen dieses Bandes angesprochenen Frage der sozialpsychologischen Veränderungen, die in den letzten Jahren in West- und Ostdeutschland stattgefunden haben, waren wir im Westen bezüglich der allgemeinen Wertvorstellungen nachgegangen. Außerdem haben wir unsere 1991er Ergebnisse mit der Ostdeutschen Stichprobe verglichen (Kuda und Schauenburg1994).

Abb. 1: Wertorientierungen

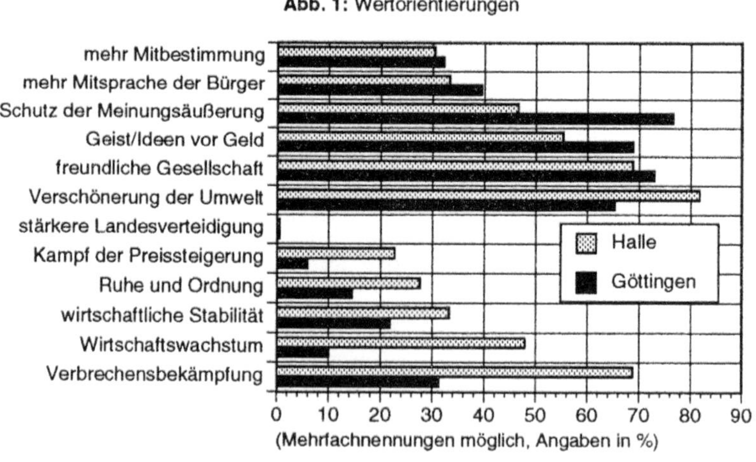

Wir griffen auf das Konzept der materialistischen und postmaterialistischen Werte von Inglehart (1977) zurück. Erstere umfassen überwiegend wirtschaftliches Wachstum und Stabilität, Ruhe und Ordnung und Landesverteidigung, letztere meinen z.B. Umweltschutz, eine weniger unpersönliche Gesellschaft,

Mitbestimmung, Schutz der freien Meinungsäußerung sowie eine Betonung von Geist und Idee vor materiellen Werten.
Abb. 1 zeigt, daß generell in Ost und West postmaterialistische Werte stärker betont werden, mit einem leichten Übergewicht im Westen. Dort ergaben Vergleiche mit Untersuchungen, die 10, 5 und 3 Jahre zurücklagen, allerdings einen leichten Rückgang dieser Präferenzen.

Im Osten waren materialistische Werte 1991 gleichzeitig etwas stärker ausgeprägt, was angesichts der ökonomischen Lage und der unmittelbaren Situation verständlich ist und nicht als eine grundlegende Divergenz in den Wertvorstellungen Ost- und Westdeutscher interpretiert werden darf.

Entscheidend ist jedenfalls, daß wir bezüglich der Selbsteinschätzung die für die heutige Zeit häufig vermutete materialistische "Verhärtung" in beiden Gruppen nicht oder nur vereinzelt (Mediziner und Wirtschaftswissenschaftler im Osten) fanden.

Zusammenfassende Diskussion

Härtwig (1992) forderte im Rahmen von Schulungskursen und Arbeitsförderungsmaßnahmen Ost- und Westdeutsche auf, sich selbst und die jeweils andere Gruppe zu beschreiben. Dabei befragte er zwar einerseits Arbeitslose (Ost), andererseits Schulungsleiter (West), die Antworten spiegeln dennoch gewisse Stereotype wider, die augenblicklich die Diskussion bestimmen (z. B. Maaz 1990, 1991, Schröder 1990).

So schildern sich Ostdeutsche in ihren Wesenszügen als unsicher, resigniert, passiv, naiv, abhängig, aber auch als "pfiffig" und "improvisationsfähig". Westdeutsche sehen sich dem gegenüber z. B. als selbstsicher, extrovertiert, flexibel, kritisch, allerdings auch anspruchsvoll, besitzergreifend und rücksichtslos. In der jeweiligen Wahrnehmung des anderen werden diese Selbstwahrnehmungen wechselseitig bestätigt.

Es handelt sich hier sicherlich auch um projektive Verzerrungen bzw. Idealisierungen, mit denen allerdings im Osten durch Selbstabwertung und Idealisierung des Anderen depressive Resignation verstärkt und im Westen ungeliebte Selbstanteile eher in Anderen bekämpft werden.

Dem steht gegenüber, wie die Betroffenen sich selbst in standardisierten Persönlichkeitsfragebögen sehen. In diesen sollen sie sich mit den Personen ihrer unmittelbaren persönlichen Umgebung vergleichen, nicht mit einer fremden Gruppe. Auch hier gehen natürlich Mechanismen wie Verleugnung, Verdrängung und Rationalisierung in das Selbstkonzept mit ein. Diese können oft nur per indirekter Schlußbildung aus bestimmten Antwortmustern oder Widersprüchlichkeiten hergeleitet werden (Beckmann u. a. 1991). Hinweise auf unterschiedliche Verarbeitung von Ereignissen bzw. kulturell unterschiedlich gewachsenen Persönlichkeits-Konzepte sind aber dennoch zu erwarten.

Im Gießen-Test finden sich in den Bereichen Selbstwert, Kontrolliertheit, Depressivität, Kontakt- und Durchsetzungsfähigkeit im Selbstbild keine gravierenden Unterschiede zwischen Ost und West. Der Geschlechtereinfluß entspricht den Erwartungen. Interessant scheinen die übergreifenden Ähnlichkeiten in den Fächern, die zeigen, daß Mediziner oder Mathematiker in Ost und West untereinander ähnlicher sind als die Studierenden verschiedener Fächer in einer Stadt. D.h. die Motivation, ein bestimmtes Studienfach zu wählen, korreliert auf Skalenebene stärker mit Persönlichkeitsvariablen als in unserem Fall die Zugehörigkeit zu einer ost- oder westdeutschen Universität.

Eine weitergehende Interpretation dieser wenig ausgeprägten Ost-West-Unterschiede fällt schwer, zumal die alltägliche Erfahrung immer wieder erheblich unterschiedliche Verhaltensweisen in den hier untersuchten Gruppen zeigt. Daß sich diese in den entsprechenden Selbsteinschätzungen nicht finden, verdient unseres Erachtens Aufmerksamkeit.

Die Ergebnisse des Vergleiches der geschlechtsabhängigen Items bezüglich unserer Hypothesen zeigen folgendes:

Bei den Frauen gibt es Hinweise darauf, daß die Hallenserinnen im Gegensatz zu den dortigen Männern auf die Verunsicherungen mit einem höheren Maß an körperlichen und psychischen Beschwerden reagieren (vgl. Schauenburg, 1992). Ihre Betonung typisch "weiblicher" Items läßt u.a. folgende Interpretation zu: Ostdeutsche junge Frauen versuchen, sich in einigen Bereichen an einem eher traditionellen Frauenbild zu orientieren. Das könnte darauf hinweisen, daß die formale Gleichstellung der Frauen in der alten DDR nicht mit einer Umorientierung hinsichtlich bestimmter Werthaltungen einher ging. Zum Zeitpunkt der Erhebung war die öffentliche Diskussion allerdings deutlich davon geprägt, daß Frauen die Hauptleidtragenden der schwierigen ökonomischen Situation seien. Situative Einflüsse sind hier also nicht auszuschließen.

Ferner mag ein idealisiertes Bild der Situation westlicher Frauen zu einer wunschbildhaften Einfärbung des Selbstkonzeptes beigetragen haben. Unterstützt wird diese Einschätzung dadurch, daß im Idealbild das Ziel "schönes Aussehen" von weiblichen Probanden (im Osten) noch einmal besonders betont wird.

Die Göttinger Frauen erscheinen im Selbstbild demgegenüber auf eine berufliche Behauptung hin orientiert, aber auch verunsicherter hinsichtlich ihrer eigenen Beziehungsfähigkeit.

Die ostdeutschen Männer haben ein ähnliches Rollenstereotyp wie die westdeutschen; der aktuellen Verunsicherung (z.B." Wunsch gelenkt zu werden") wird aber verstärkt durch Verleugnung ("keine Angst") und "Sich-verschließen" begegnet. Nimmt man dazu noch die für beide Geschlechter zusammen verglichenen Idealwünsche, so entsteht aus dem dort deutlich werdenden Mißtrauen ("nicht öffnen") bei gleichzeitiger Betonung von "Ordentlichkeit" und "Durchsetzungsfähigkeit" der Eindruck eines quasi aus der Defensive gewachsenen "konservativen" Männerbildes.

An anderer Stelle waren von uns Werthaltungen im Sinne des Konstruktes "materialistische vs. postmaterialistische Werte" (Inglehart 1977) erfragt worden. Neben einer in beiden Gruppen ausgeprägten postmaterialistischen Orientierung fanden sich stärker materialistische bzw. "konservative" Orientierungen vor allem bei den Männern in Halle. Diese mögen kompensatorische Bestrebungen angesichts der allgegenwärtigen Irritationen ausdrücken (Kuda und Schauenburg1994).

Ähnlich interpretieren wir die Betonung einer internalen Kontrollüberzeugung im Osten eher als eine Idealbildung, mit deren Hilfe die Situationsbewältigung erleichtert werden soll.

Entgegen den Erwartungen zeigen im idealen Selbstbild insgesamt 12 Items signifikante Unterschiede (Tab.3). Wenn man versucht, aus diesen ein Bild zu extrahieren, so betonen Ostdeutsche eher den Wunsch nach Unabhängigkeit und Kontrolle. Vertrauen und Offenheit gegenüber anderen ist ihnen in der gegenwärtigen Situation weniger wichtig. Statt dessen wollen sie "ordentlicher", "weniger bequem" sein, durchsetzungsfähiger und auch weniger eigensinnig. Wir interpretieren auch diese Wünsche als Ausdruck des Versuches, so mit den Verunsicherungen besser fertig zu werden. Daneben zeigt sich möglicherweise aber hier auch eine kulturelle Norm von Korrektheit und Kontrolliertheit, die im Westen wesentlich geringer ausgeprägt scheint. Der größere Wunsch nach Ausgelassenheit ist vermutlich aus der Tatsache erklärbar, daß im Osten schon im Selbstbild die Fähigkeit zur Ausgelassenheit höher eingeschätzt wird. (Bei den anderen Idealitems tritt ein solcher Effekt nicht auf).

Betrachtet man die Differenzen aus westdeutscher Perspektive (Wunsch nach mehr Geselligkeit, Vertrauen und Offenheit bzw. nach weniger Leistungsorientierung und Ausrichtung auf Durchsetzungsfähigkeit), so drückt sich u.E. hier eher eine Reaktion auf erlebte Isolierung und Leistungsdruck aus.

Insgesamt ist die konservative Orientierung in einigen Variablen in Ostdeutschland unseres Erachtens nicht alleine sozialisationsbedingt. Vielmehr sehen wir dieses Phänomen als Ausdruck einer bereits von Allport (1954) beschriebenen Wendung zu "sicheren Bastionen", wie sie für soziale Gruppen unter dem Eindruck äußerer Bedrohung und Verunsicherung in Zeiten des Umbruchs typisch ist.

Literatur

Allport, G. (1954): The nature of prejudice. Cambridge.

Becker, P., Hänsgen K., Lindinger E. (1991): Ostdeutsche und Westdeutsche im Spiegel dreier Fragebogentests. Trierer Psychologische Berichte 18(3).

Beckmann, D. (1971): Studenten, wie sich selbst sehen, die Arbeit und die Universität. Analysen 1, S. 1-12.

Beckmann, D. (1979): Geschlechtsrollen und Paardynamik. In: Pross, H. (Hrsg.), (1979): Familie - Wohin ? Reinbek (Rowohlt).

Beckmann, D., Brähler, E., Richter, H-E. (1991): Der Gießen-Test (GT), (4. Auflage) , Bern, Stuttgart, Toronto (Huber).

Beckmann, D., Davis-Osterkamp, S. (1979): Zur Erhebung des idealen Selbstbildes. In: Beckmann, D., Richter, H.E. (Hrsg.) Erfahrungen mit dem Gießen-Test, Bern, Stuttgart, Toronto (Huber).

Bortz J. (1984): Lehrbuch der empirischen Sozialforschung. Berlin, Heidelberg, New York (Springer).

Brähler, E., Richter, H.- E. (1990): Wie haben sich die Deutschen seit 1975 psychologisch verändert ? In: Richter H.E. (Hrsg.) Russen und Deutsche. Hamburg (Hoffmann und Campe).

Christen, S. (1986): Untersuchungen zum Gießen-Test. Zürich (Juris).

Härtwig, R. (1992): Ost-West-Konflikt, Auf dem Weg der Annäherung zur neuen deutschen Identität und Integrität. In: Report Psychologie 3, 9-19.

Holling, H., Liepmann, D. (1979): Testtheoretische Analysen zum Gießentest. In: Diagnostica 25, 257.

Inglehard, R. (1977): The silent revolution. New York.

Kasielke, E., Hansgen, K-D. (1982): Beschwerden - Erfassungsbogen. Psychodiagnostisches Zentrum. Berlin.

Krampen, G. (1981): IPC-Fragebogen zu Kontrollüberzeugungen. Göttingen (Verlag für Psychologie, J. Hogrefe).

Krauss F., Überla, K., Warncke, W. (1980): Auswertung des Gießen-Tests bei einer Stichprobe von Frauen zwischen 12 und 45 Jahren. - Faktorenstruktur und Test-Retest-Korrelationen. In: Diagnostica 26, 74.

Kuda, M. (1976): Untersuchungen zur Faktorenstruktur des Gießen-Tests. In:

Schweizerische Z. Psychol. 35, 235.

Kuda, M. (1983): Zukunftsperspektiven und studentisches Arbeitsverhalten. Vortrag: 12. Kongreß Angewandte Psychologie, Düsseldorf.

Kuda, M., Schauenburg, H. (1994): Sozialisationseinflüsse bei Studierenden in Ost- und Westdeutschland. In : Psychologie in Erziehung und Unterricht 41, S. 107-119.

Liepmann, D., Hoppe, S. (1976): Einige empirische Befunde zur faktoriellen Struktur des Gießen-Tests. In: Diagnostica 22, 26.

Maaz, H-J. (1990): Der Gefühlsstau. Berlin (Argon).

Maaz, H-J. (1991): Das Gestürzte Volk. Berlin (Argon).

Schauenburg, H. (1992): Adjustment disorders in East german and West german students. Paper at the 1st Baltic Sea Conference on Psychosomatics, Kiel.

Schauenburg, H., Kuda, M., Rüger, U. (1992a): Unterschiedliche Kontrollüberzeugungen bei Ost- und Westdeutschen Studierenden. In: Z. Psychosom. Med. Psychoanal. 38:158-168.

Schauenburg, H., Kuda, M., Rüger, U., Palussek, R. (1992b): Die psychische Befindlichkeit Studierender in den neuen und alten Bundesländern am Beispiel der Universitäten Halle und Göttingen. Wiss. Z. Univ. Halle 38, S. 123-132.

Schröder, H. (1990): Identität, Individualität und psychische Befindlichkeit des DDR-Bürgers im Umbruch. In: Zeitschrift für Sozialisationsforschung und Erziehungssoziologie 12, S. 163-176.

Stork, J. (1972): Fragebogentest zur Beurteilung der Suizidgefahr. Salzburg: (Otto Müller).

Erinnertes elterliches Erziehungsverhalten und Lebenszufriedenheit

Studierende der Medizin in den alten und neuen Bundesländern im Vergleich

Elmar Brähler

1. Einleitung

Seit der Wiedervereinigung der beiden deutschen Staaten ist sehr viel über die Auswirkungen der unterschiedlichen Gesellschaftssysteme auf die Menschen geschrieben worden; insbesondere über die Auswirkungen der unterschiedlichen Sozialisation auf die Heranwachsenden (vgl. z.B. Maaz 1990). Erzählungen, Anekdoten und Beschreibungen, die die Unterschiede zwischen Ost- und Westdeutschen pointiert überspitzen, beherrschen nicht nur die Stammtische, sondern prägen auch viele Publikationen zu dem Themengebiet. Die Überzeichnung bedient sich sehr oft der Schwarz-Weiß-Malerei, die zu holzschnittartigen Bildern führt. So wird der Ostdeutsche gerne als unselbständiger Mensch gesehen, der von der Wiege bis zur Bahre keine Verantwortung übernehmen muß, dem der Lebensweg per Kaderakte vorgezeichnet ist, dem alles Denken und jede Entscheidung von staatlichen Organen abgenommen wird. Der Ostdeutsche wird als sehr faul beschrieben, sei ihm die slawische Lebenskunst viel näher ist als die preußischen Tugenden, die lediglich für die effiziente Überwachungstätigkeit bei der Stasi und Partei vorgekommen sind.

Die Jugendlichen wechselten fast ohne Übergang von der Kinderrolle in die Elternrolle. Selbst noch fast Kinder, bekamen sie sehr früh eigene Kinder, geködert durch die Darlehen zum Abkindern. Ihre Kinder brachten sie zu früher Sauberkeit durch eine Dressur, damit sie bereits im Alter von einem Jahr an der staatlichen Krippe abgeliefert werden konnten, die die Sauberkeit als Voraussetzung verlangten und zur Vorbeugung gegen Einnässen die Flüssigkeitszufuhr bei den Kleinen gedrosselt hatten. Der Staat hatte nicht nur die

Bürger vom Eigentum enteignet, sondern die Familien auch von den Kindern. Dies geschah durch die erzwungene Berufstätigkeit der Frauen, die sich viel lieber der eigenen Familie hätten widmen sollen. Von mürrischen und übernächtigten Müttern wurden die Kinder morgens nach langer Fahrt mit Trabi oder öffentlichen Verkehrsmitteln bei der staatlichen Krippe abgeliefert, wo sie nach streng disziplinierten Richtlinien paramilitärisch ausgebildet und in den Gesang sozialistischer Schlachtlieder eingeübt wurden. Ab und zu schaute ein Sportfunktionär vorbei, um per Siebtest Kinder auszuwählen, die sich eigneten, zu Sportrobotern ausgebildet zu werden.

Die Sichtweise der Ostdeutschen über die Westdeutschen ist nicht weniger unfreundlich. Westdeutsche gelten als ebenso kalt wie berechnend. Das einzige, was für sie zählt, ist das Geld. Ebenso kalt wie die Wohnungen der Westdeutschen sind ihre Herzen. Sie sind angeberisch und großmäulig, als Kind verzogen worden, antiautoritär, egoistisch und von schlechtem Benehmen. Rücksichtslos nehmen sie sich alles, was sie brauchen. Gnadenlos missionieren sie den Osten und beuten ihn imperial aus. Verlogen reden sie von Brüdern und Schwestern sowie Solidarität, während sie in Wirklichkeit alle schamlos übers Ohr hauen.

Nachdem ich jahrelang Medizinstudenten in einer westlichen Universität (Gießen) ausgebildet habe, bin ich nun seit drei Jahren in einer größeren ostdeutschen Stadt mit der Ausbildung von Medizinstudenten beschäftigt (Leipzig). Unterschiede zwischen den Studierenden in Ost und West waren unübersehbar. Hier einige Unterschiede, die mir ins Auge sprangen:

1. Die Frauen waren wesentlich jünger als die Männer. Nach zwölf Jahren Schule begannen die Frauen bereits mit 18 Jahren mit dem Studium, während die Männer in der Regel drei Jahre Militärdienst ableisten mußten für die Zulassung zum Medizinstudium. Dies hat sich natürlich inzwischen verändert.
2. Die Studenten im Osten sind stärker auf Konsum eingestellt in bezug auf Lehrveranstaltungen. Die Kollegmappen werden aufgeklappt, und es wird erwartet, daß die Wahrheit präsentiert wird. Unterschiedliche Positionen verwirren eher.
3. Viele Studentinnen bevorzugen es, mit Fräulein angeredet zu werden. Hier handelt es sich um eine Bezeichnung für unverheiratete Frauen (auch mit Kindern). Diese Bezeichnung kenne ich nur aus meiner Elterngeneration.
4. Soziales und hochschulpolitisches Engagement erscheint mir im Osten höher.
5. Die Studenten benehmen sich gegenüber dem Lehrkörper ehrfürchtiger und freundlicher als im Westen.

6. Die Studenten erscheinen braver und fleißiger als im Westen, aber auch engagierter.

Natürlich sind solche Beobachtungen anekdotisch und sehr subjektiv gefärbt. Man kann in diesem Feld nicht unbeteiligter Beobachter sein, man wird unwillkürlich in Gegenübertragungsphänomene verwickelt, wenn man sich auf die Situation einläßt (vgl. Devereux 1964). Dies führt natürlich dazu, daß man Wahrnehmungsfehlern und Verzerrungen durch Abwehrmechanismen unterliegt.

Dies war der Anlaß für mich, eine kleinere Untersuchung durchzuführen an Studierenden in Ost und West, um Unterschiede etwas objektiver zu erfassen. Hierbei ging ich nach den Vorerfahrungen von folgenden Hypothesen aus:

1. Das Erziehungsverhalten der Eltern wird von den Studenten in den neuen Bundesländern eher als weniger fürsorglich, strenger und rigider erinnert.
2. Die Lebenszufriedenheit bei den Studierenden in den neuen Bundesländern ist eher niedriger als in den alten Bundesländern.
3. Aufgrund der Umbruchsituation und unklaren Zukunftsaussichten, die sich stärker auf die Studenten in den neuen Bundesländern auswirken, wird erwartet, daß die Studenten im Osten mehr psychosomatische Körpersymptome zeigen.

2. Stichproben und Methode

Es wurden im Wintersemester 1992/3 Studierende im 2. Studienjahr, die am Kurs für Medizinpsychologie teilnahmen, in Gießen und Leipzig untersucht. Tabelle 1 zeigt die Verteilung nach Geschlechtern für Gießen und Leipzig.

Tabelle 1: Stichproben - 145 Studierende der Medizin im 2. Studienjahr

	Gießen	Leipzig
Männer	35	49
Frauen	18	43

Es wurden folgende Instrumente eingesetzt:

1. EMBU - Erinnertes elterliches Erziehungsverhalten

Perris u. a. (1980) entwickelten ein standardisiertes Verfahren zur retrospektiven Erfassung des erlebten elterlichen Erziehungsverhaltens. Die theoretische Basis für die Erstellung des Item-Kataloges bildeten die zehn qualitativen Charakteristika der Kindererziehung von Jacobson u. a. (1975) (vgl. Richter u. a. 1991). Die endgültige Fassung des Fragebogens enthält 81 vierstufige Items, die jeweils getrennt für Vater und Mutter beantwortet werden. Faktorenanalytische Untersuchungen erbrachten je drei Dimensionen erlebten elterlichen Erziehungsverhaltens (vgl. Arrindell u. a. 1983).

1. Ablehnung
2. emotionale Wärme
3. Überprotektion

Diese Skalen konnten in vielen transkulturellen Untersuchungen immer wieder bestätigt werden.

Tabelle 2: Skalen des EMBU und ihre Leititems

Erinnertes elterliches Erziehungsverhalten (EMBU) (Perris u. a. 1980)

81 Items jeweils Vater/Mutter
3 Skalen

1. **Ablehnung** (26 Items)
   z.B. (65) 'Kam es vor, daß Sie ohne Grund Schläge bekamen?'
   z. B.(33) 'Wurden Sie als schwarzes Schaf der Familie behandelt?'

2. **Emotionale Wärme** (18 Items)
   z.B. (54) Konnten Sie bei Ihren Eltern Trost suchen, wenn Sie traurig waren?'
   z.B. (74) Spürten Sie Wärme und Zärtlichkeit zwischen Ihnen und Ihren Eltern?'

3. **Überprotektion** (16 Items)

z.B. (01) Fanden Sie, daß Ihre Eltern sich um alles kümmerten, was Sie machten?'

z.B. (66) Wünschten Sie manchmal, daß sich Ihre Eltern weniger darum kümmerten, was Sie taten?'

2. Fragebogen zur Lebenszufriedenheit

Der Fragebogen von Fahrenberg u. a. (1986) zur Lebenszufriedenheit enthält sieben Skalen mit je sieben Items zu den Bereichen

1. Gesundheit
2. Studium
3. finanzielle Lage
4. Freizeit
5. Ehe und Partnerschaft
6. eigene Person
7. Sexualität

3. Gießener Beschwerdebogen

Der Gießener Beschwerdebogen enthält 57 Items aus den Bereichen Vegetativum, Schmerz, Allgemeinbefinden (Brähler und Scheer 1983). Vier Skalen à sechs Items werden gebildet:

1. Erschöpfungsneigung
2. Magenbeschwerden
3. Gliederschmerzen
4. Herzbeschwerden

Die Summe der vier ersten Skalen ergibt die 5. Skala 'Beschwerdedruck'.

3. Ergebnisse

Tabelle 2 zeigt die Ergebnisse einer Zweiweg-Varianzanalyse mit den unabhängigen Variablen 'Ost/West' und 'männlich/weiblich' für den EMBU. Die Ergebnisse zeigen, daß kein Geschlechtsunterschied bezüglich der sechs Skalen des EMBU vorliegen. Dies steht in Übereinstimmung mit anderen Untersuchungen (Richter u. a. 1981).

Tabelle 2

	Ost/West	männlich/ weiblich	Interaktion
Ablehnung Vater	*		
Ablehnung Mutter	*		
Emotionale Wärme Vater	*		
Emotionale Wärme Mutter			
Überprotektion Vater			(*)
Überprotektion Mutter			
Gesundheit		*	
Studium			
Finanzielle Lage			
Freizeit	***		
Ehe und Partnerschaft			
Eigene Person			
Sexualität			
Erschöpfung	(*)	*	
Magen			
Glieder		**	
Herz			
Allgemeine Klagsamkeit		*	

Es ergeben sich signifikante Differenzen auf den Skalen 'Ablehnung durch den Vater', 'Ablehnung durch die Mutter' und 'emotionale Wärme durch den Vater'. Die Richtung der Differenz wird aus Tabelle 3 deutlich. Die Ablehnung durch den Vater und durch die Mutter, die erinnert wird, ist im Osten geringer als im Westen. Die emotionale Wärme des Vaters wird im Osten höher erinnert als im Westen. Betrachtet man Tabelle 3 weiter, wo die Vergleichsangaben für Normalpopulationen aus verschiedenen Ländern aufgeführt wird, so zeichnen sich einige bemerkenswerte Differenzen ab.

Bezüglich der Ablehnung durch Vater und Mutter liegen die Werte aus Gießen etwa auf gleicher Höhe wie die Werte aus den verschiedenen Ländern (trotz aller Problematik wegen der Skalenbildung in den verschiedenen Ländern). Es gibt jedoch kein Land mit einer geringeren erinnerten Ablehnung durch Vater und Mutter als der Osten Deutschlands. Bezüglich der emotionalen Wärme liegen die Werte für die Mütter im Osten im internationalen Mittelfeld, während die emotionale Wärme der Väter in Gießen am niedrigsten ist. Die emotionale Wärme der Mütter ist im Osten wie im Westen im internationalen Vergleich recht hoch. Die Differenz der emotionalen Wärme zwischen Vater und Mutter ist in Gießen von allen aufgeführten Untersuchungen am größten in Richtung höherer emotionaler Wärme der Mütter. Bei der Überprotektion liegen die Väter im Osten und Westen eher am unteren Bereich im internationalen Vergleich, während die Mütter eher im Durchschnitt liegen.

Tabelle 3: EMBU-Skalenwerte für verschiedene Länder (nach Perris u.a. 1985)

	Ablehnung		Emotionale Wärme		Überprotektion	
	Vater	Mutter	Vater	Mutter	Vater	Mutter
Schweden	35.6	36.1	49.2	52.3	31.0	34.8
Italien	38.2	36.5	51.4	48.8	38.3	34.7
Niederlande	34.4	35.2	49.8	52.2	32.1	35.3
Dänemark	35.0	34.7	54.0	50.6	33.2	30.0
Australien	38.4	38.7	45.7	48.9	33.1	35.7
Ungarn	37.7	38.0	51.6	53.7	37.7	35.1
Leipzig	32.1	33.2	50.6	54.9	30.1	34.2
Gießen	35.0	35.9	47.1	53.2	31.6	35.5

Tabelle 4 zeigt die Skalenwerte zur Lebenszufriedenheit für Gießen und Leipzig, wobei hohe Werte Unzufriedenheit bedeuten. Wir sehen eine hochsignifikante Differenz für den Freizeitbereich, wo die Leipziger Studenten mit der Freizeit sehr unzufrieden sind. Die Differenzen in den anderen Bereichen sind eher unbedeutend. Das Ergebnis verwundert den Betrachter, der beide Orte kennt. Dies scheint unterschiedlichen Erwartungserhaltungen zu entspringen.

Tabelle 4: Lebenszufriedenheit (hohe Werte = unzufrieden)

	Gießen	Leipzig
Gesundheit	17.6	17.6
Studium	21.7	23.5
Finanzielle Lage	18.7	19.9
Freizeit	19.2	25.4
Ehe und Partnerschaft	15.8	14.3
Eigene Person	18.8	17.7
Sexualität	17.7	18.4

In Tabelle 5 finden sich die Körperbeschwerden der Studierenden in Gießen und Leipzig. Lediglich für den Bereich 'Erschöpfung' zeigt sich ein tendenziell höherer Wert für die Leipziger Studierenden. Die Skalenwerte liegen im Vergleich zur Altersgruppe nicht besonders auffällig. Die Geschlechtsunterschiede mit erhöhten Gliederschmerzen, Erschöpfungsneigung und Beschwerdedruck bei den Frauen entsprechen den üblichen Werten.

Tabelle 5: Körperbeschwerden

	Gießen	Leipzig
Erschöpfung	4.5	6.0
Magen	3.1	3.0
Glieder	4.5	4.6
Herz	2.1	1.9
Gesamt	14.2	15.5

Tabelle 6 zeigt den Zusammenhang der Lebenszufriedenheit mit dem erinnerten elterlichen Erziehungsverhalten. Die Ablehnung durch den Vater beeinträchtigt die Zufriedenheit mit der Gesundheit, mit Ehe und Partnerschaft, mit der eigenen Person und mit der Sexualität. Ganz deutlich ist hier der Zusammenhang zu den Bereichen eigener Person und Sexualität. Die Ablehnung durch die Mutter hängt sehr stark mit der Zufriedenheit mit der Gesundheit ab, im schwächeren Maße auch die Zufriedenheit mit der eigenen Person und der Sexualität.

Tabelle 6: Zusammenhang Lebenszufriedenheit/EMBU

	Ablehnung		Emotionale Wärme		Überprotektion	
	Vater	Mutter	Vater	Mutter	Vater	Mutter
Gesundheit	+	++		-		+
Studium						
Finanzen						
Freizeit						
Ehe/Partnerschaft	+		-			
Eigene Person	++	+		- -	+	+
Sexualität	++	+		-		+

Die emotionale Wärme durch den Vater hat Auswirkungen auf Zufriedenheit mit Ehe und Partnerschaft. Je höher die erinnerte emotionale Wärme des Vaters, desto zufriedener sind die Studenten mit Ehe und Partnerschaft. Die emotionale Wärme durch die Mutter hängt mit der Zufriedenheit der eigenen Person stark zusammen, im schwächeren Maße auch die Zufriedenheit mit Gesundheit und Sexualität. Überprotektion durch den Vater wie auch die der Mutter führt zu Unzufriedenheit mit der eigenen Person. Die Überprotektion der Mutter hat auch noch Auswirkungen auf die Zufriedenheit mit der Sexualität und der Gesundheit. Dieses Ergebnis zeigt die Bedeutung auch des Vaters für die Zufriedenheit mit verschiedenen Lebensbereichen.

Diskussion

Die Ergebnisse der Untersuchung haben meinen Vorerwartungen nicht entsprochen. Bei der Lebenszufriedenheit kam es zu einer Differenz in einem Bereich, den ich nicht erwartet hatte. Bei den Ergebnissen zum erinnerten elterlichen Erziehungsverhalten waren die Ergebnisse völlig konträr zu meinen Erwartungen. Lediglich bei den Körperbeschwerden zeigte sich eine Tendenz in der erwarteten Richtung, daß die Studierenden im Osten über mehr Erschöpfungsneigung verfügten als die Studierenden im Westen, was als Überforderung oder neurotische Tendenz zu werten ist. Bei mir war der Widerstand gegen die Ergebnisse so stark, daß ich am Anfang die Ergebnisse bezüglich des erinnerten elterlichen Erziehungsverhaltens fälschlicherweise in umgekehrter Richtung wahrgenommen hatte und einem Kollegen schon stolz mitgeteilt hatte. Widerstand lösten diese Ergebnisse auch bei Kollegen aus dem Westen aus, die die Eignung des EMBU für den Osten bezweifelten, weil es hier zu Darstellungen in sozialer Erwünschtheit käme.

Man weiß jedoch aus transkulturellen Untersuchungen, daß möglichen Einwänden gegen die retrospektive Erfassung des elterlichen Erziehungsverhaltens zahlreiche Validierungsuntersuchungen widersprechen (vgl. Richter u. a. 1981). Die Ergebnisse zeigen, daß in den Bereichen des elterlichen Erziehungsverhaltens die Rückerinnerung der Ostdeutschen besser ist als der Westdeutschen. Kinder fühlen sich im Osten eher von Vater und Mutter akzeptiert, und die emotionale Wärme, vor allem von seiten der Mutter, war höher als im Westen. Dies könnte bedeuten, daß trotz des geringeren zeitlichen Budgets, das den Müttern für ihre Kinder zur Verfügung stand, die Qualität des Kontaktes zwischen Mutter und Kind besser war und daß die Bestätigung der Frauen durch den Beruf zu einer Qualitätsbesserung der Beziehung zum Kind in der - wenn auch verkürzten Zeit - geführt hat.

Dies mag auch die höhere Akzeptanz der Kinder durch die Mütter erklären. Eine Erklärung für die höhere Akzeptanz der Kinder durch die Väter könnte darin liegen, daß durch die gleichzeitige Berufstätigkeit von Vater und Mutter einander ähnliche Beziehungsmuster zu den Kindern gefördert wurden. Denkbar ist auch, daß es, Reglementierungsversuchen des Staates zum Trotz, zu einer Bevorzugung des Familiären im Osten gekommen ist und daß eher die Konsum- und Freizeitgesellschaft im Westen zu einer Verschlechterung des Binnenklimas in Familien geführt hat.

Literatur

Arrindell, W.A.; Emmelkamp, P.M.G.; Brilman, E.; Monsma, A. (1983): Psychometric evaluation of an inventory for assessment of parental rearing practices. A Dutch form of the EMBU. In: Acta Psychiatrica Scandinavia, 67: 163-177

Brähler, E.; Scheer, J.W. (1983): Der Gießener Beschwerdebogen. Bern (Huber).

Devereux (1964): Angst und Methode in den Verhaltenswissenschaften. München (Hauser).

Fahrenberg, J.; Myrtek, M.; Wilk, D.; Kreutel, K. (1986): Multimodale Erfassung der Lebenszufriedenheit: Eine Untersuchung an Herz-Kreislauf-Patienten. Psychotherapie Psychosomatik Medizinische Psychologie, 36: 347-357.

Jacobson, S.; Fashman, J.; DiMascio, A. (1975): Deprivation in the childhood of depressed women. In: Journal of Nervous and Mental Disease, 160: 513.

Maaz (1990): Der Gefühlsstau. Berlin (Argon).

Perris, C.; Jacobsson, L.; Lindström, H.; Knorring, L.von; Peris H. (1980): Development of a new inventory for assessing memories of parental rearing behaviour. In: Acta Psychiatrica Scandinavia, 61: 265-274.

Perris, C.; Arindell, W. A.; Perris, H.; van der Enden, J.; Maj, M.; Benjaminsen, S.; Ross, M.; Eisemann, M.; del Vecchio, M. (1985): Cross-national study of perceived parental rearing behaviour in healthy subjects from Australia, Denmark, Italy, The Nederlands and Sweden: pattern an evel comparisons. In: Acta Psychiatrica Scandinavia, 72, S. 278-282.

Richter, J.; Eisemann, M.; Perris, C. (1991): Elterliches Erziehungsverhalten und Psychopathologie im Erwachsenenalter. In: System Familie, 4: 180-185.

Gesellschaftlicher Umbruch - individuelle Antworten

Veränderungen ausgewählter sozialer und gesundheitlicher Parameter nach der Vereinigung im Ost-West-Vergleich

Michael Geyer, Elmar Brähler, Günter Plöttner, Michael Scholz

1. Einführung

Die derzeitige Diskussion wird von Mythen über psychopathologische Auffälligkeiten der Ostdeutschen oder spektakulären Berichten über ihren schlechten Gesundheitszustand als Folge mißlungener Anpassung an die westdeutsche Leistungsgesellschaft dominiert. Das schlichte Faktum, daß die Ostdeutschen wenige Jahre nach der Vereinigung deutlich länger leben und die aktuellen Daten über den Krankheitsstand und die Inanspruchnahme medizinischer Leistungen eher für mehr Gesundheit sprechen, scheint öffentlich nicht zu interessieren.

Das Thema hält zu größter Vorsicht an. Derzeit läuft jede Meinungsäußerung über gesellschaftlich bedingte Veränderungen im Gesundheitszustand der ostdeutschen Bevölkerung Gefahr, politisch und ideologisch instrumentalisiert zu werden.

Darüber hinaus neigt der Kliniker dazu, Umschichtungen im Mortalitäts- und Morbiditätsgeschehen, die das eigene Arbeitsgebiet berühren, unzulässig zu generalisieren.

Um derartige Fehlurteile zu begrenzen, liegt es nahe, klinische Eindrücke und Einzelergebnisse auf dem Hintergrund wissenschaftlich aussagekräftiger, kulturvergleichender Studien und der offiziellen Medizinalstatistik über die gesundheitliche Gesamtsituation zu diskutieren. Daher sollen zunächst einige Ost-West-Vergleichsstudien zu familiären und individuellen Merkmalen und bedeutsame allgemeine Tendenzen im Mortalitätsgeschehen Ostdeutschlands nach 1989 referiert werden.

2. Individuelle psychische Merkmale und familiäre Situation im Ost-West-Vergleich

2.1. Individuum und Gesellschaft - allgemeine Aspekte

40 Jahre unterschiedlicher Sozialisation in einem geteilten Land mit beträchtlichen Behinderungen der zwischenstaatlichen und persönlichen Kommunikation führen zu Unterschieden auf allen Ebenen des Daseins. Wir möchten uns hier besonders auf die psychologischen Divergenzen konzentrieren, die in einem gewaltsam geteilten und geteilt gehaltenen Land auftreten. Vordergründig scheint die Situation des Individuums in der jeweiligen Gesellschaft klar bestimmt: Ein an kommunistisch-kollektivistischen Zielvorstellungen ausgerichtetes, wettbewerbsfeindliches System im Osten stand einer individualistischen, leistungs- und konsumorientierten kapitalistischen Wettbewerbsgesellschaft gegenüber. Gängige Klischees nähren sich vornehmlich von dieser soziokulturellen Diskrepanz. Dabei ist wissenschaftlich keineswegs klar, inwieweit sich subjektive und familiäre Strukturen auf gesellschaftliche Strukturen beziehen oder sie sich gar ineinander übersetzen lassen.

Insbesondere ist offen, wie tief die Bruchstelle tatsächlich ist, die innerhalb unserer Kultur den Übergang von der Gesellschaft zum Individuum markiert. Inwieweit überhaupt gesellschaftliche Prozesse ins Individuelle in einer Weise durchschlagen, die beispielsweise die Morbidität über psychosomatische Beziehungen nennenswert beeinflußt. Zwei Standpunkte beherrschen die Diskussion. Zum einen die Vorstellung, gesellschaftliche Strukturen würden so oft durch Gruppen- und Familienstrukturen gebrochen, daß sie letztlich in der Bedeutung gegenüber erblichen, Erziehungs- und Kleingruppeneinflüssen zurücktreten würden. Rosenbaum (1973) spricht von der Familie als Gegenstruktur zur Gesellschaft; Bahrdt (1984) grenzt den privaten Raum vom öffentlichen ebenso deutlich ab. Andererseits fragt Riesman bereits 1958, ob z.B. mit wachsender Vergesellschaftung und immer unübersichtlicheren Formen gesellschaftlicher Arbeitsteilung das Individuum überhaupt noch jene "innere Autonomie" aufweist, die den Bedingungen der "außengeleiteten Gesellschaft" etwas entgegenzusetzen hätte. Die Frage insbesondere ist keineswegs beantwortet, unter welchen gesellschaftlichen Bedingungen der einzelne mehr oder weniger Charakter ausbildet, der ihn als Person in der Masse kenntlich macht.

2.2. Individuelle Ost-West-Unterschiede

So widersprechen denn auch die Resultate der wenigen, wissenschaftlich ernstzunehmenden Vergleichsuntersuchungen über psychosoziale Charakteristika der Ost- und Westdeutschen den gängigen Klischees.

Becker u. a. (1991) ermittelten bei ihrer Testbefragung von je etwa 300 Ost- und Westdeutschen zwar einige Unterschiede, aber doch keineswegs solche, die die Pathologisierung des Ostdeutschen unterstützen würden. Ihre Ergebnisse in Kurzform:

- Ostdeutsche sind verhaltenskontrollierter als Westdeutsche. Pointiert formuliert erweisen sie sich in ihren Wertvorstellungen und ihrer Mentalität als die "deutscheren" Deutschen.
- Westdeutsche zeigen mehr Improvisationsfreude und Autonomie, Ostdeutsche sind "liebesfähiger".
- Keine Unterschiede lassen sich in der Fähigkeit zur Bewältigung von Lebensanforderungen und im Selbstwertgefühl nachweisen.
- Die Unterschiede in den körperlichen und psychischen Beschwerden sind überraschend gering.

In der einzigen repräsentativen Untersuchung zu den Körperbeschwerden der Ost- und Westdeutschen (DHP-Gesundheitssurvey 1991) zeigten sich in allen Altersgruppen bei Frauen und Männern ein niedrigeres Ausmaß funktioneller Beschwerden der Ostdeutschen, obwohl letztere weniger zufrieden mit ihrer Lebensumwelt (Kontakte, Familie, Wohnung, Freizeit, Gesundheit, Arbeit und Geld) waren.

Brähler (1994) untersuchte das erinnerte elterliche Erziehungsverhalten, die Lebenszufriedenheit und die körperliche Befindlichkeit von Studierenden in den alten und neuen Bundesländern. Die Ergebnisse zeigen, daß in den Bereichen des elterlichen Erziehungsverhaltens die Rückerinnerung der Ostdeutschen an ihre Familien besser ist als die der Westdeutschen. Studierende im Osten fühlten sich als Kinder eher von Vater und Mutter akzeptiert und empfanden emotionale Wärme - vor allem von der Mutter - höher als im Westen. Dies könnte bedeuten, daß trotz des geringen zeitlichen Budgets, das den Müttern im Osten für ihre Kinder zur Verfügung stand, die Qualität des Kontaktes zu Mutter und Vater besser war und daß die Bestätigung der Frauen durch den Beruf zu einer Qualitätsbesserung der Beziehung zum Kind in der, wenn auch verkürzten Zeit geführt hat. Dies mag auch die höhere Akzeptanz der Kinder durch die Mütter erklären. Eine Erklärung der Nähe der Kinder zum Vater könnte nach Ansicht des Autors darin liegen, daß durch die gleichzeitige Berufstätigkeit von Mutter und Vater ähnliche Beziehungsmuster zu den Kindern gefördert wurden. Denkbar ist auch, daß es, Reglementierungsversuchen des Staates zum Trotz, zu einer höheren Bewertung des Familiären im Osten gekommen ist und daß eher die Konsum- und Freizeitgesellschaft im Westen zu einer Verschlechterung des Binnenklimas in Familien geführt hat.

Bei den Körperbeschwerden trat nur bei der Skala 'Erschöpfung' ein leichter Trend der Studierenden im Osten in die Richtung 'Erschöpfungsneigung' auf, während in den anderen Bereichen 'Magen-, Glieder- und Herzbeschwerden' sich im Gießener Beschwerdebogen keine Unterschiede zeigten. Bei den 8 Bereichen der Lebenszufriedenheit kam es zu keinen Differenzen in den Bereichen Gesundheit, Studium, finanzielle Lage, Ehe und Partnerschaft und eigene Person. Lediglich im Bereich 'Freizeit' waren die Studierenden im Osten eher unzufrieden.

Härtwig (1992) forderte im Rahmen von Schulungskursen und Arbeitsförderungsmaßnahmen Ost- und Westdeutsche auf, sich selbst und die jeweils andere Gruppe zu beschreiben. Der untersuchte Arbeitslose/Ost und Schulungsleiter/West spiegelt etliche Stereotype wider, die in der Nachwendediskussion aufgetaucht sind (z.B. Maaz 1990; 1991; Schröder 1990). So schildern sich Ostdeutsche in ihrem Wesen als unsicher, resignierend, passiv, naiv, abhängig, allerdings auch als pfiffig und improvisationsfähig. Westdeutsche sehen sich demgegenüber als selbstsicher, extrovertiert, flexibel, kritisch, allerdings auch als anspruchsvoll, besitzergreifend und rücksichtslos. In der jeweiligen anderen Gruppe wurden diese Selbstbenennungen bestätigt.

Nach Schauenburg u. a. (1994) kann es sich hierbei auch um projektive Verzerrungen bzw. Idealisierungen handeln, mit denen allerdings im Osten die Selbstabwertung und Idealisierung des anderen depressiv und resignativ verstärkt wird und im Westen ungeliebte Selbstanteile eher in anderen bekämpft werden.

Schauenburg u. a. (1994) untersuchten das Selbstbild, Werthaltungen und psychische Befindlichkeit von Studierenden in Ost- und Westdeutschland nach der Wende.

Schauenburg u. a. (1994) berichteten Ergebnisse einer Studie zu Persönlichkeitsaspekten und psychischer Befindlichkeit von Studierenden der Universitäten Halle und Göttingen aus dem April 1991 (n=438). In den Selbstbildskalen des Gießen-Tests erleben sich ost- und westdeutsche Studierende ähnlich. Es finden sich Unterschiede zwischen einzelnen Studienfächern, die darauf hinweisen, daß ein engerer Zusammenhang zwischen gemessenen Persönlichkeitsvariablen und Fächerwahl als mit dem Studienort (Ost/West) besteht.

Sowohl Frauen wie Männer zeigen in Ostdeutschland Hinweise auf ein traditionell orientiertes Geschlechtsrollenstereotyp. Frauen erleben sich als weniger konkurrierend und mehr auf äußere Erscheinung Wert legend. Männer versuchen anscheinend die aktuelle Verunsicherung durch Betonung eines Selbstkonzeptes von Angstfreiheit und Verschlossenheit zu bewältigen.

Im idealen Selbstbild zeigen sich im Osten Kontrollwünsche, im Westen eher Bedürfnisse nach besseren sozialen Bedingungen und Entlastung von Leistungsdruck.

Der Vergleich mit einer repräsentativen Stichprobe westdeutscher Studierender aus dem Jahr 1968 ergab im Westen eine Veränderung in Richtung subjektiv erlebter größerer Leistungs- und Durchsetzungsfähigkeit sowie gleichzeitig mehr Kooperationsfähigkeit und Lebenszufriedenheit. Die ostdeutsche Stichprobe lag in diesen Bereichen nahe bei der westlichen und erlebte sich zusätzlich betont "ordentlich", bindungsfähig und besorgt um andere Menschen.

Der Vergleich der Werthaltungen zeigt in beiden Gruppen eine Betonung sogenannter postmaterialistischer Werte (Meinungsfreiheit, Umweltschutz, Mitmenschlichkeit), dazu sind Ostdeutschen auch materialistische Werte (Wirtschaftswachstum, Ruhe und Ordnung etc.) wichtig.

2.3. Vergleich der Familienformen und -strukturen

Die überwältigende Mehrheit der DDR-Bevölkerung sah in der Ehe die für sie selbst attraktivste Lebensform (BMFJ 1992). Man heiratete zeitig, zumindest einmal im Leben. Mit dem im Vergleich zur Bundesrepublik niedrigeren Heiratsalter korrespondierte das Alter, in dem die Frauen ihre Kinder bekamen. Eine ganze Reihe von staatlichem Maßnahmen förderte diese frühe Familiengründung: z.B. das Wohnungsangebot, zinsgünstige Kredite, ein bezahltes Babyjahr. Dadurch wurden die Familien verhältnismäßig schnell selbständig und unabhängig. Demgegenüber blieben alternative Lebensformen, auch die "Ehe ohne Trauschein" bis in die 70er Jahre selten. Allerdings kam es seither zu einer Pluralisierung der Familienformen. Nur das Single-Dasein blieb schwierig und selten. Ähnlich wie in der alten Bundesrepublik läßt sich seit Mitte der sechziger Jahre auch für die ehemalige DDR ein Geburtenrückgang feststellen, doch konnte dort Mitte der siebziger Jahre bis zur "Wende" dieser Trend zur Ein-Kind-Familie gestoppt und die Zahl zweiter und dritter Kinder erhöht werden (Helwig 1982; 1984; Penrose 1990; Winkler 1990). Zur hohen Scheidungsrate in der damaligen DDR hat möglicherweise beigetragen, daß dieser Schritt gesellschaftlich kaum negativ sanktioniert wurde. Weitgehende finanzielle Unabhängigkeit der Partner war durch Berufstätigkeit beider gewährleistet. Die Gesetzgebung führte hier nicht zu finanzieller Nötigung und zu Zwängen, da auch der gesellschaftliche Anspruch bestand, tradierte Familienformen als auflösbar anzusehen. Scheidungen brachten keinen oder keinen nennenswerten sozialen Abstieg für Partner und Kinder.

82 Prozent der Familien mit Kindern waren "vollständig", wobei als Folge der hohen Scheidungsrate viele Stief- oder Fortsetzungsfamilien zu beobachten sind. In 18 Prozent der Familien lebte ein Elternteil allein mit dem Kind bzw. den Kindern (Winkler 1990).

Die "postmoderne Familie" (Lüscher 1991) im Westen ist demgegenüber durch vielfältige und komplexe Familienformen gekennzeichnet. Auch dort ist die Scheidungsrate sehr hoch, in den Großstädten schon bis zu 50% der Rate der jährlichen Eheschließungen (nicht des "Bestandes" an Ehen überhaupt, wie vielfach falsch vermerkt). Es gibt häufiger Singles, unverheiratete Paare und vielfältige Formen von vollständigen und unvollständigen Familien. Die "Nischen" der "Zweidrittel-Gesellschaft", der nach wie vor vielfach vorhandene und sich in bestimmten Gruppen auch noch vergrößernde Wohlstand sowie noch bestehende vielfältige Versorgungsmöglichkeiten machen verschiedene Lösungen für Beziehungsprobleme möglich. Zwar gab und gibt es im Westen keine Tageskrippen, aber Tagespflege. Die entsprechende Privatisierung in Pflegenester für die Kleinkinder ist in Ansätzen institutionalisiert. Allerdings gibt es hier - weiterhin zunehmende - Schwierigkeiten für die finanziell nicht so gut gestellte Mehrheit berufstätiger Frauen, insbesondere für Alleinerziehende - Probleme, die in der ehemaligen DDR unbekannt waren. Scholz, Mattejat u. a. (1994) haben die Auswirkungen der unterschiedlichen Familienformen auf die innerfamiliären Beziehungen untersucht, indem sie eine repräsentative Stichprobe von 560 Jugendlichen im Alter von 11 - 16 Jahren aus Leipzig mit einer 236 Jugendliche umfassende Stichprobe gleichen Alters in Oberhessen verglichen. In den Valenzbeziehungen (Nähe, Wärme, Bindung) erleben die Leipziger Jugendlichen ihre Familien in fünf der sechs Ebenen signifikant näher und verbundener als die Jugendlichen in Oberhessen. Lediglich in der Beziehung der Mutter zum Jugendlichen nähern sich die Einschätzungen an. Das bedeutet, daß sich der Leipziger Jugendliche den Eltern näher, aber auch verbundener fühlt. Ebenso empfindet er die Beziehung seiner Eltern zueinander als sehr nah. Die Oberhessischen Jugendlichen spüren dagegen eine stärkere emotionale Distanz in den Familien. Ein Vergleich mit der klinischen Stichprobe anorektischer Patienten aus dem Leipziger Raum zeigt, daß diese Familien sich nur in einer Beziehung - der zwischen den Eltern, die deutlich unterkühlter ist - von der ostdeutschen Population unterscheidet.

Bei altersabhängiger Betrachtung wird der Unterschied zwischen Ost- und West-Familien besonders bei den männlichen Jugendlichen deutlich. Hier zeigt sich, daß die männlichen Jugendlichen aus Leipzig sich im Verlauf der Adoleszenz sehr behutsam und nur wenig von Vater und Mutter entfernen, wohingegen die männlichen Oberhessischen Jugendlichen eine einschneidende Distanzierung erleben, die erst im Alter von 16 Jahren wieder abnimmt.

Auf der Potenzebene (Selbstsicherheit, Autonomie) stellt sich ein ganz anderes Ergebnis dar. Hier sind die Beziehungen der Oberhessischen Jugendlichen zu ihren Eltern durch signifikant höhere Autonomie und Selbstsicherheit bestimmt. Auch der Vater ist im Erleben des Jugendlichen ihm gegenüber viel sicherer. In der Beziehung zur Mutter unterscheiden sich die Jugendlichen nicht wesentlich. Interessant ist, daß der Unterschied zwischen der Leipziger und der Hessischen Population hinsichtlich der Autonomie und Selbstsicherheit den Eltern gegenüber ausschließlich durch die männlichen Jugendlichen zustande kommt. Das bedeutet, daß die weiblichen Hessischen Jugendlichen sich ähnlich den ostdeutschen männlichen und weiblichen Jugendlichen in einer eher abhängigen Position gegenüber ihren Eltern empfinden.

Die Ergebnisse sprechen dafür, daß die ostdeutschen Jugendlichen auch in der Pubertät sehr mit ihren Familien verbunden sind und klare Generationsgrenzen zwischen dem Subsystem der Eltern und dem der Kinder existieren. Der männliche Jugendliche in Hessen dagegen dominiert über seine Mutter, womit die Generationsgrenzen teilweise aufgehoben werden.

Die Beziehung zwischen Vater und Mutter empfinden die Leipziger Jugendlichen autonomer, selbstsicherer und gleichzeitig näher und wärmer. Dieser Unterschied ist besonders bemerkenswert vor dem Hintergrund der deutlich höheren Scheidungsquote in der ehemaligen DDR.

Bei der Differenzierung nach "Vollbeschäftigung des Vaters" vs. "Vater arbeitslos" ergibt sich bei den Leipziger Jugendlichen ein drastischer Potenzabfall in ihrer Beziehung zum Vater. Das bedeutet, daß die Arbeitslosigkeit des Vaters, ein Phänomen, das die DDR-Bevölkerung bis zur Wiedervereinigung real nie erlebt hat, auf das Selbstwerterleben des Jugendlichen durchschlägt, ein Hinweis also, daß das Gesamtsystem Familie erschüttert wird. Diese Labilisierung der ostdeutschen, bis dahin deutlich mehr strukturgebenden Familien kann vielleicht den Zusammenschluß von ostdeutschen Jugendlichen in gewaltbereite, ihnen aber Halt gebende Gruppen mit erklären. Wenn Jugendliche die politische und wirtschaftliche Situation in Leipzig als schlechter als vor der Wende erleben, wird ihre Selbstsicherheit ebenfalls beeinträchtigt, wogegen Jugendliche, die die Situation nun besser erleben, selbstsicherer und selbstbewußter sind.

Die Irritationen durch Arbeitslosigkeit und die Verunsicherung hinsichtlich der Zunkunft führte in Ostdeutschland zu einer dramatischen Verringerung der Geburtenzahlen (1989: 199.000 Geburten, 1993: 70.000 Geburten, vgl. auch Weller 1993). Eine endgültige Bewertung dieses Phänomens ist gegenwärtig noch schwierig, weil es möglich wäre, daß hier in erster Linie eine Angleichung des früher um 4 Jahre niedrigeren Erstgraviditätsalters an die Verhältnisse der alten Länder stattfindet, zumal gegenwärtige Indizien für ein Wiederansteigen der Rate sprechen.

3. Veränderungen im Gesundheitszustand der Ostdeutschen nach der Öffnung der Grenzen im Vergleich zu Westdeutschland

3.1. Bevölkerungs- und medizinalstatistische Befunde

Zweifellos wirkt sich der gesellschaftliche Umbruch im Osten auch medizinalstatistisch aus. Die spektakulären Berichte in den Massenmedien über den schlechten Gesundheitszustand der ostdeutschen Bevölkerung, insbesondere die höhere Infarktmortalität und Suizidrate, überlagern die eher erfreulichen Entwicklungen.

So sterben zwar 1992 immer noch deutlich mehr Ostdeutsche als Westdeutsche zwischen 16 und 80 Jahren je Bevölkerungseinheit, aber bei der Betrachtung aller Todesursachen verringern sich die Todesfälle der Ostdeutschen zwischen 1989 und 1992 auf die Hälfte des vorherigen, lange vor der Wende kontinuierlich vorhandenen Abstandes von den Westdeutschen. 1989 betrug der Unterschied immerhin noch ca. 300 Todesfälle je 100.000 Einwohner des gleichen Geschlechts.

Dieser markante Anstieg der Lebenserwartung der Ostdeutschen bereits 3 Jahre nach der Grenzöffnung kommt trotz dramatischer Zunahme der Todesfälle in 3 Krankheitsgruppen zustande. Es handelt sich zum einen um deutliche Anstiege der Herzinfarkt- und Schlaganfallmortalität zwischen 1989 und 1991, die zwar 1992 wieder abflachen, aber noch über den Werten vor 1989 bleiben. Zum anderen ist der Tod durch chronische Leberkrankheit und -zirrhose in den neuen Bundesländern weiterhin im Ansteigen begriffen, eine Todesart, die, ähnlich dem Herzinfarkt, sich noch vor 1989 unter der Rate der alten Bundesländer befand und sich 1992 immerhin auf ca. 36 je 100.000 Einwohner (gegenüber ca. 21 1989) erhöhte, während die Rate in Westdeutschland mit 21 bis 22 Todesfällen gleich blieb.

Ganz eindeutig im Abwärtstrend liegt die Suizidquote in den neuen Bundesländern. Dies allerdings schon seit ca. 10 Jahren.

Bei der heute so oft zitierten hohen Suizidrate der DDR-Bevölkerung muß bedacht werden, daß das heutige Ostdeutschland in bezug auf die Suizidhäufigkeit bereits seit 1898 eine Spitzenposition unter den deutschen Ländern einnimmt. Die Sachsen, Anhaltiner und Thüringer hatten beispielsweise bereits 1898 über 30 Suizide pro 100.000 der Bevölkerung, während der Rest Deutschlands 18 aufwies. Die mitteldeutschen, jetzt ostdeutschen Länder stiegen 1932 auf 38 Selbsttötungen pro 100.000 an, während das übrige Deutschland nie über 25 hinaus kam.

Obwohl politische Bezüge im Hinblick auf Ansteigen und Sinken der Suizidziffern besonders im Osten Deutschlands naheliegen, ist doch zu vermerken, daß seit Mitte der 80er Jahre im Osten und Westen Deutschlands ein Abstieg zu verzeichnen ist, der mittlerweile zur niedrigsten Suizidhäufigkeit in diesem Jahrhundert in ganz Deutschland geführt hat.

Die hier und da geäußerte Behauptung, der rapide gesellschafltiche Wandel nach der Vereinigung habe zu einem Anstieg der Selbsttötungsrate im Osten geführt, trifft also so nicht zu. Zu diesen Zahlen kontrastriert die deutliche Zunahme des "Todes durch Vergiftungen" und "Todes durch sonstige Gewalteinwirkungen" (außer Unfall und Suizid).

Auf dem Hintergrund dieser Fakten können wir immerhin konstatieren, daß die gewaltigen sozialen und ökonomischen Umbrüche, die sich seit 1989 auf dem Gebiet der ostdeutschen Länder vollzogen haben, Mortalität und Morbidität deutlich beeinflußt haben - und dies besonders auffällig in jenen Störungsgruppen, in deren Pathogenese kulturell geprägte Faktoren (z.B. Essen und Trinken, Leistungsverhalten) eine wesentliche Rolle spielen.

Der medizinalstatistisch meßbare positive Einfluß der deutschen Vereinigung auf die Lebenserwartung der Ostdeutschen realisiert sich jedoch keineswegs über diese Krankheitsgruppen, sondern sie kommt trotz ihrer (bis auf die Suizide) gesicherten Zunahme zustande. Insofern wäre auch in der Krankheitsstatistik der neuen Länder eher eine Zunahme psychosozial mitverursachter Störungen zu erwarten.

3.2. Änderungen im psychosomatischen Krankengut einer stationären Einrichtung

In einer ostdeutschen Universitätsklinik für Psychotherapie und Psychosomatische Medizin (Leipzig) mit 34 Behandlungsplätzen wurde anhand zahlreicher soziologischer, biographischer und nosologischer Kriterien eine "Vor-Wende"-Stichprobe (T 1: 1.1.1985 bis 31.7.1989; n = 148) mit jeweiligen Vollerhebungen des stationären Patientengutes in der "Wendezeit" (T 2: 1.8.1989 bis 31.3.1991; n = 117) und der "Nach-Wende-Zeit" (T 3: 1.4.1991 bis 31.12.1992; n = 130) verglichen. Dabei zeigten sich teilweise hochsignifikante Veränderungen des Krankengutes von der Vor-Wende-Zeit (T 1) zur Phase des akuten gesellschaftlichen Umbruchs (T 2), die ab Mitte 1991 (T 3) teilweise wieder rückgängig waren.

3.2.1. Veränderungen sozialer und biographischer Merkmale der Patienten

Am deutlichsten zeigt sich der Einfluß der neuen Verhältnisse mit rapide gestiegenen Leistungserwartungen an der Zunahme derjenigen Patienten im Krankengut unserer Klinik, die vor der stationären Aufnahme nicht arbeitsunfähig geschrieben werden. Während vor 1989 jeder zweite arbeitsunfähig zur Aufnahme kam, ist es bereits 1990 nur noch jeder fünfte. Dies ist umso bemerkenswerter, als die Schwere der Störungen insgesamt eher zugenommen hat. Die Quote der mittleren- und Langzeitarbeitsunfähigkeit reduzierte sich immerhin auf ein Drittel der ursprünglichen Zahl.

Parallel dazu sank auch die absolute Anzahl der Patienten, die in diesem Zeitraum zur Aufnahme standen. Beide Tendenzen weisen in die Richtung deutlicher Überanpassungserscheinungen an die neuen marktwirtschaftlichen Bedingungen und gehen folgerichtig nach 1991 wieder zurück, ohne allerdings wieder den Ausgangswert zu erreichen.

Auch beruflicher Hintergrund und Qualifikation unserer Patienten ändern sich nach der Wende eindrucksvoll. Insgesamt verringert sich kontinuierlich die Zahl der Abiturienten. In Übereinstimmung damit sinkt die Quote der Hochschulabsolventen. Die Arbeitslosenrate im Krankengut verzehnfacht sich zwischen 1989 und 1992. Damit erhöht sich auch die Quote der sozial deutlich Abgestiegenen auf das Doppelte der Ausgangszahlen.

Auch sonstige biographische Merkmale unserer Patienten verändern sich. Im Vergleich zur Vor-Wende-Zeit steigt die Anzahl der ohne Mutter Aufgewachsenen unter unseren Patienten deutlich an. Stabile aktuelle Objektbeziehungen verringern sich in hochsignifikanter Weise. Entsprechend erhöht sich der Anteil lediger Patienten, die in unsere Behandlung kommen.

3.2.2. Veränderungen in der Art und Häufigkeit der Störungen und Krankheiten

Als wesentlichste Tendenz zeigt sich ein Anwachsen der Persönlichkeitsstörungen und psychosomatischen Erkrankungen im engeren Sinne, insbesondere der Eßstörungen. Magenbeschwerden, funktionelle Herzbeschwerden und Kopfschmerzen erhöhen sich speziell von T 1 zu T 2 in signifikanter Weise.

Zumindest im ersten Nachwendejahr läßt sich somit eine deutliche Tendenz zur "Somatisierung" in unserem Krankengut nachweisen. Bemerkenswert ist auch der Trend zu mehr schwer gestörten Persönlichkeiten. Waren schon in den letzten Jahren vor dem Umbruch die klassischen Neurosen deutlich zugunsten der Gruppe der sog. frühen oder strukturellen Störungen mit diffusen Befindensveränderungen im Rückgang, verstärkt sich dieser Trend in den Monaten nach der Wende schlagartig. Immerhin steigen bereits im ersten Jahr danach die Persönlichkeitsstörungen von 4,9 % auf 12,4 % (inzwischen hat sich diese Zahl mindestens noch einmal verdoppelt). Damit geht auch suchtartiges Verhalten verstärkt einher. Gleichzeitig treten Krankheitsbilder in Erscheinung, die vorher extrem selten zu sehen waren. Stellvertretend möchten wir nur die Eßstörungen, insbesondere die Bulimie nennen, die als Krankheitsbild mit speziellem kulturellen Bezug seit der "Wende" stetig zunimmt. (In epidemiologischen Studien des Jahres 1989 wurde die Ausprägung von Eßstörungen - z.B. Bulimia nervosa - bei jungen ostdeutschen Erwachsenen im Vergleich zu Österreich und Ungarn noch extrem niedrig gefunden, Rathner u. a.,1994).

Spätestens mit der staatlichen Vereinigung im Herbst 1990 und zunehmend seit etwa Mitte 1991 sehen wir in den psychosomatischen Kliniken ein merkwürdiges Phänomen. Neben der generellen Vermehrung schwerer Störungen in der Klinik kommt es in vielen Fällen zur klinischen Erstmanifestation früher struktureller Störungen in der zweiten Lebenshälfte. Es scheint, als ob sich jene jetzt auch bei uns als klinische Fälle einreihen würden, die wir früher schon im Westen sahen. Es handelt sich um Menschen mit häufig schweren traumatischen Erfahrungen in der Kindheit, die kaum die Chance hatten, verläßliche Beziehungen zu erfahren, und die unter dem Eindruck permanenter Unsicherheit einen Zugang zu eigenen aggressiven und sinnlichen Bedürfnissen nicht finden konnten. Sie funktionierten in den alten gesellschaftlichen Strukturen gut und problemlos, waren häufig sehr identifiziert mit der Partei und dem System, konnten oft jedoch auch in permanenter Gegnerschaft zum Regime eine z.T. sozial wenig attraktive Nischenposition verteidigen. Beinahe in allen Fällen führte ein äußerer Einschnitt, entweder der Verlust des Arbeitsplatzes oder aber der Nische, zu Konfrontationen mit eigener Wirklichkeit, die nur mit schweren narzißtischen Depressionen, psychosomatischen Krankheitsbildern oder psychoseähnlichen Verhaltensauffälligkeiten beantwortet werden konnten. Auf einen Nenner gebracht: Es drängt sich der Eindruck auf, daß unter den jetzigen gesellschaftlichen Umständen diese Störungen bereits vor 20 - 30 Jahren manifest geworden wären. Daß sie es nicht getan haben, scheint etwas mit der Gesellschaftsform zu tun zu haben.

Schlußbetrachtung

Die Darstellung individueller (und familiärer) Antworten auf gesellschaftliche Veränderungen, wie wir sie hier versucht haben, ist einerseits keineswegs vollständig, andererseits kann sie nur Tendenzen andeuten. Da wir nur einen relativ kurzen Zeitraum überblicken, könnten längst Entwicklungen begonnen haben, die sich erst in einigen Jahren zeigen, dann jedoch das Morbiditätsspektrum völlig verändern. In der Tat gibt es Hinweise auf eine gewisse Abfolge beispielsweise in der Reihenfolge Massenarbeitslosigkeit - Suizidalität - Infarktmortalität, wo die Auswirkungen des Ereignisses "Arbeitslosigkeit" jeweils mit ein- bis zweijähriger Verspätung aufeinanderfolgen.

Die Autoren - drei Ostdeutsche und ein Westdeutscher - haben bei der Bewertung der einzelnen Ergebnisse ihrer eigenen und anderer Untersuchungen oft genug bemerkt, daß der Gegenstand zu allerlei Projektionen verführt. Man mag darüber spekulieren, wieviele sich selbst erfüllende Prophezeiungen bei diesem Thema als wissenschaftliche Ergebnisse kursieren.

Bei halbwegs objektiver Betrachtungsweise lassen sich jedenfalls die gängigen Ost-West-Klischees - hier der psychopathologisch auffällige, wenig leistungsbereite, gesundheitlich ruinierte ostdeutsche Underdog, da der selbstbewußte, gesunde, sozial kompetente Westdeutsche - empirisch nicht bestätigen. Alle als Folge eines akuten und tiefgreifenden gesellschaftlichen Umbruchs im Osten zu beobachtenden sozialen und medizinischen Phänomene lassen sich zwanglos auf ein strukturelles Defizit zurückführen, das alle gesellschaftlichen Bereiche einschließlich der Familie zumindest temporär erfaßt hat. Der Wegfall gewohnter - unabhängig von ihrer politischen Bewertung stützender und haltgebender - Strukturen dürfte in jeder menschlichen Population zu Identitätsstörungen, Umschichtungen im Morbiditätsgeschehen und verändertem Inanspruchnahmeverhalten medizinischer und sozialer Leistungen führen. Für viele Menschen war jedoch gerade nicht die staatliche Fürsorge, sondern die subtilen Abgrenzungen zum System (nicht zuletzt die ständig neuen politischen Witze), die in der Gruppe als profunde Solidarisierung gegen das kollektive Feindbild "Staat" ausagiert wurden, in hohem Maße identitätsstiftend. Sie bildeten gemeinsam mit den auch vorhandenen Identifikationen mit gewissen Bestandteilen des Systems jenes Schwejk'sche doppelbödige Verhaltensmuster, das als höchst erfolgreiche Abwehrstrategie ärgere Beeinträchtigungen des Selbstgefühls verhinderten.

Nicht zuletzt der Wegfall derartiger gewohnter ich-stabilisierender Verhaltensmuster erklärt einen Großteil der zu beobachtenden Labilisierungen.

Im großen und ganzen scheinen die Ostdeutschen allerdings trotz des relativen Anstieges einiger Sterbeziffern nach der Wende eher gesünder als vorher zu sein. Sie haben einen niedrigeren Krankenstand, nehmen weniger ärztliche und pharmakologische Leistungen in Anspruch, und sogar die Suizidquote nähert sich den moderaten Werten Westdeutschlands an. Wie paßt das zusammen mit unseren klinischen Beobachtungen und dem durch die Medien vermittelten allgemeinen Eindruck, nach dem die neuen Bundesdeutschen in hohem Maße leiden und wehklagen? Wir denken, wir sollten uns an die epidemiologischen Befunde halten und unzulässigen Generalisierungen von Eindrücken und Einzelbeobachtungen entgegentreten. Es gibt keinerlei Anhaltspunkte dafür, daß etwa ein ganzes Volk medizinisch bedeutsame Anpassungsprobleme hätte oder gar durch charakterliche Auffälligkeiten (evtl. eine einheitliche kranke "Basispersönlichkeit", Kardiner 1939; Linton 1969) gekennzeichnet wäre, die es daran hinderte, sich mit der neuen gesellschaftlichen Realität angemessen auseinanderzusetzen. Nicht die zweifellos vorhandenen Persönlichkeitsunterschiede zwischen Ost- und Westdeutschen erklären die individuellen Reaktionen auf den gesellschaftlichen Wandel, sondern die dem gesellschaftlichen Umbruch geschuldete Labilisierung identitätsstiftender Beziehungen des Individuums. So mag es zutreffen, daß der Ostdeutsche eher in der Bandbreite oraler und anal-sadistischer, der Westdeutsche eher in der narzißtischer Beziehungsthemen funktioniert. Wenn man bedenkt, daß der Ostdeutsche eher auf Nähe und Wärme angewiesen ist (- die Behaglichkeitstemperatur des Ostdeutschen liegt derzeit auch bei hohen Energiepreisen noch um ca. 5° über der des Westdeutschen -) und wesentlich direkter und aggressiver seinen Nächsten berührt (man beachte nur die unterschiedlichen Mensch-zu-Mensch-Abstände in den Schalterschlangen in Ost und West), und daß er wesentlich weniger gelernt hat, der ästhetischen Kultur des westdeutschen Alltags Gleichwertiges entgegenzusetzen, wird auch die Vielgestaltigkeit des Anpassungsdruckes verständlich, dem der Ostdeutsche ausgesetzt ist.

Die zweifellos vorhandenen Unterschiede könnten jedoch mehr sein als Bestätigung und Rechtfertigung eigener Ansichten. Sie könnten den Deutschen in Ost und West als Spiegel dienen, in dem jeweils unerwartete Aspekte auftauchen, deren Problematisierung das deutsch-deutsche Selbstverständnis erweitern könnte. Wie wir gesehen haben, werden in diesem Spiegel für beide Deutsche viele Selbstverständlichkeiten als gar nicht mehr so selbstverständlich wahrnehmbar.

Zusammenfassung

Bei zurückhaltender Bewertung der erkennbaren psychosozialen und gesundheitlichen Veränderungen nach dem gesellschaftlichen Umbruch in den neuen Bundesländern zeichnen sich mehrere Tendenzen ab:

- Es gibt keinerlei Anhaltspunkte dafür, daß etwa ein ganzes Volk medizinisch bedeutsame Anpassungsprobleme hätte oder gar durch charakterliche Auffälligkeiten (z.B. eine einheitliche kranke "Basispersönlichkeit") gekennzeichnet wäre, die es daran hinderte, sich mit der neuen gesellschaftlichen Realität angemessen auseinanderzusetzen.
- Bei der Betrachtung aller medizinalstatistischen Daten nähert sich trotz spekulärer Zunahme der Todesfälle, etwa durch Herzinfarkt und Leberzirrhose, die Lebenserwartung der Ostdeutschen wieder der der Westdeutschen an.
- Der seit 10 Jahren bereits bestehende Abwärtstrend der Suizide setzt sich fort.
- Die Körperbeschwerden in der Population der Ostdeutschen sind trotz niedrigerer Lebenszufriedenheit geringer ausgeprägt als die der Westdeutschen.
- Die Unterschiede in den Persönlichkeitseigenschaften halten sich in Grenzen, wobei sowohl bezüglich der Familienform, des familiären Zusammenhaltes wie auch der Werthaltungen die Ostdeutschen eher traditionellen Strukturen und Zielen verpflichtet sind.
- Nicht die zweifellos vorhandenen Persönlichkeitsunterschiede zwischen Ost- und Westdeutschen erklären die individuellenReaktionen auf den gesellschaftlichen Wandel, sondern die dem gesellschaftlichen Umbruch geschuldete Labilisierung identitätsstiftender Bezüge des Individuums.

Literatur

Becker, P., Hänsgen, K.-D. Lindinger, E. (1991): Ostdeutsche und Westdeutsche im Spiegel dreier Fragebogentests. In: Trierer Psychologische Berichte 18 (3).

Brähler, E. (1994): Das erinnerte elterliche Erziehungsverhalten und die Lebenszufriedenheit von Studierenden der Medizin in den alten und neuen Bundesländern. In diesem Band.

Bundesministerium für Frauen und Jugend (Hg.), (1992): Gleichberechtigung von Frauen und Männern. Wirklichkeit und Einstellungen in der Bevölkerung. Stuttgart/Berlin/Köln (Kohlhammer).

Devereux, G. (1974): Normale und anormal. Aufsätze zur allgemeinen Ethnopsychiatrie. Frankfurt/M. (Suhrkamp).

Härtwig, R.: Ost-West-Konflikt. Auf dem Wege nach Annäherung zur neuen deutschen Identität und Integrität. In: Report-Psych. 3, 9-19.

Helwig, G. (1982): Frau und Familie in beiden deutschen Staaten. Köln (Verlag Wissenschaft und Politik).

Helwig, G. (1984): Jugend und Familie in der DDR. Leitbild und Alltag im Widerspruch. Köln.

Kardiner, A. (1939): The Individual and his society. New York (Columbia Univ. Press).

Linton, R. (1969): Avant-propas. In: A. Kardiner (Ed.): L'individé dans sa société. Paris (Gallimard).

Lüscher, K., Schultheis, F., Wehrspaun, M. (Hg.), (1990): Die postmoderne Familie. Konstanz.

Maaz, H.-J. (1990): Der Gefühlsstau. Ein Psychogramm der DDR. Berlin (Argon).

Maaz, H.-J. (1991): Das gestürzte Volk. Berlin (Argon).

Penrose, V. (1990): Vierzig Jahre SED-Frauenpolitik: Ziele, Strategien und Ergebnisse. In: Institut Frau und Gesellschaft (Hg.): Frauenforschung, 4: 40-77. Bielefeld (Kleine).

Riesmann, D. u.a. (1990): Die einsame Masse. Reinbeck (Rowohlt).

Rosenbaum, H. (1973): Familie als Gegenstruktur der Gesellschaft. Stuttgart (Enke).

Schauenburg, H., Kuda, M., Rüggeberg, J., Palussek, R. (1992): Die psychische Befindlichkeit Studierender in den neuen und alten Bundesländern am Beispiel der Universitäten Halle und Göttingen. In: Wiss. Z. Univ. Halle, 38: 123-132.

Schauenburg, H. (1994): Selbstbild, Werterhaltungen und psychische Befindlichkeit von Studierenden in Ost- und Westdeutschland nach der Wende.

Schauenburg, H., Kuda, M., Rüger, U. (1992): Unterschiedliche Kontrollüberzeugungen (Locus of control) bei ost- und westdeutschen Studierende. Zeitschrift für Psychosomatische Medizin und Psychoanalyse, 3: 258-268.

Schauenburg, H., Kuda, M., Rüggeberg, J., Palussek, R. (1993): Selbstbilder und ideale Selbstbilder im Gießen-Test bei Studierenden in Ost- und Westdeutschland. In: Psychotherapie, Psychosomatik, Medizinische Psychologie, 12: 439-445.

Scholz, M., Mattejat, F., Schneider, C., Strobel, A. (1993): Wie erleben ost- und westdeutsche Jugendliche die Beziehungen zu ihren Familien? Unveröffentliches Manuskript, Universität Leipzig.

Schröder, H. (1990): Identität, Individualität und psychische Befindlichkeit des DDR-Bürgers im Umbruch. Zeitschrift f. Sozialisationsforschung und Erziehungssoziologie 12, 163-176.

Schröder, H. u. a. (1993): Transformationsbedingte psychosoziale Risiken im Lebenslauf - gesundheitspsychologische Bestandaufnahme, Expertise im Auftrage der AG 5 der Kommission für die Erforschung des sozialen und politischen Wandels in den neuen Bundesländern.

Spangenberg, N., Clemenz, M. (1990): Die Last der Vergangenheit und der Kampf um die Zukunft. Familienkonflikte und ihre gesellschaftlichen Hintergründe: ein sozioanalystisches Modell. In: Clemenz, M. u. a. (Hrsg.): Soziale Krise, Institution und Familiendynamik. Opladen (Westdeutscher Verlag). S. 28-29.

Winkler, G. (Hg.), (1990): Frauenreport 90. Soziale Situation von Frauen in der DDR. Berlin.

“Sie nehmen die Kälte nicht wahr”

“Westdeutsche” aus der Sicht eines “Ostdeutschen”

Michael Geyer

1. Einführung

Das Thema dieses Beitrages, den ich gegen wohlmeinenden Rat sowie eigene Bedenken zu schreiben mich schließlich bereiterklärt, gegen entsprechenden inneren Widerstand begonnen und - wie zu sehen ist - sogar zum Druck eingereicht habe, bewegt mich seit vielen Jahren; viel länger jedenfalls, als die Vereinigung der sogenannten Ost-Deutschen mit den sogenannten West-Deutschen zurückreicht.

Es sträubt sich bereits der Wissenschaftler in mir, mich der mit solcherart Schreiben unvermeidlich verbundenen Pauschalisierung schuldig zu machen und damit Vorurteile zu bekräftigen. Jeder vernünftig denkende Mensch weiß: es gibt ihn eigentlich nicht, den “Westdeutschen” (den ich als fiktives Gebilde daher in Parenthese setze). Noch tiefer in mir wehrt sich der Teil meines Selbst gegen solche Abgrenzung, der mit dem “Westdeutschen” identifiziert ist.

Diese Einleitung verweist auf meine innere Beteiligung, die die notwendige wissenschaftliche Objektivität so stark beeinträchtigen muß, daß ich sie lieber gar nicht erst vorgebe. Das Thema berührt den Kern meiner Identität.

Ich halte eine derart durch eigene Interessen geleitete Beschäftigung mit dem anderen Deutschen oder dem deutschen Anderen nur dann für zumutbar, wenn die eigenen Motive halbwegs offenbar, ihre biographischen Ursprünge in etwa durchsichtig und der subjektive Standort des Autors möglichst deutlich zu markieren sind.

Als Psychoanalytiker weiß ich ohnehin, daß meine Erkenntnisse, Urteile und Phantasien über die "Anderen" letztendlich vielleicht mehr über mich selbst aussagen als über diese. Daher beginne ich mit den bewußt gesteuerten Mitteilungen über mich.

Meine vordergründigen Motive zur Beschäftigung mit dem Gegenstand lassen sich in folgenden Sätzen zusammenfassen:

- Als Deutscher mache ich mir Sorgen über die gegenwärtig eher schlechten Beziehungen zwischen Ost- und Westdeutschen, das relativ geringe Verständnis und die weithin fehlende Toleranz füreinander. Ich gebe mich nicht der Illusion hin, die Probleme der deutsch-deutschen Vereinigung ließen sich auf Beziehungsprobleme reduzieren, wie wir sie gewöhnlich therapeutisch angehen. Ich kann es, wenn auch unter Schmerzen, realisieren, daß es sich um einen Zusammenprall zweier ziemlich differenter Teilkulturen innerhalb einer Nation handelt, deren unterschiedliche zivilisatorische Entwicklungsstände nicht bagatellisiert werden sollten. Aber ich sehe auch, wie sich jene kulturellen Angleichungsprozesse unter bestimmten Bedingungen menschenfreundlich vollziehen können. Entgegen der landläufigen Sicht dieser Dinge bin ich gleichermaßen fasziniert von der Geschwindigkeit, mit der diese Prozesse ablaufen, wie von der Geduld und Leidensfähigkeit der Menschen, die diese Entwicklung tragen.
- Als Psychotherapeut bin ich zutiefst davon überzeugt, daß sich Beziehungen verändern, wenn in ihnen Gefühle, Bedürfnisse oder auch reale Sachverhalte Platz finden, die vorher ausgeschlossen waren. Es erscheint mir im vorliegenden Falle durchaus legitim, diese Erfahrungen auf größere Populationen zu übertragen, als sie gewöhnlich der Therapeut vor sich hat, wenn damit nicht der Ehrgeiz verbunden ist, ein Volk oder eine Teilnation therapeutisch zu beeinflussen. Wandel in dieser Dimension ist weniger durch eine therapeutische Attitüde als durch Aufklärung und öffentliche Meinungsbildung erreichbar. Dazu bedarf es öffentlichen Austauschs auch der hier praktizierten Art.
- Im Unterschied zu vielen meiner Landsleute im Osten fällt es mir eher schwer, die "Westdeutschen" nicht zu mögen. (Die Gründe dafür sind unschwer in meinen persönlichen Erlebnissen mit ihnen auszumachen). Daher halte ich mich für geeigneter als andere, meine Landsleute mit möglicherweise auch schmerzenden Feststellungen zu konfrontieren.

Die Hintergründe meiner Motive erschließen sich dem Leser vermutlich eher über meine eigene Lebensgeschichte bzw. den deutsch-deutschen Teil davon.

2. Meine gespaltene deutsche Identität

1943 geboren, entstamme ich jener Generation, deren Eltern - mit welch innerer Einstellung auch immer - das Dritte Reich ermöglicht haben. Spätestens seit dem Mauerbau verstand ich mich dem Teil meiner Generation zugehörig, der in einer Art Geiselhaft für die Sünden der Eltern zu büßen hatte. Diese Rolle und insbesondere die vielfältigen Abwehr- und Bewältigungsversuche der damit verbundenen Gefühle von Ohnmacht, Demütigung, Trotz, Neid und Scham prägten mich.

Wir im Osten waren, sind und bleiben vielleicht noch lange Zeit der Teil der Nation, dessen Existenz die nationale Schande zwar einerseits durch Leiden vermindert hat, andererseits aber auch leibhaftig bezeugt, da sie sie - durch eine Fortsetzung des scheinbar Gleichen in der Kollaboration mit einem neuen diktatorischen Regime - aufrechterhalten hat. Den Widerstand der nachfolgenden westdeutschen Generationen schon gegen eine Berührung dieses unverdaulichen Stückes vom Ganzen, nicht zu reden von Verschmelzung und Einverleibung, kann ich als kollektive Abwehrleistung durchaus verstehen, wenn auch nicht hinnehmen.

Meine eigene Geschichte verstehe ich als eine nicht endende Reihe von Versuchen, die Auswirkungen der deutschen Teilung in mir selbst zu bewältigen. Das Leitmotiv dieser Geschichte ist der Kampf um Identität und Zugehörigkeit. Ein zweites Thema - eng mit dem ersten verbunden - hat mit der Art und Weise zu tun, Identität zu gewinnen und zu verteidigen, ohne in eine Nische zu kriechen oder ein Märtyrer zu werden.

Einige Episoden aus meiner Kindheit zeigen die Ausgangssituation. Ich war gerade vier Jahre alt, als meine Eltern eine folgenreiche Entscheidung trafen. Trotz der 1947 letztmalig noch vorhandenen Möglichkeit, die sowjetische Besatzungszone legal, d.h. durch Bestechung entsprechender russischer und deutscher Kontrollbehörden, somit im Rahmen eines normalen Umzuges zu verlassen, entschlossen sie sich zu bleiben. Und das angesichts damals bereits offenkundiger Schikanen und Behinderungen, die den weiteren Aufbau unserer mittelständischen Existenz - einer Fabrik mit 350 Beschäftigten - von da an bis zur Verstaatlichung Anfang der 70er Jahre begleiten sollten. Seit ich es begreifen konnte, erklärte mir mein Vater mindestens einmal im Jahr, immer aber wenn die Jahresbilanz des Betriebes vorlag, daß wir deshalb nicht weggegangen seien, weil im Gegensatz zu uns der DDR-Staat längst bankrott sei und ein anständiger Kaufmann in dieser Situation eigentlich von sich aus den Konkurs anmelden müsse. Er könne es nicht verstehen, wie dieses System überhaupt existiere und erwarte ständig sein Ende. "Das System" überlebte ihn noch gut 25 Jahre.

Die zweite kleine Geschichte betrifft meine erste Schulzeit. Meiner Mutter, der eine ordentliche Schulbildung schon allein deshalb viel bedeutete, weil sie ihr selbst nicht in den Schoß gefallen war, war die eben entstandene Bildungslandschaft im Osten ein Greuel.

Sie engagierte einen pensionierten Gymnasiallehrer, gleichsam als Gegengewicht zum Typus des damals unsere Grundschulen beherrschenden "Neulehrers", und so bekam ich zu allen wesentlichen Gesichtspunkten eine Art Gegenunterricht, alternative wie komplementäre Angebote, die Dinge zu betrachten und zu werten.

Diese beiden Beispiele mögen genügen, um zumindest ein Schlaglicht auf die Zwiespältigkeit zu werfen, in der ich wie viele meiner Landsleute aufwuchs. Hinzu kam das auch den Westdeutschen aus der damaligen Zeit bekannte enorme kulturelle West-Ost-Gefälle, dem der DDR-Staat und seine Organe mit einem Gemisch aus Hilflosigkeit und Aggressivität begegnete. Die amerikanische Lebensart mit Kaugummi, lässiger Kleidung, antiautoritärem Lebensstil, Boogie-Woogie, Nylon etc. war für uns ebenso attraktiv wie für westdeutsche Jugendliche, nur eben ungleich schwieriger zu realisieren. Was in Amerika gerade Mode wurde, kam schon 1-2 Jahre später in den Westen, frühestens nach 5 Jahren jedoch erst zu uns, als teuflische Verlockung des Klassenfeindes. Der Sog war gewaltig.

Eine sozialistische, ostdeutsche Gegenkultur nennenswerter Ausstrahlung entstand erst in den späten 60ern. Mindestens bis dahin stand der Osten, und dies gilt eigentlich für das gesamte Gebiet zwischen Elbe und Ural, mit dem Gesicht nach Westen. Es handelt sich um das Phänomen, daß der jeweils östliche fasziniert die Entwicklung seiner westlichen Nachbarn verfolgte, obwohl die Informationen eher schwierig zu erlangen waren (anders herum: Ebenso wie der Westdeutsche ohne persönliche Bindungen im Osten wenig über die DDR wußte, nahm auch der Ostdeutsche so gut wie keine Notiz beispielsweise von den Esten oder Littauern, die sich ihrerseits der westlichen Kultur eng verbunden fühlten).

Mein Alltag war in einen östlichen und einen westlichen geteilt. In der Schule bewegte ich mich unter dem ideologischen Überbau eines scheinbar allmächtigen Apparates. Aber bereits zu Hause angekommen, reichte dessen Macht nicht mehr aus, um zu verhindern, daß ich sofort einen der damals beliebtesten Radiosender - AFN, NDR, Radio Luxemburg - oder später das Westfernsehen einschaltete. Kaum einem Westdeutschen ist klar, auf welche totale Weise wir, d.h. der größte Teil der im Osten lebenden Bevölkerung, über die gesamte Zeit der deutschen Teilung hinweg in der westlichen, über diese Medien vermittelten Kulturlandschaft zu Hause waren und blieben.

(Damit erklärt sich auch ein Teil der ostdeutschen Enttäuschung nach dem Mauerfall, der der Konfrontation mit der nicht über die Medien vermittelbaren westdeutschen Realität geschuldet ist.)

Meine persönlichen Beziehungen zum Westen habe ich seit der Kindheit über all die Jahre kontinuierlich gepflegt. Insofern verlief meine Entwicklung vermutlich etwas anders als diejenige eines in Ost-Sachsen ohne jegliche persönliche Beziehung zum Westen Aufwachsenden. Viele Ferienwochen brachte ich als Kind bei Verwandten und Freunden der Familie im Westen zu. Mit ihnen fühlte ich mich so selbstverständlich verbunden, daß auch die kältesten Zeiten des Kalten Krieges die Kommunikation nicht wesentlich einschränken konnten.

Trotzdem gab es oft genug politischen Streit, besonders in den 60ern. Merkwürdigerweise verteidigte in diesen Disputen jeder das jeweils andere System. Um mich politisch rechts anzusiedeln, war ich zu sehr überzeugt von der Schuld der deutschen Rechten am Unglück dieser Welt; vielleicht ging es mir auch nicht schlecht genug. Die als Alternative zu den herrschenden deutschen Staatsideologien einzig taugliche links-liberale Position ermöglichte eine distanzierte Teilhabe an beiden Strömungen. Erst als die SPD in Westdeutschland die Regierung übernahm, ließen meine Zweifel am demokratischen Charakter dieser Gesellschaft nach. (Es wäre ein grandioses Eigentor der Stasi gewesen, wenn es stimmen würde, daß sie diesen Regierungswechsel über Bestechung oder Erpressung von Abgeordneten ermöglicht hätte. Von da an war der Westen für viele meiner Generation die echte Alternative.) Da wir den realen Sozialismus zu real studiert und erlitten hatten, um linken Schwärmereien von seiner Reformierbarkeit aufzusitzen, ergaben sich echte Gefährdungen meiner Beziehungen zu den gleichaltrigen westlichen Freunden und Verwandten am ehesten durch jene Streitgespräche, in denen uns hier im Osten die Vorteile des Sozialismus oder - noch ärger - die Nachteile der freien Marktwirtschaft offeriert werden sollten. Spätestens nach Willy Brandts Besuch in Erfurt, als auch dem letzten klar wurde, wie sehr die Ostdeutschen nach dem Westen drängten, ließen derartige Dispute nach.

Heute weiß ich, daß nicht zuletzt diese Beziehungen mich und meine Familie über viele Jahre zum "operativen Vorgang" der Staatssicherheit machten und meine Hochschullehrerlaufbahn unterhalb der mir zustehenden Verantwortungsstufe beendeten. Viele Jahre nach meiner Habilitation hatte ich vergeblich darum gekämpft, überhaupt einen Hochschullehrerstatus zu erreichen. Als ich dann den Lehrstuhl bekam, für den ich der einzige qualifizierte Bewerber war (- bis dahin war er fast 10 Jahre unbesetzt -), wurde in einer Nacht- und Nebelaktion der Status der dazugehörenden, bis dahin selbständigen Klinik, in den einer unselbständigen Abteilung verändert. Damit war ausgedrückt, daß ich für die oberste Leitungsebene nicht in Frage kam. Heute muß ich dem Schicksal und der Stasi eher dankbar sein, daß mir damit so manche problematische Situation erspart geblieben ist, mit der ich als Kliniksdirektor nolens volens konfrontiert worden wäre.

Die Idee, die "Westkontakte" aus Opportunitätsgründen abzubrechen, ist mir nie gekommen, noch wurde sie ernsthaft von außen an mich herangetragen. Ebensowenig habe ich mich zur damaligen Zeit in dieser Hinsicht als Opfer meiner Bindungen zum Westen gefühlt.

Je älter ich wurde, desto souveräner glaubte ich, meine Arrangements mit dem DDR-Regime gestalten zu können. Ich habe meine Begründungen gesucht und gefunden, wenn ich auch nur Nebenrollen übernommen habe in einem schlechten Stück - in der eitlen Hoffnung, daß es dadurch besser werden könnte. Aus heutiger Sicht stehen neben den Begründungen, die das Gewissen beruhigen sollten - diese kann ich nach Abschluß der Evaluierungsverfahren, die meine Eignung für den öffentlichen Dienst feststellten, offener als Selbstbetrug eingestehen - oft genug auch solche, die der Geschichte standgehalten haben.

Beispielsweise bin ich zufrieden mit den fachpolitischen Ergebnissen dieser insgesamt durchaus fragwürdigen Arrangements. Meine Mitstreiter und ich haben bewußt und gegen große Widerstände eine westliche Psychotherapie in der Medizin des Ostens erhalten und weiterentwickeln können. Bis in die Einzelheiten haben wir unseren Vorstellungen entsprechende westliche Weiterbildungskonzepte in östliche Regelungen lanciert, so daß der Anschluß an die gesamtdeutsche Entwicklung relativ unkompliziert herzustellen war. Lange vor der Wende gelang es auf dem beruflich-fachlichen Feld, die deutsch-deutsche Annäherung in zunehmend breiterer Front voranzutreiben. Dabei haben besonders westdeutsche Kolleginnen und Kollegen meiner und meiner Eltern Generation mit Einfühlungsvermögen und großem Verständnis für unsere Beschränkungen geholfen (vgl. Geyer 1991; 1992).

Bewußt, zielgerichtet und offensiv habe ich meine Zugehörigkeit zur westlich-mitteleuropäischen Kultur seit Anfang der 80er Jahre verteidigt. Unmittelbar dazu motivierte mich ein Freund und Kollege, den ich nach langem Hin und Her offiziell in die DDR einladen durfte. Er begann seinen Vortrag sinngemäß mit dem Satz: "Ich freue mich sehr, endlich einmal in Osteuropa einen Vortrag halten zu dürfen." Er konnte mit den empörten Zwischenrufen meiner hiesigen Kolleginnen und Kollegen ebensowenig anfangen, wie er das Faktum realisierte, daß er diese Feststellung auf einem geographischen Punkt einige Längengrade westlich von München getroffen hatte.

Es war ihm schließlich möglich, sein politisch begründetes geographisches Deutschlandbild nach Besuchen von Goethes Wohnhaus, der Pfalz des ersten deutschen Kaisers, Otto I., der Naumburger Uta und der Wartburg zu korrigieren. Erst danach stellte sich bei ihm die gefühlsmäßige Gewißheit einer gemeinsamen Kulturlandschaft ein. Mir ist dieses Phänomen in wechselnder Ausprägung inzwischen massenhaft begegnet, und es hat mich nicht zur Ruhe kommen lassen, wie meine Freunde und Kollegen wissen.

3. Der deutsche Charakter

Bevor ich mich als "ehemaliger Ostdeutscher" über "ehemalige Westdeutsche" äußere und damit Unterschiede markiere, möchte ich doch zunächst gemeinsame - eben typisch deutsche - psychologische Reaktionsmuster feststellen, die offensichtlich der gemeinsamen Geschichte geschuldet sind. Es handelt sich um den Umgang mit Gefühlen und Bedürfnissen im Zusammenhang mit den äußerst ambivalent besetzten Themen Macht, Gewalt und Schuld angesichts einer Kultur mit traditionell realitätsferner Ich-Ideal-Bildung.

Ausgangspunkt ost- und westdeutscher Probleme nach dem Kriege war es, den Untergang der alten deutschen Wertwelt im Zusammenhang mit dem offenkundigen Scheitern der nationalen Größen und nationalistischen Größenideen zu verinnerlichen. Wie Krause (1992) anschaulich schildert, ist dies im Westen zunächst im Zuge einer übereilten Identifikation mit den amerikanischen Siegern und einer Idealisierung des Amerikanischen unterblieben. Eine realistische Auseinandersetzung mit den verachteten Anteilen der älteren Generation wurde dadurch ebenso behindert wie eine tatsächliche Verinnerlichung etwa erstrebenswerter amerikanischer Ideale.

Spätestens Ende der 60er Jahre fiel das Amerikanische der Verachtung anheim. Die Westdeutschen blieben letztlich der Wertwelt der Eltern in einem hohen Maße verhaftet. Die sog. 68er-Rebellion mit ihrer weitgehenden Negation traditioneller nationaler Werte und Ideale kann zweifellos als Beginn einer bewußten Auseinandersetzung mit den alten und auch als erster Entwicklungsschritt zu neuen Wertstrukturen gesehen werden. Andererseits spricht der Werdegang der Mehrzahl der Protagonisten dieser Revolte eher für oberflächliche und vorübergehende Prozesse dieser Art. Dem Ostdeutschen sollte die traditionelle deutsche Wertwelt mit der Knute ausgetrieben werden. Dabei fanden allenfalls kurzfristige Idealisierungen der sowjetischen Sieger unter dem Motto "Von der Sowjetunion lernen heißt siegen lernen" statt. Viel rascher als im Westen wurden solche Idealisierungen durch Verachtung abgelöst. Unter einem sozialistischen Vorzeichen entstand rasch wieder ein Zwangssystem, das die wesentlichen alten formalen Strukturen wieder aufleben ließ (Gleichschaltung der politischen Kräfte, paramilitärische Erziehung der Jugend mit Fahnenappellen und monströsen Aufmärschen etc.). Auch das neue Wertesystem mit seinen ebenso apodiktischen wie realitätsfernen Zielen glich erstaunlich dem alten: Statt "Am deutschen Wesen soll die Welt genesen." hieß es nun "Der Kommunismus ist der Segen der Menschheit". Stalin und die Partei hatten immer recht und die gleiche Allmacht wie ihre Nazi-Pendants. Allerdings war ein weitaus größerer Teil des Volkes als vorher gegen eine vordergründige Identifizierung mit diesem System immun geworden. Eine chronische Unzufriedenheit mit dem Regime ist vielleicht das charakteristischste Merkmal dieser Herrschaft. Der Idealisierungsbedarf wurde zunehmend mit westlichen Angeboten gedeckt.

Wie zu erwarten ist, zeigen sich Identitätsprobleme, mangelnder Realitätsbezug und Selbsthaß der Deutschen nirgendwo klarer als im Ausland. Der Nationalstolz des Deutschen nährt sich weniger aus der Liebe zum Deutschen als aus der Notwendigkeit, das bei der Verfolgung irrealer Ideale zwangsläufig auftretende Gefühl des Versagens dadurch erträglich zu machen, daß er sich mit anderen Nationalitäten oder Minderheiten vergleicht und sich diese Abweichungen von seiner Norm ständig vor Augen führt. Offenbar braucht der Deutsche ständig diese Konfrontation, und es scheint eher logisch, daß die Deutschen das reiselustigste Volk der Welt sind und gleichzeitig große Heimattümler. Auf den Reisen in fremde, exotische Länder werden zwei Grundbedürfnisse des modernen Deutschen befriedigt: Er kann mit den abgewehrten eigenen Bedürfnissen schuldfrei in Kontakt treten und gleichzeitig seine Größenphantasien agieren. Auch die allfällige Bewunderung der Deutschen Mark läßt sich zwanglos auf die eigene Person übertragen.

Viele heute zu beobachtenden deutsch-deutschen Reaktionsmuster sind auf dem Hintergrund einer letztlich nicht gelungenen Auseinandersetzung mit traditionellen deutschen Ich-Idealen und demzufolge mangelnder Sicherheit in der Identifikation mit realitätsbezogenen und humanistischen Ich-Idealen zu erklären. Geblieben ist in beiden deutschen Teilnationen eine merkwürdige Duldsamkeit den unterschiedlichen Formen staatlicher Willkür gegenüber und eine ungebrochene Bereitschaft, in den Repräsentanten von Macht oder doch wenigstens in ihren Institutionen jene Ideale anzusiedeln, deren Wirken im Alltag durchzusetzen eigentlich die eigene Aufgabe wäre. Egal, ob Osten oder Westen: Vordergründige Mangelidentifikation und chronische Unzufriedenheit mit dem Staat haben im Nachkriegsdeutschland offenbar weniger mit dem Infragestellen repressiver Verhältnisse zu tun als mit dem Agieren unbewußter Abhängigkeitsbedürfnisse (auf der Ebene der Gruppe wird dies "Gegenabhängigkeit" genannt). Kaum wird dieses Arrangement echt in Frage gestellt (z. B. durch die Frage, ob nicht doch etwas geändert werden müßte), schlägt die Kritik am Staate und seinen Repräsentanten um in eine Überidentifikation mit den daran geknüpften Idealen (zuletzt im Westen zu beobachten angesichts der Konfrontation mit den erhaltenswerten sozialen Residuen sozialistischer Lebensweise; im Osten ist dies als nostalgische Verharmlosung des zusammengebrochenen Staates und als Rückzug in dessen ideal-irreale Wertwelt sichtbar). Nach wie vor sucht der Deutsche im Stimmengewirr pluralistischer Diskurse nach sicheren Werten und überdauernden Gewißheiten.

Krause (1991) hat Verallgemeinerungen aus der internationalen Literatur mit eigenen Eindrücken zu folgendem Bild des Deutschen vereint, dessen Gültigkeit auch für den "Ostdeutschen" für mich außer Zweifel steht.

1. „Er besitzt eine hohe Lebensängstlichkeit, die mit der guten Versorgungslage in starkem Kontrast steht.
2. Er hat Schwierigkeiten, die faktisch vorhandene Macht, sei sie nun ökonomisch, politisch oder wissenschaftlich definiert, auszufüllen.
3. Zu beobachten ist ein periodisches Auf- und Abschwellen von emotional hoch-relevanten Themen, die dann aber nicht durchgehalten werden können und einem neuen Thema Platz machen;
4. eine damit zusammenhängende Spaltung in kleine Gruppen von - wenn man so sagen will - Berufsbetroffenen und Ethikern, die wie die Propheten der Bibel durchs Land ziehen und Emotionen erzeugen, und einer anderen, größeren Gruppe, die dem nicht nur indifferent gegenübersteht, sondern diese Propheten sogar verachtet" (S. 63).

Krause sieht in diesen Reaktionsmustern in erster Linie Folgewirkungen der nationalsozialistischen Epoche, die Fortführung des Gleichen und seiner Abwehr. Die gefährlichen Seiten des deutschen Volkscharakters sind länger bekannt. So lange jedenfalls, daß Heinrich Heine vor mehr als 150 Jahren die spätere Entstehung des Nationalsozialismus mit all seinen grausigen Folgen für andere Völker als typisch deutsche Möglichkeit, auf Kränkungen des nationalen Selbstgefühls zu reagieren, vorauszusagen vermochte.

4. Bilder vom "Westdeutschen"

4.1. Der "Westdeutsche" als neuer Deutscher

Mein eigenes Bild vom "Westdeutschen" ist geprägt durch den west-deutschen Teil meiner Familie und durch langjährige Beziehungen zu Berufskollegen vor dem Mauerfall. Die Erfahrungen, die ich mit diesen "Westdeutschen" machte, konterkarieren das Klischee vom Deutschen in erfreulicher Weise. Sie können nicht ausgelöscht werden durch die weiter unten beschriebenen anderen Erfahrungen und stimmen mich immer noch hoffnungsvoll, und zwar sowohl im Hinblick auf den sogenannten deutschen Charakter als auch auf die deutsch-deutschen Beziehungen. "Meine Westdeutschen" verfügten und verfügen über ein durchgängiges Bewußtsein von der historischen Fragwürdigkeit des "Deutschen", ohne daß damit die eigene Zugehörigkeit zur deutschen Nation in Frage gestellt würde; ein hohes Ausmaß an Interesse und Verläßlichkeit bei gemeinsamer Aktivität; Sensibilität und Takt angesichts meiner damals stark begrenzten finanziellen Möglichkeiten; Toleranz und Empathie gegenüber dem Anderssein des anderen Deutschen. Was die "Westdeutschen" überhaupt angeht, komme ich nicht umhin festzustellen, das inzwischen auch das öffentliche Bewußtsein in ziemlich undeutscher Art durch Ambivalenzen und Konflikte geprägt ist. Nie zuvor sind die heiklen Themen der Deutschen in dieser Weise als Probleme aller begriffen worden. Für mich ist es ein Zeichen von Konfliktfähigkeit, das sich abhebt vom deutschen Aktionismus früherer Zeit. Die Mehrzahl der "Westdeutschen" kann es sich heute leisten, unter Problemen zu leiden anstatt sie in aggressiver Manier zu agieren. Die schrillen und widersprüchlichen Ausdrucksformen dieses Leidens an sich selbst sollten doch eigentlich weniger beunruhigen als die bekannten Selbststabilisierungen über den gemeinsamen Marschtritt.

4.2. Das Bild vom "Westdeutschen" im Osten

In seinem Artikel über Ost-West-Konflikte hat Härtwig (1992) anonyme und spontane Fremdbilder des "Westdeutschen" von Arbeitslosen aus Leipzig mit einem Fach- und Hochschulabschluß erfragt. Unter der Fragestellung "Wie erlebe und sehe ich die Westdeutschen?" erhielt er folgende Antworten, die ohne Doppelung wiedergegeben werden:

"selbstsicher, selbstbewußt, offensiv, aktiv, beweglich, ungehemmt, tolerant, weltoffen, spontan, ruhig, ausgeglichen, entscheidungsfreudig, planvolles Handeln, sehr leistungsorientiert, erfolgsorientiert, überheblich, Selbstüberschätzung, Statusdenken, Statuszwänge, Statusrepräsentation, geschäftstüchtig, Nutzendenken (nur am Geld interessiert), clever, cool, aggressiv, skrupellos, räuberisch, spendenfreundlich (aus Reklame- und Statusgründen), umweltbewußt, freundlich bestimmend bis scheißfreundlich (falsch), farbenfreundlich (Kleidung), mehr rational, weniger emotional, geringe Offenheit, persönlich verschlossen, distanziert, sauber, kalt, starke Trennung zwischen Beruf und Privat, kühle (Privat-)Atmosphäre."

Abgesehen davon, daß fast alle möglichen positiven und negativen Attribute der männlichen Rolle zur Charakterisierung des "Westdeutschen" herangezogen werden (in der Mehrzahl waren es schließlich auch Männer, die in den Osten kamen), kontrastiert das Bild doch deutlich zur traditionellen Rufgestalt des Deutschen. Neben Anklängen an den typischen "Kolonisator", der vorwiegend wegen der Ostzulage (im offiziösen Sprachgebrauch in Anlehnung an die Beamteneinsätze in Südwestafrika "Buschgeld" genannt) bzw. wegen der rascheren Aufstiegsmöglichkeiten Entwicklungshilfe leistet, werden durchaus auch sehr sympathische Züge des Westdeutschen hervorgehoben.

5. Geschichten über Westdeutsche - Who's who?

In Deutschland kursieren z. Z. zwei Rätselfragen. Unter Westdeutschen: Was ist der Unterschied zwischen einem Türken und einem Sachsen? Antwort: Der Türke spricht deutsch und arbeitet. Unter Ostdeutschen: Ein Ostdeutscher und ein Westdeutscher sitzen im Café und lesen Zeitung. Woran erkennt man, wer wer ist? Antwort: Der Ostdeutsche blickt von seiner Zeitung hoch, wenn ein neuer Gast ins Café kommt.

Da mein Thema die "Westdeutschen" aus ostdeutscher Sicht sind, erspare ich mir Reflexionen über die erste Lösung. Immerhin zeigt sie etwas von den Schwierigkeiten, eine kulturelle Zugehörigkeit des Ostdeutschen zu realisieren.

Die ostdeutsche Perspektive des "Westdeutschen" enthält weniger Distanzbedürfnis als Resignation. Der "Ostdeutsche" hat hier - sarkastisch - realisiert, daß der andere auf einer elementaren Beziehungsebene unzugänglich ist.

Arroganz des "Westdeutschen" und Larmoyanz des "Ostdeutschen" sind nur oberflächliche und nicht sehr genaue Kennzeichnungen jeweiliger Formen des Leidens aneinander.

5.1. Die arroganten Westdeutschen

Mir ist die sog. westdeutsche Arroganz vor allem nach der Vereinigung und in erster Linie in ihrer irrationalen Erscheinungsform begegnet. Gerade der hochkultivierte westdeutsche Intellektuelle ist durchaus in der Lage, die ihn anekelnde (Anti-)Ästhetik der ostdeutschen Alltagskultur als letztlich ökonomisch bedingt hinzunehmen und sich einzurichten. Aber er ist viel seltener fähig, sich auch nur soweit mit typisch ostdeutschen Spielregeln oder gar Ausnahme- bzw. Übergangsgesetzen zu identifizieren, daß er damit konstruktiv umgehen könnte. Heerscharen von Leihbeamten, Finanzberatern, Juristen und Treuhandmanagern, die seit Mitte 1990 Ostdeutschland im sicheren Griff halten, sind nach meinen Erfahrungen vor allem auch deshalb nicht effektiver, weil ihnen die Philosophie der gesetzlichen Grundlagen, auf der sie laut Einigungsvertrag arbeiten mußten, zutiefst zuwider ist. Straf-, Vermögens-, Arbeits- und Sozialrecht des Ostens widersprechen teilweise elementar dem Gewohnten und werden demzufolge im Grunde nicht als eigene Handlungsgrundlage akzeptiert. Westdeutsche Richter unterminieren jene Gesetze des Einigungsvertrages, die der raschen personellen Erneuerung an den Hochschulen dienen (als Gegenreaktion neigen die lokalen Kommissionen zu unfairen Praktiken), Treuhandmanager negieren für den Osten maßgeschneiderte Reprivatisierungsregeln, Beamte beharren auf unsinnigsten bürokratischen Verkomplizierungen angesichts allgemeiner Zeitnot etc. Wenig ist für den Ostdeutschen verletzender als diese Form von verdeckter Arroganz, einer überwiegend unbewußten Sabotage am gesellschaftlichen Übergang. Als Gegentendenz wächst interessanterweise ähnlich wie bei langjährigen Kolonialbeamten sprunghaft die Zahl derjenigen "Wossis" (das neudeutsche Wort für in ostdeutsche Verhältnisse eingemeindete Westdeutsche), bei denen Überidentifikationsprozesse der umgekehrten Art stattfinden und die eher verachtungsvoll auf ihre Herkunftsordnung blicken.

Einem ähnlichen psychologischen Grundmuster ist die Einäugigkeit des "Westdeutschen" in der Wahrnehmung gesellschaftlicher Repressionsmechanismen geschuldet. Gruppendiskussionen mit "Westdeutschen" können gar nicht genug die doch ziemlich primitiven und durchsichtigen Mechanismen der Vermittlung von Gewalt in der ehemaligen DDR thematisieren. Nach meinen Erfahrungen braucht es mindestens 4 - 6 Stunden intensiver Abgrenzung von der DDR, ehe es - aber auch nur im Falle besonders aufgeschlossener Diskutanten - gelingt, die subtileren, nichtsdestoweniger ebenso wirksamen und charakter-verbiegenden Formen der in den bürokratischen Strukturen verborgenen Gewalt im freien Westen zu besprechen. Kaum einem "Westdeutschen" ist es klar, daß die vielgeschmähte ostdeutsche Bürokratie ein eher simpler Vorfahre der Westdeutschen ist. Historisch handelt es sich um den Reimport der von Peter dem Großen voller Begeisterung aus Preußen nach Rußland eingeführten Verwaltungsstrukturen, die praktisch unverändert die verschiedenen zaristischen und sowjetischen Regimes überstanden haben, bis sie nach 1945 die inzwischen bürgerlich gewordene deutsche Bürokratie überlagern konnten. Die Bürokratie Westdeutschlands steht in einer ungebrochenen Entwicklungslinie zum preußischen Ursprung und hat ihr absolutistisches Wesen auf eine viel subtilere Art verhüllt.

"Nie war die BRD so schön wie im Vergleich mit der DDR" (Schneider 1990). Auch der letzte Rest eines früher noch reichlich vorhandenen kritischen Staatsbewußtseins scheint der Abgrenzungsnotwendigkeit geopfert werden zu müssen.

5.2. "Warum habt Ihr Euch das 40 Jahre lang gefallen lassen?"

Es gibt für den "Ostdeutschen" kaum etwas Unerträglicheres als die moralische Arroganz des "Westdeutschen". Sie äußert sich weniger darin, die moralische Minderwertigkeit des DDR-Regimes anzuprangern, sondern in einer Art Unfähigkeit, die eigene moralische Unschuld zu relativieren. Für ihn gilt es als sicher: Ihm wäre das Leben in der DDR oder auch nur die Spur einer Anpassung nicht passiert. Gierig sucht er nach den Kompromissen des "Ostdeutschen"; seine Biographie, sein individuelles Schicksal ist ihm schnurzegal. Er behandelt jeden Anschein der Kollaboration als weiteres Indiz für dieses moralische Versagen, als ob Duckmäusertum, Feigheit, Anpassung, Kompromisse im westdeutschen Alltag und insbesondere bei ihm selbst gänzlich unbekannt wären.

5.3. Der "Ostdeutsche" ist in der Zwickmühle

Entweder er hat als funktionierendes Teil des Systems "DDR" dieses freudig am Leben erhalten oder er war angesichts einer jetzt doch offenkundigen

Überlebensunfähigkeit des Staates zu blöd, ihn früher abzuschaffen. In beiden Fällen hat sich der "Ostdeutsche" als politisch zu unreif und unfähig herausgestellt, als daß er mitreden könnte oder ihm die Säuberung des eigenen Saustalles überlassen werden könnte (die meisten "Westdeutschen" meinen, die Massendemonstrationen 1989 hätten ohnehin nichts mit dem Zusammenbruch des Regimes zu tun gehabt und seien eher wirtschaftlich motiviert gewesen, eine Art Vorläufer des späteren Andrangs nach Bananen). Es ist der unfaire Stich in die offene Wunde des "Ostdeutschen". Tatsächlich werfen wir uns selbst am meisten vor, überhaupt "irgendwie" mitgemacht zu haben. "Unter diesem Regime hätte ich es keinen Tag ausgehalten! Der Mensch muß doch gegen Unterdrückung ankämpfen. Wer für die Freiheit nicht alles riskiert, ist moralisch minderwertig!" An diesem Punkt kennt der junge Herr kein Pardon: "Ich habe den Wehrdienst verweigert, auf Demos gegen Krieg und Atomkraft meinen Kopf riskiert."

Den Vorwurf der Anpassung muß ich gelten lassen und eingestehen, daß meine kleinen Freiheitstaten dem Regime nicht sonderlich geschadet haben. Aber ich erzähle dann gern Geschichten von freien selbstbewußten Menschen aus dem Westen mit einer starken Regierung im Rücken, die es schon mit der Angst bekamen, wenn sie nur hörten, daß hinter der Tür, vor der sie geduldig lange Schlangen bildeten, ein Uniformierter den "Aufenthaltsstempel" in den Paß drücken würde. Das laute, selbstbewußte Reden und Lachen schwand mit jedem Meter, der sie dieser Konfrontation näher brachte. Es war eine seltsame, eher peinliche Genugtuung für den im Umgang mit offener Gewalt erfahrenen "Ostdeutschen". Dieses Überlegenheitsgefühl scheint umso fragwürdiger, als es offensichtlich demjenigen gleicht, das unser Diskussionspartner Verhaltensweisen gegenüber empfindet, die in seinem kulturellen Kontext unverständlich sind. Einig sind wir uns immer im gemeinsamen Kopfschütteln über den Freiheitsbegriff der Mohammedanerin.

Tatsächlich scheitert die deutsch-deutsch Völkerverständigung am ehesten an der gegenseitigen Mißachtung der jeweiligen anderen Bezugssysteme.

5.4. Der Typus des "Neu-Wessis"

Der "Westdeutsche", der eigentlich ein "Ostdeutscher" ist und leicht noch als solcher zu identifizieren, unterscheidet sich vom urwüchsigen Wessi dadurch, daß er eine Art disharmonische Steigerung dieser Spezies ist. Er ist gewöhnlich noch fassadärer, fällt aber viel öfter aus der Rolle. Er ist noch konsumorientierter, aber er ist es noch mit einer Leidenschaft, die fatal an seine Herkunft aus der Welt der Gierig-Primitiven erinnert. Brüchig wie seine neue Identität ist, reagiert er auf jede Konfrontation mit dem ehemaligen Sein mit übertriebener Distanzierung. Ihn erkennt man in jeder Runde an seinen giftigen Schmähungen und apodiktischen Urteilen über alles Ostdeutsche. Ähnlich dem Konvertiten glaubt er, seine Zugehörigkeit zur neuen Religion stets durch feindselige Abgrenzung unter Beweis stellen zu müssen. Westdeutscher als der Westdeutsche zu sein ist sein "päpstlicher als der Papst". Wehe dem "Ostdeutschen", der diesem Typus mit Osterfahrung in die Hände fällt. Wenn er wollte, wie er könnte, läßt er durchblicken, würde er so mit seinen ehemaligen Landsleuten umgehen, wie sie es verdienen. Die Kränkung sitzt tief, daß die Zurückgebliebenen den Verlust nicht laut genug beklagten und er so die Heimat wirklich verlor. Der ehemalige Ostdeutsche Wolf Biermann ist meines Wissens der einzige, der die mit solcher Kränkung verbundenen Phantasien öffentlich so ausbreitet, wie es sich seine Schicksalsgenossen nur heimlich gestatten: "...Hängt das Pack auf..!" (Biermann 1992).

"Sie müssen mich unbedingt besuchen!"

Ob man es wahrhaben will oder nicht, jenseits aller Bemühungen, Pauschalisierungen zu vermeiden, kommt man um die Feststellung nicht herum: Der "Westdeutsche" hat mehr Distanzbedürfnisse, und er reguliert Beziehungen anders als der "Ostdeutsche". Während letzterer den Abstand in einer eher nahen Beziehung gern durch taktile Berührung und allerlei Vertraulichkeiten im konkreten Verhalten aushandelt, was im allgemeinen einen erheblichen Grad von Auslieferung einschließt, sorgt sich der "Westdeutsche" in erster Linie gerade darum, Verbindlichkeit und Abhängigkeit möglichst zu vermeiden oder doch stärker zu kontrollieren.

Da der "Westdeutsche" - insbesondere als Angehöriger der Mittelschicht - seine verbal-kommunikativen Fähigkeiten über alles schätzt, hat er auch gelernt, seinem Nächsten verbal ziemlich nahe zu kommen, auch wenn er es emotional nicht realisiert. Er verteilt schon nach kurzer Bekanntschaft freigiebig eine Art emotionalisierter Floskeln, deren wirkliche Bedeutung sich auch mir erst nach einigen skurrilen Mißverständnissen erschlossen. "Sie müssen mich unbedingt besuchen", "Rufen Sie mich auf jeden Fall an", "Ich finde das ganz toll", "Wir müssen darüber ganz intensiv weiterreden" etc. Bevölkerungsweit nahm das Mißverständnis geradezu groteske Formen an.

Es hat eine Zeit gedauert, ehe der "Ostdeutsche" die Flut schöner bunter Prospekte, die ungefragt in seinem Briefkasten landete, nicht mehr als freundliche, ja freundschaftliche Geste persönlich an ihm interessierter Westdeutscher auffaßte.

"Halten Sie doch, bitte, etwas Abstand!"

Ein sicheres Unterscheidungsmerkmal zwischen Ost und West ist der leicht mit einem Lineal nachmeßbare Abstand in Schlangen vor Bankschaltern oder Geschäftskassen. Nach meinen eigenen Erkenntnissen beträgt er in der ostdeutschen Schlange maximal 10 - 15 cm, in der westdeutschen etwa das Dreifache. Nicht nur für mich handelt es sich um einen entscheidenden Unterschied. Wie mir ein westdeutscher Bankangestellter versicherte, gehörte dies zu seinen eindrucksvollsten transkulturellen Erfahrungen im Osten.

"Sie nehmen die Kälte nicht wahr",

lautet meine und meiner ostdeutschen Freunde permanente Klage bei Besuchen im Westen, sei es in öffentlichen Gebäuden oder in Privatwohnungen. Der "Westdeutsche" gibt als Behaglichkeitstemperatur ca. 18 - 20° C an. Das findet der "Ostdeutsche" kalt und ungemütlich. Er braucht mindestens 25°. Es ist die Frage, ob die drastischen Unterschiede allein den hohen Energiekosten im Westen geschuldet sind. Dagegen (oder dafür?) spricht, daß nach meinen Erfahrungen die Raumtemperatur im Westen sich umgekehrt proportional zur Finanzkraft des Wohnungsinhabers verhält. Für die psychologische Brisanz des Themas spricht, daß in den Chefetagen von Unternehmen, die gemischt geführt werden, immer wieder heiße Kämpfe um dieses Thema entbrennen. Ich kann von einer Auseinandersetzung berichten, die erst endete, als es dem Westdeutschen gelang, über Nacht die Heizkörper seines Büros gänzlich zu demontieren, nachdem er monatelange erfolglose Verhandlungen mit seinen Ostkollegen und dem Hausmeister geführt hatte.

6. Der "Westdeutsche" und der "häßliche Deutsche"

Ein Gutteil der deutsch-deutschen Probleme und Mißverständnisse ist wahrscheinlich nicht spezifisch "westdeutscher" oder "ostdeutscher", sondern deutscher Natur.

Wenn es stimmt, daß der Deutsche hin- und hergerissen bleibt zwischen einerseits den Ansprüchen seines "vererbten" pathologischen Ich-Ideals (Deutsche müssen die besten Demokraten, edelsten und beliebtesten Mitmenschen, die besten Europäer, recht eigentliche Übermenschen sein) und andererseits der Notwendigkeit, sein Selbstgefühl angesichts alltäglicher Erfahrungen deprimierender Abhängigkeit und mangelnder Kontrolle zu schützen; wenn es richtig ist, daß dieser innere Zwiespalt psychische Mechanismen auf den Plan ruft, die diese Spannung zuungunsten der realen Verhältnisse auflösen, indem das eigene Unerträgliche externen Objekten, gewöhnlich den "Anderen", zugeschrieben, dort wahrgenommen und dann zur Bewahrung des eigenen Ich-Ideals bekämpft werden kann; wenn unsere Neigung, die Welt in Gut und Böse zu spalten, zwangsläufig zur Folge hat, im jeweils anderen das Böse, das uns verfolgt, festmachen zu müssen, um uns dem Guten zurechnen zu dürfen; wenn dies alles stimmt, dann könnten diese Muster viel von dem erklären, was an Abscheu, Ekel, haßerfüllter Distanzierung und Verachtung im Verhältnis der Ost- und Westdeutschen zueinander beobachtet wird.

Wenn es für uns Deutsche so schwer zu sein scheint, wenigstens das "... emotionale Wissen über die Gefährdung unserer Idealität, unserer Moral und unserer Menschlichkeit ..." (Krause 1991, S. 63) in uns allen aufzubewahren, wie unsäglich schwierig ist es dann erst, das alltägliche eigene Versagen, aber auch die Unvollkommenheit des Gemeinwesens, dem wir angehören, als Realität zu akzeptieren. In dieser Situation kommt der andere Deutsche, der gerade wieder neue Ideale sucht und seine alte Unzulänglichkeit voller Selbstverachtung und mit Wollust (seit den publizistischen Erfolgen meines Freundes Achim Maaz "Maazochismus" genannt) ausbreitet, gerade recht. Der Ostdeutsche eignet sich vorzüglich zum "häßlichen" Deutschen, der dann vom Deutschen aus dem "richtigen" Deutschland, der ja eigentlich gar kein Deutscher alter Art mehr ist, sondern ein "Überdeutscher", nämlich ein Europäer, als unsagbar fremd erlebt werden kann.

Die unbarmherzige Art und Weise, mit der auch die letzte Erinnerung an Residuen der DDR ausgetilgt wird, ist zwar irrational, gehört aber ebenso in diesen Kontext wie die Weigerung der Mehrzahl der "Westdeutschen", den "Ostdeutschen" überhaupt zuzuhören, wenn sie ihre Teilgeschichte der letzten 45 Jahre reflektieren. Damit korrespondiert auch die gnadenlose Medienjagd gerade auf diejenigen ostdeutschen Repräsentanten, die in ihrem Verhalten eher an die "westdeutsche" Lebensart erinnern.

Daß es sich um typisch deutsche Abstoßungsreaktionen eigener Gewöhnlichkeit handelt, beweist deren ubiquitärer Charakter in Ost und West. Psychologisch macht es keinen Unterschied, ob das Ich-Ideal im Falle des "Ostdeutschen" durch krampfhaftes Festhalten am guten Kern der verlorenen

DDR (und gleichzeitiger, heimlicher oder offener Verachtung der moralisch minderwertigen Marktwirtschaftler) bewahrt wird oder durch die bei "Westdeutschen" geradezu epidemisch aufblühende Überidentifikation mit Staat und Gesellschaft, die sie ihren bankrotten östlichen Schwestern und Brüdern gegenüber grenzenlos moralisch und ökonomisch überlegen macht.

Es liegt in der Natur der Sache, daß die Realitäten eher den "Ostdeutschen" einholen, während sich ihnen der "Westdeutsche" länger entziehen kann. Asylanten entfalten darüber hinaus in Ost und West gleichermaßen ihr identitätsstiftendes Potential.

7. Der Westdeutsche als Mensch der Zukunft

Während ein Teil der west-ostdeutschen Beziehungsstörungen eigentlich nicht auf spezifisch ost- oder westdeutsche, sondern eher deutsche, wenn nicht allgemein-menschliche Reaktionsmuster zurückgeführt werden kann, bleibt doch ein Unterschied, der der differenten Entwicklung beider Teilnationen in den letzten 45 Jahren zuzurechnen ist.

Gegenüber dem "Ostdeutschen" hat der "Westdeutsche" einen erheblichen zivilisatorischen Vorsprung. Ob dieser erstrebenswert ist oder nicht, die Entwicklung weist gesetzmäßig in die Richtung der spätkapitalistischen "Erlebnisgesellschaft". Der Mensch der Zukunft, den der "Westdeutsche" uns schon ahnen läßt, ist perfekt zur Arbeit und zum Konsum erzogen. Er hat verinnerlicht, daß "Leben eine Frage von Styling..." (Simon 1992) ist. Konsum ist harte Arbeit. Alles muß gestylt werden, der Alltag wie die Persönlichkeit, die Wohnung wie der Körper. Alles wird zur Frage der Form. Diese Hingabe an den Konsum trägt alle Züge der Hingabe an ein Ethos, vergleichbar der Hingabe an das Ethos Arbeit oder das Ethos Geldverdienen, das schon lange die traditionelle Genußorientierung aufgegeben hat und zum Selbstzweck geworden ist. "Was bleibt? Ein abstraktes Bedürfnis, 'mithalten' zu können, über die jeweils neuesten Trends, die aktuellen Tribute des zeitgemäßen Lebensstils zu verfügen ..." (Simon, ebd.). Die gestylte Fassade des "Westdeutschen" verbirgt - was den "Ostdeutschen" eher fassungslos macht - eigenartige subjektive Mangelerscheinungen. Die phantastischsten Erlebnisse werden ohne Leidenschaft, irgendwie freudlos quittiert, diffuse Ängste verderben den Spaß am Genuß. Gefühle von Überlastung und Bedrückung kontrastieren zu äußerem Wohlstand und einem enormen gesellschaftlichen Raum der Möglichkeiten für den einzelnen. Gemeinsam ist dieser Persönlichkeit die subjektivistische Attitüde. Positiv ausgedrückt bedeutet dies das Streben danach, als Einzelwesen ernstgenommen zu werden und alle mit sich selbst zu machenden Erfahrungen auch zu machen (vgl. v. Ferber und Heigl-Evers 1989). Dabei stören allerdings die gleichgerichteten Ansprüche der anderen. Single-Kultur und narzißtische Beziehungsformen deuten diese Probleme an. Gleichzeitig wird der Erwachsene in seiner Selbstwertregulation in hohem Maße abhängig von der Bestätigung, die er durch seine Umwelt erfährt. Richter (1980) sieht die Gefahr, daß das Individuum sich in ein Spiegelbild der es manipulierenden Umwelt verwandelt.

Es ist ein grausames Spiel, in einer Massengesellschaft, deren Konsumnormen ja gerade Individualität verhindern, immer mehr Individualität ausprägen zu müssen.

Dies alles wurde vor der Vereinigung viel deutlicher reflektiert. Dank der "Ostdeutschen" ist das Leiden am westlichen Lebensstil völlig Tabu geworden. Das Andrängen von gierigen und gefräßigen "Ostdeutschen" oder Asylanten hat die Lebenslüge der Arbeitsgesellschaft, man würde arbeiten für das, was man braucht, befestigt. Das Erlebnis des Ansturms auf die westlichen Fleischtöpfe provoziert einerseits wütende Verteidigungsanstrengungen, andererseits Schuldgefühle angesichts eines ungehemmten Konsums. Uns geht es gut, vielleicht auf Kosten anderer, aber wir sind schon recht beneidenswert mit unserer Lebensweise. Unter dem Strich bleibt übrig, was Gabriela Simon eine grandiose Selbstvergewisserung der Arbeits- und Konsumgesellschaft nennt.

Allmählich dämmert es den Ostdeutschen, welche Vorteile beim Genießen ihre rückständige psychische und soziale Verfassung mit sich brachte. Aber es ist zu spät. Die Aufholjagd ist nicht mehr zu stoppen.

Neulich unterhielt ich mich mit einem alten Bekannten, der jetzt das große Unternehmen leitet, in dem er schon immer tätig war und beinahe ausschließlich mit Westdeutschen zu tun hat. Wir sprachen über deren Cleverness und Sprachgewandtheit, schließlich über ihre rätselhafte Art zu kommunizieren, ohne sich wirklich einzulassen. "Wenn ich ganz ehrlich bin", sagte er schließlich eher verzweifelt, "bin ich auch schon ein bißchen wie die..." und mit jenem leicht verhangenen Blick, mit dem vermutlich schon seit Urzeiten deutsche Männer zu erkennen gaben, daß sich ihre Seele mit der eines anderen berührt: "Aber wir sind Gott sei Dank schon zu alt, um richtige Wessis zu werden...".

8. Schluß

Am Ende bitte ich alle um Nachsicht, die unter der Fiktion des "Westdeutschen" versammelt wurden, ohne auch nur die geringste Ähnlichkeit mit diesem Wesen zu haben. Sie mögen mir auch nachsehen, daß ich mir so manchen Frust von der Seele geschrieben habe. Ich meine, dazu ebensoviel Recht zu haben wie beispielsweise Monika Maron, die es immerhin als "Neu-Wessi" fertigbrachte, unter dem Stichwort "Zonophobie" und der Überschrift "Peinlich, blamabel, lächerlich!", jene Gefühle der Verachtung und des Ekels dem "Ostdeutschen" gegenüber, die sich der "Westdeutsche" nicht auszusprechen traut, der Welt mitzuteilen (Maron 1992).

Durch das Schreiben dieses Beitrags bin ich meinen Landsleuten im Westen innerlich wieder nähergerückt. Ich spüre deutlich, daß Annäherung die - meinetwegen auch übertreibende - Betonung der Unterschiede als Voraussetzung hat. Um die Besonderheiten des jeweilig anderen zu akzeptieren, bedarf es jedoch einer gewissen Gleichrangigkeit beider Seiten. Die Art der Vergleiche - es geht ja vorwiegend um den wechselseitigen Umgang mit Macht und Gewalt - läßt meine Gleichwertigkeit nur unter der Bedingung zu, daß mein Partner aufhört, mit den Fingern auf mich und gleichzeitig das Unterdrückungssystem, aus dem ich stamme, zu zeigen, und sich einzureden, er sei der bessere Mensch, weil er im besseren System lebte. Das ist mir sehr bewußt, behindert mich entsprechend und macht mich vielleicht auch hier und da ungerecht. Trotzdem hat mich das Aussprechen meiner Empfindlichkeiten dem "Westdeutschen" eher nähergebracht.

Mein eigenes Identitätsproblem ist durch das Schreiben dieses Beitrags nicht geringer geworden, vielleicht etwas schärfer in den Konturen.

Literatur

Biermann, W. (1992): Der Spiegel 39.

Geyer, M. (1991): Deutsch-deutsche Annäherungsprobleme. In: psychosozial 45, 14. Jhg., Heft I, S. 5 - 12.

Geyer, M. (1992): Zur Situation der Psychotherapie in der ehemaligen DDR. In: Tress, W. (Hg.), (1992): Psychosomatische Medizin und Psychotherapie in Deutschland. Göttingen (Verlag für Medizinische Psychologie im Verlag Vandenhoeck & Ruprecht), S. 111 - 123.

Härtwig, R. (1992) : Ost-West-Konflikt: Auf dem Weg der Annäherung zur neuen deutschen Identität und Integrität. In: Report Psychologie, S. 11.

Krause, R. (1991): Psychische Folgen des Holocaust. In: Rohde-Dachser, R. (Hg.), (1991) : Beschädigungen. Psychoanalytische Zeitdiagnose. Göttingen (Vandenhoeck und Rupprecht). S. 49 - 65.

Krause, R. (1992): Deutsch-amerikanische Psychen. Einige Beobachtungen, Daten und Fakten.Vortrag an der Philosophischen Fakultät der Universität des Saarlandes, Saarbrücken.

Maron, M. (1992): Peinlich, blamabel, lächerlich. In: Der Spiegel 35, S. 136 - 141.

Schneider, P. (1990): Man kann sogar ein Erdbeben verpassen. In: Die Zeit, S. 27 und 28.

Simon, G. (1992): Mehr Faulheit! Mehr Genuß! Mehr Schlendrian! In: Die Zeit 47.

Szenen einer Ehe

Beziehungsdynamische Anmerkungen zu einem Fall von Wiederverheiratung*

Hans-Jürgen Wirth

Ein schon lange verheiratetes Ehepaar wird durch widrige Umstände voneinander getrennt. Von Stund an lebt jeder sein eigenes Leben, das unter extrem unterschiedlichen Bedingungen verläuft. Der Mann trifft es wirtschaftlich hervorragend. Er zieht in die Großstadt und verschreibt sich mit Haut und Haaren dem Sog der modernen Industriegesellschaft, die ganz auf Konkurrenz, Leistung, Erfolg und Wettbewerb ausgerichtet ist. Sein Aktivismus hilft ihm, sich über die innere Leere, die nach der Trennung von seiner Ehefrau aufzukommen drohte, hinwegzuretten. Er macht Karriere, kommt viel in der Welt herum, und im Laufe der Jahre gelingt es ihm, ein beachtliches Vermögen anzuhäufen. Er strotzt vor Kraft und Selbstbewußtsein. Was den wirtschaftlichen Erfolg anbelangt, kann ihm so leicht keiner das Wasser reichen. Allein sein stetiges Streben nach Erfolg und Leistung fordert seinen Preis. Auch wenn er es nicht wahrhaben will, sein Gesundheitszustand ist angeknackst. Er leidet an Übergewicht und Bluthochdruck, und sein gewaltiges Arbeitspensum, das er sich auferlegt, erhöhen zusammen mit seinem chronischen Alkohol- und Nikotinmißbrauch das Risiko einer schweren Erkrankung. Kein Zweifel: Er zeigt das typische Bild einer Herzinfarkt-Risikopersönlichkeit. Schon wiederholt hat ihn sein psychosomatisch informierter Hausarzt gewarnt, er steuere schnurstracks auf einen Herzinfarkt zu, wenn er weiter an seinem expansionistischen Lebensstil festhalte. Aber er schlägt solche Warnungen als - wie er sich ausdrückt - "grün-alternatives Psychogeschwätz" in den Wind.

*Zuerst erschienen in: Heiner Keupp, Hans-Jürgen Wirth (Hg.): Abschied von der DDR. Schwerpunktthema von psychosozial 45, 14. Jhg., 1991, S. 48-50.

In der Zwischenzeit lebt seine Frau unter weniger günstigen Umständen. Nach der unfreiwilligen Trennung von ihm bleibt sie in einem kleinen Dorf hängen und lebt dort unter beengten und kargen Verhältnissen. Am hektischen Leben der Großstadt nimmt sie nur durch's Fernsehen teil. Sie muß sich alleine durchschlagen und schlecht bezahlte Arbeiten annehmen. Trotz ihres Fleißes bleibt ihr wirtschaftlicher Wohlstand versagt, und sie muß sich mit einem vergleichsweise erbärmlichen Lebensstandard abfinden. An Urlaubsreisen in andere Länder ist gar nicht zu denken.

In den ersten Jahren nach der Trennung versucht sie, sich seelisch aufzurichten, indem sie sich einer sozialen Bewegung anschließt, die humanistische Ideale vertritt. Das gibt ihrem Leben einen Sinn und macht auch die ganze Plackerei erträglicher. Nach und nach wird ihr aber deutlich, daß der angeblich so humanistische und soziale Verein, dem sie sich angeschlossen hat, immer mehr zu einem System der Indoktrination, der Dogmatisierung und der Unterdrückung degeneriert. Gesinnungsschnüffelei, Spitzelwesen, Denunziantentum und schließlich die Bedrohung mit nackter Gewalt sind an der Tagesordnung. Als ihr das dämmert, ist sie entsetzt. Der Zynismus und die Heuchelei der Macht demoralisieren sie. Alles was ihrem kargen, entsagungsreichen Leben noch einen Sinn gegeben hat, bricht wie ein Kartenhaus in sich zusammen. Sie stürzt in eine tiefe Resignation und Depression. Ihr soziales Engagement versiegt. An der Arbeit funktioniert sie nur noch mechanisch, läßt aber jede Eigeninitiative vermissen. Schließlich vernachlässigt sie sogar ihr Äußeres.

Sie hätte wohl noch lange Zeit in einem solchen depressiven Dämmerzustand verharrt, wäre sie nicht auf Leidensgenossen und -genossinnen getroffen, die ähnlich fühlen und ähnlich denken wie sie. Mit ihnen tut sie sich konspirativ zusammen. Man trifft sich erst heimlich. Dann wagt man sich im Schutz der Kirche an die Öffentlichkeit, verteilt Flugblätter, hält Versammlungen ab, demonstriert gegen die Unterdrückung.

Was dann geschieht, erscheint ihr auch rückblickend noch immer wie ein Wunder: Das unterdrückende System ist innerlich marode und bricht unter dem Ansturm der Opposition zusammen.

Noch nie in ihrem Leben hat sie sich so frei gefühlt, so voll von Energie, voll von Tatendrang und Lebenslust. Sie hat ihre Ketten abgeschüttelt. Sie hat etwas in Bewegung gesetzt, draußen in der Welt und drinnen in ihrer Seele.

In diesem Moment tritt ein Ereignis ein, an das sie all die Jahre zwar immer wieder einmal denken mußte, das sie aber als ganz und gar außerhalb jeder Möglichkeit liegend angesehen hat: Sie trifft ihren einstigen Ehemann wieder.

"Verdammt ist der aber dick geworden!", ist ihr erster Gedanke. "Habe ich den wirklich einmal geliebt?". Ihr zweiter Gedanke ist selbstkritisch: "Du selbst bist ja auch nicht mehr die Jüngste und so abgemagert und verhärmt auch nicht mehr die Schönste." Ihre Selbstkritik stimmt sie milder in ihrem Urteil über den einstigen Mann: "Eigentlich sieht er mit seinem dicken Bauch auch ganz stattlich aus." Und so einen schicken und sicher teuren Anzug hat sie bislang nur im Fernsehen gesehen. Wie aus dem Ei gepellt steht er da. Auch beeindruckt sie sein selbstsicheres und selbstbewußtes Auftreten. Ohne Zweifel, er ist ein Mann, der sich sehen lassen kann. Sie beginnt wieder Gefallen an ihm zu finden.

Doch dann kommen Selbstzweifel hoch: Wird er sie überhaupt noch lieben, so ärmlich und verhärmt wie sie aussieht? Er ist sicher wahnsinnig attraktive und elegante Frauen gewöhnt. Richtig hinterwäldlerisch kommt sie sich jetzt vor. Würden ihr schicke Kleider überhaupt stehen? Das Geld, ihr welche zu kaufen, hätte er ja sicher. Aber mag er sich überhaupt noch mit ihr abgeben und sich mit ihr in der Öffentlichkeit sehen lassen?

Für ihn ist das gar keine Frage. Man sei ja schließlich nie rechtskräftig geschieden worden. Natürlich liebe er sie noch immer. All die Jahre habe er sie keinen Tag vergessen. Ja stündlich habe er sie vermißt. All seinen vorübergehenden Liebschaften habe er seine vollständige Liebe vorenthalten, um diese aufzusparen für ein mögliches Wiedersehen mit ihr.

Im Grunde ist er all die Jahre nicht von der fixen Idee losgekommen, sie eines schönen Tages doch wiederzufinden und sie in sein Haus zu holen. Die narzißtische Kränkung, sie verloren zu haben, wo er doch sonst alles im Leben besitzen kann, was er nur will, hat er nicht verwinden können. Jetzt freut er sich darauf, ihr vorführen zu können, was er inzwischen alles geleistet und erreicht hat. Er ist aufgeregt wie ein kleiner Junge vor Weihnachten. In seiner Phantasie spielt er schon genießerisch durch, wie er sie durch seine prachtvolle Villa führt, ihr den Garten zeigt und so ganz nebenbei auch den Industriekonzern, an dessen Spitze er sich hochgearbeitet hat. Bei Gott, er wird nicht protzen mit seinem Reichtum und seinem Erfolg. Nein, er wird ganz natürlich sein, so als sei das alles das Selbstverständlichste von der Welt. Und das ist es ja auch, wenn man so clever und ehrgeizig ist wie er. Und - zugegeben - wenn man ein wenig Glück hat.

Sie hat wohl weniger Glück gehabt. Aber damit ist jetzt Schluß. Sie kommt ja zu ihm. Gleich morgen zieht sie bei ihm ein. Warum erst morgen? Heute. Gleich. Sofort. Auf der Stelle. Marsch! Warum zaudert und zögert sie? Darauf haben wir doch all die Jahre sehnsüchtig gewartet und gehofft.

Sie steht etwas verdutzt vor ihm mit großen Augen. Stürmisch darf die

Liebe ja sein. Aber sie will nicht überrollt und erdrückt werden . "Vergewaltigung", "aufgeblasener Fatzke", "widerlicher Fettsack", fährt es ihr durch den Kopf. Aber diese Gedankenblitze drängt sie schnell wieder weg. Dafür kommt die alte Depression und Resignation wieder hoch. Wird sie sich neben diesem expansiven Koloß behaupten können? Wird sie ihre gerade gewonnene Freiheit, ihr soeben erobertes Selbstbewußtsein bewahren können? Oder verlangt er strikte Unterordnung und Anpassung? Betrachtet er sie nicht als Besitz, über den er verfügen kann wie über alles, was sonst noch nach seiner Pfeife tanzt?

Aber dann kommt er ihr auch wieder so großzügig vor, wie er sie neu einkleidet, sie zum Essen ausführt und ihr die glitzernde Welt des Konsums zu Füßen legt. Auch bewundert sie seine Größe, seine Stärke, sein gewichtiges Auftreten. Er weiß sich zu bewegen in der Öffentlichkeit. Wie ein Trampeltier kommt sie sich neben ihm vor, auch wenn er sie behandelt, als sei sie eine Dame von Welt. In dem Moment glaubt sie, ihn ein wenig zu lieben. Sie ist dankbar, hat aber auch Schuldgefühle, sie könnte ihm zur Last fallen. Nein, auf keinen Fall, beteuert er. Er sei der glücklichste Mann auf der ganzen Welt. Und dieser Tag, der Tag ihrer Wiedervereinigung, sei der glücklichste Tag in seinem ganzen Leben. Und das wolle schon etwas heißen. Bei dem Wort Wiedervereinigung blitzt eine sexuelle Assoziation in ihr auf, die sie aber schnell wieder wegschiebt. Der Gedanke, mit ihm schon heute Nacht intim zu werden, ist ihr etwas peinlich. Das geht ihr alles viel zu schnell. Etwas schüchtern versucht sie ihm beizubringen, daß man sich durch die lange Trennung etwas fremd geworden sei und sich erst langsam und vorsichtig wieder aneinander annähern und miteinander vertraut machen müsse. "Oder bin ich etwa verklemmt?", fragt sie sich. "Macht man das so in dieser modernen und schnellebigen Zeit?"

Er scheint da ganz unkompliziert zu sein. Sehr zufrieden sei er mit sich und der Welt und mit großer Gelassenheit werde er ihre gemeinsame Zukunft in die Hand nehmen. Er werde das Ding schon schaukeln. Jovial legt er ihr seinen Arm um die Schulter und drückt sie an sich. Sie blickt zu ihm auf. Jetzt müßte er sagen: "Schau mir in die Augen Kleines", denkt sie. Aber er tut es nicht. Er plant statt dessen ihren Umzug, die Hausrenovierung, die erste gemeinsame Fernreise. Praktisch veranlagt wie er ist, hat er schon über den Daumen gepeilt, wie groß die Steuerersparnis ist, wenn sie bei der Einkommensteuer jetzt wieder gemeinsam veranlagt werden. Für romantische Gefühle hat er nichts übrig. Überhaupt hält er von Gefühlen nicht viel. "Gefühlsduselei" nennt er das abschätzig.

Überhaupt kein Verständnis hat er dafür - und das sagt er ganz gerade heraus - daß sie darüber traurig ist, ihr Dorf nun zu verlassen. Wie sie nur an diesem "Drecknest" - so sagt er - hängen könne. Aber, hält sie dagegen, jeder von ihnen beiden müsse doch etwas von seinem Leben, seinen Überzeugungen und seinen Erfahrungen, die er in der Zwischenzeit gemacht habe, mit in die neu-alte Beziehung einbringen. Es könne doch nicht angehen, daß Wiederverheiratung bedeute, daß sie ihr ganzes zwischenzeitliches Leben aufgebe und sich ganz und gar ihm als dem Stärkeren und wirtschaftlich Potenteren von ihnen beiden anpasse und unterwerfe. Fast beschwörend redet sie auf ihn ein. Dieses Ungleichgewicht in ihrer Beziehung müsse sich doch zukünftig schwer rächen. Erhebliche eheliche Spannungen seien damit doch vorprogrammiert. Außerdem solle man nicht die Chance verpassen, die darin bestehe, daß sie beide einen Neuanfang machten und die positiven Erfahrungen und Möglichkeiten beider Seiten in die neue Beziehung einflössen.

Er holt tief Luft und schüttelt den Kopf. Das gehe ihm nicht in den Kopf. Es sei reine Energievergeudung, an die Zeit ohne ihn auch nur einen Gedanken zu verschwenden. Und auch um ihre Zukunft brauche sie sich keine Sorgen zu machen. Er sorge doch jetzt für sie.

Aber sie habe ja nicht nur Schreckliches erlebt, entgegnet sie.

Das gönne er ihr doch auch, aber was vorbei sei, sei vorbei, tönt er zurück. Da ist er ganz hart und kompromißlos.

Aber sie gibt nicht auf. Ihre Ehe liege doch noch viel weiter zurück und die habe er doch auch nicht vergessen.

Das sei etwas anderes. Das habe mit Treue und Pflichterfüllung zu tun. Aber er ist doch etwas verunsichert.

Das nutzt sie und erzählt ihm von ihrer Revolution gegen die Unterdrückung. Mit großem Wohlwollen hört er sich das an. Er sei sehr stolz auf sie, sagt er. Das habe sie ja toll gemacht. Zum ersten Mal fühlt sie sich von ihm akzeptiert und ernstgenommen. Warme Gefühle steigen in ihr auf. Nur zu gerne will sie sich von ihm verführen lassen. Aber, fährt er milde lächelnd fort, eine Revolution brauche sie zum Glück in ihrem Leben nie wieder zu machen, denn das habe sie zusammen mit ihm nicht mehr nötig. "Ist diese Ehe das Schicksal, in das ich mich fügen muß?", fragt sie sich.

Selbstkritik und Versöhnungsfähigkeit*

Horst-Eberhard Richter

Zur Erklärung von Fremdenangst und Fremdenfeindlichkeit werden vornehmlich ethnologische, religiöse, wirtschaftliche und politische Gründe diskutiert. Aber in der häufig gebrauchten Bezeichnung Xenophobie steckt auch der Hinweis auf eine psychopathologische Komponente. Die Frage ist, inwieweit brauchen Fremdenfeinde eine Legitimation für ein Bedürfnis, sich als Bedrohte darzustellen?

Ich greife zunächst auf ein Beispiel der spanischen Judenverfolgung im 15. und 16. Jahrhundert zurück, das von Hilberg und zuletzt von Reemtsma genauer studiert wurde. Nachdem es schon vorher antijüdische Ausschreitungen in Spanien gegeben hatte, verfügte das katholische Herrscherpaar Ferdinand von Aragon und Isabella von Kastilien 1492, die Juden hätten entweder den christlichen Glauben anzunehmen oder auszuwandern. 150.000 Juden emigrierten. 50.000 blieben und ließen sich christlich taufen. Aber obwohl nun der religiöse Vorwand entfallen war, sahen sich die Verbliebenen bald neuen Nachstellungen ausgesetzt. Nunmehr wurden gegen sie Diskriminierungsgesetze mit rassistischer Begründung erlassen. Ausschlaggebend war neuerdings das Merkmal der jüdischen Abstammung.

Reemtsma deutet diesen Rassismus als nachträglichen Versuch der Verfolger, sich das eigene Verhalten verständlich zu machen. Er ergab sich nach Reemtsma also aus einer Art von Erklärungsnotstand. Die ursprüngliche Begründung, die religiöse, war entfallen, also wurde eine neue erfunden. Die veränderliche Eigenschaft der Religionszugehörigkeit wurde ersetzt durch die unveränderliche einer Rassenzugehörigkeit. Man will weiter verfolgen und schafft sich für die Praxis eine Rechtfertigung.

*Zuerst erschienen in: Psyche 47, 1993, S. 397 ff.

Demnach entpuppt sich der Rassismus in diesem Beispiel als Hilfskonstruktion zur Rationalisierung eines verdeckten Bedürfnisses. Es ist Haß, der ein Objekt braucht und in diesem Fall auf die Idee erst der Bedrohung durch eine fremde Religion, dann durch fremdrassiges Blut verfällt.

Nicht alles an Xenophobie muß Projektion sein. Man hat immer auch zu fragen, was Gruppen an sich haben mögen, das ihre Auswahl als Haßobjekte erleichtert. Aber die folgende Betrachtung soll sich ganz den subjektiven psychischen Motiven des Fremdenhasses zuwenden, ihrem Ursprung und ihrer möglichen Veränderbarkeit.

Das Bedürfnis nach aggressiver Projektion kann sich, wie im vorliegenden Beispiel, dadurch verraten, daß ein- und dieselbe fremde Gruppe mit beliebig wechselnden Argumenten abgewertet wird. Es kann sich aber auch darin ausdrücken, daß sich die Projektion bei Verblassen eines Haßobjektes prompt einen neuen attraktiveren Feind sucht und diesen sozusagen als Ersatzdeponie benutzt.

Lassen Sie mich dies anhand eines aktuellen Beispiels erläutern. Vor wenigen Jahren versetzte das Aidsproblem eine Weile die Öffentlichkeit in helles Entsetzen. Hitziger Streit entbrannte darum, wie der Seuche am sinnvollsten beizukommen sei. Argwohn heftete sich an die Gruppen, von denen man eine weitere schnelle Ausbreitung des Virus am ehesten befürchtete, also an die sogenannten Aids-Risikogruppen. Bekanntlich drangen besonders einige bayrische Politiker auf Zwangsuntersuchungen, auf eine allgemeine Meldepflicht sowie auf ein scharfes strafrechtliches Vorgehen gegen unvorsichtige HIV-Infizierte, die sogenannten "Verbreitergruppen". Die Öffentlichkeit spaltete sich damals in Anhänger eines scharfen Durchgreifens einerseits und Befürworter einer liberalen, auf Aufklärung bauenden Aidspolitik andererseits.

Im Jahre 1989 führten wir von unserem Gießener Psychosomatischen Zentrum aus eine repräsentative Untersuchung durch, mit der wir Näheres darüber erfahren wollten, in welchem Maße sich in der Bevölkerung Angst und Ablehnungsgefühle gegenüber den Aids-Risikogruppen im Vergleich zu anderen Minderheiten niedergeschlagen hatten. Das Ergebnis ließ uns staunen. Wir fanden nämlich, daß die Deutschen seinerzeit Türken, Asylbewerber und auch Zigeuner deutlich freundlicher beurteilten als Homosexuelle, Fixer und Prostituierte. Die auf dem sogenannten Sympathie-Thermometer erreichten Werte lagen für türkische Gastarbeiter bei 45 Prozent, für Asylbewerber bei 36 Prozent, für Zigeuner bei 34 Prozent, dagegen für Homosexuelle nur bei 27 Prozent, für Prostituierte und Drogenabhängige bei je 22 Prozent. Zu jener Zeit waren also die als Aidsverbreiter gebrandmarkten Gruppen die am meisten gefürchteten "Fremden" mit deutlichem Vorsprung vor den Ausländern. Nachdem Aids als großes Medienthema nunmehr in den Hintergrund getreten ist und dem Flüchtlingsproblem Platz gemacht hat, sprechen alle Anzeichen dafür, daß inzwischen Asylbewerber und Ausländer die Hauptrolle als Haßobjekte eingenommen haben. Leider fehlt uns das Geld, unsere Untersuchung von 1989 zu wiederholen, um den exakten Beweis zu erbringen.

Aus dieser und ähnlichen Beobachtungen läßt sich jedenfalls die Annahme ableiten, daß es ein weit verbreitetes Feindbedürfnis gibt, das sich jeweils dort anheftet, wo sich ein Verfolgerbild am einleuchtendsten aufbauen und politisch instrumentalisieren läßt. Daran läßt sich die Vermutung knüpfen, daß bestimmte psychologische Eigenschaften zu solchem Feindbedürfnis besonders disponieren.

Dazu haben wir eine spezielle Analyse durchgeführt. Wir haben im Rahmen unserer repräsentativen Untersuchung zwei Bevölkerungsgruppen danach getrennt, ob sie bei entsprechender Befragung eine negative oder eine positive Einstellung gegenüber Türken, Asylbewerbern oder Spätaussiedlern angegeben haben. Roland Schürhoff hat mit einer Cluster-Analyse verglichen, wie sich die beiden Gruppen im Gießen-Test psychologisch selbst beschreiben. Dabei ergab sich, daß das psychologische Selbstportrait der eher "Fremdenfreundlichen" von dem der "Fremdenfeindlichen" - man gestatte diese vergröbernden Bezeichnungen - in einigen wesentlichen Punkten bemerkenswert abwich.

Ausgeprägte Antipathie gegen Türken, Asylbewerber und Spätaussiedler äußern vorwiegend jene Deutschen, die sich persönlich generell als eher mißtrauisch und besonders kontaktunsicher schildern. Nach ihrer Selbstdarstellung haben sie Mühe, mit anderen enger zusammenzuarbeiten. Sie sondern sich eher ab. In der Liebe können sie nur schwer aus sich herausgehen, erleben sich dem anderen Geschlecht gegenüber als befangen. Aber auch ganz allgemein mangelt es ihnen an sozialen Gefühlen. Sorgen um andere Menschen machen sie sich wenig. Wie zu erwarten, überwiegen unter den Bekennern von Antipathie Vertreter der unteren Bildungsschicht. Anhänger der Grünen und der FDP sind unterrepräsentiert.

Entsprechend gegensätzlich stellt sich der Typ von Deutschen dar, dem Antipathie gegenüber den genannten Gruppen eher fremd ist. Hier überwiegen kontaktfreudige, kooperative, erotisch unbefangene und fürsorgliche Züge im Selbstportrait. Die Sympathisanten gehören häufiger der höheren Bildungsschicht an. Sie bilden einen besonders hohen Anteil unter den Angehörigen der Grünen.

Fazit: Es gibt also sehr wohl eine psychologische Disposition für Fremdenfeindlichkeit, die zu sozialen und ökonomischen Bedingungen hinzutritt.

Die Gefährdung steigt mit dem Ausmaß persönlicher Kontaktangst, Verschlossenheit und erotischer Befangenheit. Daraus entspringt ein Ressentiment: Das eigene Defizit an Offenheit und Vertrauensfähigkeit wird in eine narzißtisch weniger kränkende kämpferische Position verkehrt, in eine angeblich notwendige Wappnung gegen äußere Bedrohung. Auch die angedeuteten Sexualängste erscheinen plausibel als Kehrseite der insbesondere den Flüchtlingen aus den Armutsländern meist zugeschriebenen massiven Triebhaftigkeit, Promiskuität und hohen Fruchtbarkeit.

Zwar in der unteren Bildungsschicht stärker vertreten, reicht das Ressentiment weit in die bürgerlichen Schichten hinein. Man erinnere sich nur, daß nicht weniger als 34 Prozent der erwachsenen deutschen Gesamtbevölkerung laut EMNID Verständnis für den neuen Rechtsradikalismus im Zusammenhang mit dem Flüchtlingsproblem bekundet haben.

Die Frage ist, inwieweit auch diejenigen, die sich bei unserer Untersuchung als weniger fremdenfeindlich dargestellt haben, unter größerem Gruppendruck der Versuchung standhalten könnten, sich jenem Ressentiment anzuschließen. Wissen wir doch gerade aus der eigenen jüngeren Geschichte nur zu gut, daß sich ganze Völkerschaften auf das eine oder andere offizielle Feindbild einschwören lassen können. Ganz offenbar ist der Sündenbockmechanismus eine allgemein verbreitete Anlage, ähnlich einem Bazillus, der virulent werden kann, sobald ihm eine Immunitätsschwäche des Organismus den Weg zur Krankheitserzeugung freigibt. Die soziale Immunität ist trotz aller grauenhaften Erfahrungen mit der Inquisition, mit Kriegen und Völkermorden offensichtlich labil geblieben. - Ein außerirdischer Angreifer würde uns sofort zu Bundesgenossen machen, meinte seinerzeit Präsident Reagan zu Gorbatschow in Genf, als ob nur ein gemeinsamer Außenfeind der Blockkonfrontation ein Ende machen könne. Eine ähnlich pessimistische Einstellung verrät der Bericht des Rates des Club of Rome zu diesem Thema:

"Offensichtlich brauchen die Menschen eine gemeinsame Motivation, genauer einen gemeinsamen Feind, als Ansporn zu gemeinsamem Handeln." (...) "Gibt es den traditionellen Feind nicht mehr, entsteht die Versuchung, religiöse oder ethnische Minderheiten, an deren Andersartigkeit man sich stößt, zu Sündenböcken zu machen. Können wir ohne Feinde leben? Die Staaten unserer Welt waren bisher so sehr daran gewöhnt, ihre Nachbarn in Freund und Feind einzuteilen, daß sich durch das plötzliche Fehlen traditioneller Gegner für Regierungen und öffentliche Meinung eine große Lücke auftut. Daher müssen neue Feinde gefunden, neue Strategien erdacht und neue Waffen entwickelt werden."

Bekanntlich lautet eine Erklärung für die jüngste Welle von Nationalitätskonflikten und -kriegen, sie seien nicht zuletzt eine unausbleibliche Folge des Vakuums, das der Kalte Krieg mit seinem weltweit strukturierenden bipolaren Blocksystem hinterlassen habe. Schon hört man hier und da Bedauern darüber, daß die große Ost-West-Konfrontation als ordnungsstiftendes System entfallen sei, das zumindest einige der neuesten blutigen Kriege verhindert habe.

Wer zur inneren Entlastung dankbar für offizielle Sündenbock-Angebote ist, hört gar nicht erst hin, wenn man ihm etwa nahelegt, seine Projektionsneigung als eigenes Problem kritisch ins Auge zu fassen. Er sehnt sich nach Politikern, die ihm hassenswerte Verfolger präsentieren, - wenn nicht Aidsverbreiter, dann Asylbewerber, wenn nicht Kommunisten, dann Ayatollahs oder Saddam Hussein, wenn nicht Kriminelle, dann vielleicht auch wieder einmal die Juden.

Die im Club of Rome dominierenden Naturwissenschaftler hoffen lediglich darauf, daß die Menschheit sich im Blick auf ein neues gemeinsames Feindbild verständigen möge, nämlich auf die sozialen und ökologischen Verheerungen, die der Mensch selber anrichtet. Aber dieses Rezept, das von der Unabänderlichkeit des Hasses ausgeht, legt doch wieder nahe, daß die Mächtigen - wie je - ihre Schuld den Ohnmächtigeren zuteilen und bis zuletzt die eigene Hauptverantwortlichkeit verleugnen.

Ob Fortschritte in Richtung höherer Friedfertigkeit überhaupt lernbar und ob Versöhnung und Solidarität immer nur gegen gemeinsame Haßobjekte möglich seien, bleibt umstritten. Ein Beobachtungsfeld, wo die Entstehung, aber auch die Rücknahme von Projektionen genauer studiert werden kann, ist das der Psychoanalyse und der psychoanalytischen Sozialpsychologie. Der Psychoanalytiker stößt immer wieder auf den unmittelbaren Zusammenhang von manifestem Haß und verdrängtem Selbsthaß: Manche Menschen ereifern sich unablässig gegen Homosexualität, um genau diese Neigung in sich selbst niederzuhalten. Andere gebärden sich als prüdeste Sittenrichter und werden selbst - wie Professor Unrat in Heinrich Manns "Blauem Engel" - von massivster unterdrückter Triebhaftigkeit gequält. Als die unversöhnlichsten Verfolger einer politischen Ideologie spielen sich vielfach diejenigen auf, denen es unerträglich ist, daß sie diese einst selbst leidenschaftlich vertreten haben. Konvertiten sind die schärfsten Inquisitoren ihrer ehemaligen Glaubensbrüder. Antiautoritäre Rebellen neigen, erst einmal selbst nach oben gelangt, oft genau zu dem Machtmißbrauch, gegen den sie zuvor Sturm gelaufen waren.

Arbeitet der Psychoanalytiker mit Menschen, die sich projizierte Spiegelbilder eigener abgewehrter Anteile aufgebaut haben, sieht er eine seiner Aufgaben darin, ihnen zu helfen, sich allmählich in ihren Projektionen wiederzuerkennen. Weil er sie dadurch eines bewährten Mittels zur Spannungsabfuhr beraubt, stößt er bei solchem Bemühen regelmäßig auf hartnäckige Gegenwehr. Aber geduldiges Analysieren und Ermutigen kann doch dazu führen, daß Analysanden es unter Schmerzen zögernd auf sich nehmen, die eigene Nähe zu den Merkmalen wahrzunehmen, für die sie einen bisherigen Feind stellvertretend gehaßt haben. Gelingt dieser schwierige Prozeß in langer Arbeit, kann er in ein Bewußtsein höherer innerer Freiheit münden, nämlich durch Verfügung über Energien, die bisher in dem inneren Spaltungsprozeß gebunden waren. Der Preis ist die Aufgabe jener Selbstgerechtigkeit oder gar Selbstidealisierung, deren Schutz die Projektion bewirkt hatte.

Die Frage ist nun, ob und unter welchen Bedingungen solche Lernvorgänge bei Einzelnen oder auch bei größeren Gemeinschaften spontan zustande kommen können. In diesem Zusammenhang wird bekanntlich wieder und wieder diskutiert, ob die Deutschen nach Hitler ein Stück ihrer Bereitschaft zu nationalistischer und rassistischer Haßprojektion bearbeitet oder ob sie diese nur verdrängt oder z.B. mit Hilfe des offiziellen Antikommunismus im Kalten Krieg verschoben haben. Haben die nachfolgenden beiden Generationen die Taten unter Hitler als absurd und uneinfühlbar von sich abgerückt, oder haben sie in sich selbst nach den eigenen Tätermöglichkeiten geforscht, nach den Spuren, die ihnen die Alten aus der meist unbesprochenen Vergangenheit unbewußt weitergegeben haben?

Ich kann dieses Problem, zu dem sich gerade kürzlich Tilmann Moser und Margarete Mitscherlich in der *Psyche* differenziert geäußert haben, hier nicht gründlicher aufgreifen, nur einige Beobachtungen und einen empirischen Untersuchungsbefund beisteuern.

Anfang der 80er Jahre begannen Studenten an der Gießener Universität spontan mit Nachforschungen über die Zustände an unserer Hochschule während der Hitlerzeit. Sie untersuchten: Wie hatten sich die Professoren nach der Nazi-Machtergreifung benommen? Wie ist man mit den jüdischen Professoren umgegangen, und was ist aus diesen geworden? Wie weit ist der Nazigeist in Doktor- und Habilitationsarbeiten eingedrungen? Gab es an der Universität Widerstand? Was hat man mit den Widerständlern gemacht? Man spürte z.B. eine seinerzeit mit Zuchthaus bestrafte alte Ärztin aus dem Widerstand auf und interviewte sie. Auf vielstündigen Abendveranstaltungen berichteten die Studentinnen und Studenten in vollbesetzten großen Hörsälen stundenlang über ihre Ermittlungen, präsentierten Fotos und Schriftstücke. Das alles geschah eher am Rande des offiziellen Betriebs, nur von wenigen Professoren mit Interesse und eigenem Engagement verfolgt. Diese studentischen Aktivitäten dürften einen überraschenden Befund besser verständlich machen, den ich nun mitteilen möchte.

Zusammen mit Hans-Jürgen Wirth und Roland Schürhoff habe ich Ende 1989 eine Untersuchung an 1.450 Gießener Studentinnen und Studenten durchgeführt, übrigens eine Parallelstudie zu einer gleichzeitig veranstalteten Erhebung an 1.000 Moskauer Studenten (vgl. Richter 1990). Unter 84 von uns vorgegebenen Fragen lautete eine, ob es eine äußerst wichtige oder eher überflüssige Aufgabe sei, daß sich die Deutschen noch mit der Hitlerzeit auseinandersetzten.

86 Prozent der antwortenden Gießener Studentinnen und Studenten aus den Fachbereichen Wirtschaft, Naturwissenschaften, Medizin und Psychologie meinten, diese Auseinandersetzung mit der Hitlerzeit sei immer noch wichtig bis äußerst wichtig. Ist diese Zahl an sich schon bei einer schriftlichen anonymen Befragung bemerkenswert, so ist nicht weniger interessant, was wir herausrechnen konnten, als wir diese Antwort mit anderen Angaben zum Fragebogen statistisch in Beziehung setzten (vgl. Wirth, Schürhoff 1991). Es kam heraus:

Je wichtiger unsere Studentinnen und Studenten die Auseinandersetzung mit der Hitlerzeit fanden,

- umso kritischer beurteilten sie die Ungerechtigkeiten in der eigenen Gesellschaft (Benachteiligung alter Menschen und Kinder),
- umso mehr charakterisierten sie sich durch soziale Sensibilität, nämlich durch die Bereitschaft, sich eher häufig um andere Menschen zu sorgen,
- umso stärker betonten sie ihre Bereitschaft, anderen Menschen Vertrauen zu schenken und
- umso weniger äußerten sie negative nationale Vorurteile gegenüber den Russen, umso eindeutiger erwarteten sie eine freundschaftliche Entwicklung zwischen Russen und Deutschen.

So demonstrieren die Befunde eindrucksvoll: Die Bereitschaft zu kritischer Erinnerung paart sich sehr deutlich mit bemerkenswerter sozialer Offenheit, mit der Fähigkeit zu Vertrauen, mit der Neigung zu sozialem Mitfühlen und einer Absage an nationale Vorurteile - zumindest gegenüber den Russen. Übrigens hat Leonid Gozman, Partner unseres Projektes, der parallel 1.000 Moskauer Studenten untersucht hat, einen in ähnliche Richtung weisenden Befund erhoben: Je wichtiger es den Moskauer Studenten erscheint, daß die Russen sich noch mit der Stalinzeit auseinandersetzten, umso mehr Sympathie äußern sie für die deutsche Sprache. Die gefühlsmäßige Einstellung zur Sprache dient als sozialpsychologisches Indiz für die Einstellung zu dem Volk als Träger dieser Sprache.

Die psychoanalytische Erfahrung, daß die Bearbeitung eigener Schuldkonflikte die Versuche zu negativen Projektionen mindert, läßt diese Ergebnisse plausibel und interessant erscheinen. Daß erst Anerkennung eigener Schuld den Weg zu Versöhnlichkeit bahnt, ist als Lehre übrigens schon in dem alten Ritual des israelischen Versöhnungsfestes enthalten, in dem Aaron erst die Sünden des Volkes Israel zu bekennen hatte, bevor er den Bock in die Wüste schicken durfte. Vergessen wird oft, daß das Wort Versöhnen, das wir heute meist nur oberflächlich im Sinne von "Schwamm drüber" benützen, ursprünglich mit Sünde zu tun hat. Es kommt von Versüenen, was noch zur Zeit Luthers so viel wie entsündigen bedeutete. An diesen Sinn erinnert noch die zweite Strophe jenes Weihnachtsliedes, in dem es heißt, Christ ist erschienen, uns zu versühnen.

Margarete Mitscherlich, 1977 Koautorin des Buches "Die Unfähigkeit zu trauern", schrieb unlängst: "Bisher hatte ich den Eindruck, die Verdrängung der Vergangenheit sei erfolgreich gewesen, wir seien unfähig zum trauernden und erinnernden Rückblick, zur Konfrontation mit unserer historischen Schuld. Das scheint sich jetzt zu ändern. Die Vergangenheit ist den Deutschen heute präsenter als je zuvor." Jürgen Habermas zitiert den tschechischen Historiker Jan Kren mit der Äußerung, die "Vergangenheitsbewältigung" in der Bundesrepublik sei eine der "großen Leistungen" des Jahrhunderts. Dies sei freilich eine mehr beschwörend als deskriptiv gemeinte Aussage gewesen, kommentiert Habermas und fügt mit Recht hinzu: Würden Deutsche sich in dieser Weise loben, würden sie die Aussage damit schon wieder widerlegen. Die genannten 86 Prozent unserer befragten Studenten meinen ja auch keineswegs, die Erinnerungsarbeit sei vollendet; vielmehr sei wichtig, sie fortzusetzen, womit sie jenen prominenten Politikern widersprechen, die unablässig dazu auffordern, die Jugend endlich mit den alten Geschichten in Ruhe zu lassen, da diese Generation damit doch persönlich nichts mehr zu tun habe.

Ob der vorsichtige Optimismus, den ich mit Margarete Mitscherlich teile, berechtigt ist, wird sich erst noch erweisen müssen, nachdem sich das vereinigte Deutschland, aus der Satellitenrolle im alten System der Blöcke entlassen, nunmehr eigenständig definieren muß. Immerhin gibt es also erfreuliche Anzeichen, daß sich der Tendenz zum Verdrängen und zu fremdenfeindlichen Projektionen wachsame Teile gerade auch der Jugend entschieden widersetzen. Es sind auf Gesamtdeutschland bezogen gewiß nicht 86 Prozent, aber jedenfalls sind es diejenigen wichtigen Hoffnungsträger, die begriffen haben, daß weiterhin selbstkritisches Erinnern zum Vorbeugen unerläßlich ist.

Literatur

Habermas, J. (1990): Vergangenheit als Zukunft. Jürgen Habermas im Gespräch mit Michael Haller. Herausgegeben von M. Haller. Zürich (Pendo).

Mitscherlich-Nielsen, M. (1992): Die (Un)fähigkeit zu trauern in Ost- und Westdeutschland. Was Trauerarbeit heißen könnte. In: Psyche 46, S. 406ff.

Moser, T. (1992): Die Unfähigkeit zu trauern: Hält die Diagnose einer Überprüfung stand? Zur psychischen Verarbeitung des Holocaust in der Bundesrepublik. In: Psyche 46, S. 389ff.

Richter, H.-E. (Hg.), (1990): Russen und Deutsche. Alte Feindbilder weichen neuen Hoffnungen. Hamburg (Hoffmann und Campe).

Wirth, H.-J., Schürhoff, R. (1991): Können sich Deutsche und Russen aussöhnen? Ergebnisse einer vergleichenden sozialpsychologischen Studie. In: Psychosozial 45, Heft 1, 1991, S.129-136.

Die Autoren

Brähler, Elmar, Prof. Dr., geb. 1946. Studium der Mathematik und Physik in Gießen, 1976 Promotion an der Universität Ulm für theoretische Medizin, 1980 Habilitation für Medizinische Psychologie an der Universität Gießen. Seit 1991 Professor für Medizinische Psychologie an der Universität Leipzig.

Geyer, Michael, geb. 1943 in Erfurt/Thüringen. Dr. med. 1966. Dr. habil 1978. Professor für Psychiatrie der Universität Leipzig 1983. Professor für Psychosomatische Medizin und Psychotherapie der Leipziger Universität 1992. Veröffentlichungen über Psychosomatik bei Herz-Kreislauferkrankungen, Psychoprophylaxe, den psychotherapeutischen Prozeß, zwei Psychotherapielehrbücher.

Köhl, Albrecht, geb. 1946 in Hartershausen a.d. Fulda. M.A. 1974, Medizinsoziologe, Internist und Psychoanalytiker. 1974-1984 Tätigkeit am Zentrum für Psychosomatische Medizin der Justus-Liebig-Universität Gießen. Seit 1993 Ärztlicher Direktor der Klinik Rabenstein in Bad Salzhausen. Mitherausgeber der Zeitschrift psychosozial, Arbeiten und Veröffentlichungen zum Gesundheits- und Krankheitsverhalten, zu psychosozialen Aspekten von AIDS und zum Verhältnis von psychischen, somatischen und sozialen Variablen im Krankheitsprozeß.

Plöttner, Günter, geb. 1943 in Leipzig, Dr. med. 1978, Dr. habil. 1990, Oberarzt an der Klinik für Psychotherapie und Psychosomatische Medizin Universitätsklinik Leipzig. Dozent im Sächsischen Institut für Psychoanalyse und

Psychotherapie e.V., Veröffentlichung über Abbildung und Kontrolle des Psychotherapeutischen Prozesses und über epidemiologische Untersuchungen von unterschiedlichen Umwelteinflüssen auf Veränderung der Morbiditätsstruktur psychosomatischer Erkrankungen.

Richter, Horst-Eberhard, geboren 1923, studierte Medizin, Philosophie und Psychologie; Dr. phil. und Dr. med. Nach seiner Ausbildung zum Psychiater und Psychoanalytiker Praxis und Lehrtätigkeit in Berlin. 1962 Berufung auf den Lehrstuhl für Psychosomatik in Gießen, 1973 bis zu seiner Emeritierung im Jahre 1992 Geschäftsführer Direktor des Zentrums für Psychosomatische Medizin. Mitbegründer und Vorstand der Deutschen Sektion der Internationalen Ärzte für die Verhütung des Atomkrieges (IPPNW). Seither Leiter des Sigmund-Freud-Institutes, Frankfurt a. M. Buchveröffentlichungen u. a. *Eltern, Kind und Neurose*, *Patient Familie*, *Die Gruppe*, *Der Gießen-Test*, *Lernziel Solidarität*, *Flüchten oder Standhalten*, *Der Gotteskomplex*, *Zur Psychologie des Friedens*, *Die Chance des Gewissens* (1986), *Leben statt Machen* (1987), *Die Hohe Kunst der Korruption* (1989), *Russen und Deutsche* (1990), *Umgang mit Angst* (1992).

Schauenburg, Henning, Dr. med., Abteilung Psychosomatik und Psychotherapie, Universität Göttingen, Jahrgang 1954, Arzt für Neurologie und Psychiatrie, Psychotherapie, Familientherapeut, in Weiterbildung zum Psychoanalytiker (DPG), Oberarzt der Ärztlich-psychologischen Beratungsstelle für Studierende in der Abteilung Psychosomatik und Psychotherapie der Universität Göttingen. Veröffentlichungen auf dem Gebiet der Neurologie, Psychiatrie und gynäkologischen Psychosomatik sowie zur klinischen Diagnostik von Abwehrmechanismen, zur Diagnostik neurotischer Erkrankungen nach der ICD-10 und zum sozialpsychologischen Vergleich ost- und westdeutscher Studierender.

Scheer, Jörn W., geb. 1941 in Hamburg. Dr. phil. 1975, Habilitation 1985, Professor für medizinische Psychologie in Gießen seit 1977. Veröff. u.a. *Psychotherapeutische Studentenberatung"*(m. M. L. Moeller), 1974, *Medizinsche Psychologie* (m. D. Beckmann, S. Davies-Osterkamp), 1982, *Ärztliche Maßnahmen aus psychologischer Sicht* (m. E. Brähler), 1984, *Einführung in die Repertory Grid-Technik* (m. A. Catina), 1993.

Scholz, Michael, geb. 1941 in Berlin, Dr. med. 1966, Dr. habil. 1984, 1994 Professur für Kinder- und Jugendpsychiatrie und -psychotherapie an der

Technischen Universität Dresden; Veröffentlichungen über systemische Familiendiagnostik, Familientherapie, Schizophrenie und Familie, kindliche Schizophrenie und Anorexie.

Schürhoff, Roland, geb. 1956 in Velbert. MA, Medienforscher bei der Deutschen Welle in Köln, z. Zt. Dissertation: Aids im gesellschaftlichen Bewußtsein - Aspekte der Stigmatisierung von HIV-Infizierten und Risikogruppen.

Wirth, Hans-Jürgen, Dr. rer. soc., Dipl.Psych., Psychoanalytiker (DPV), geb. 1951, Studium der Psychologie und Soziologie, dreijährige Weiterbildung in psychoanalytischer Familien- und Sozialtherapie. 1982 - 1987 wissenschaftlicher Mitarbeiter in einem Forschungsprojekt über Jugendprotest. 1985 - 1991 Hochschulassistent am Zentrum für Psychosomatische Medizin der Universität Gießen. Zur Zeit selbständig als Psychoanalytiker und als Schriftleiter und Verleger der Zeitschrift *psychosozial*. Buchveröffentlichungen u. a.: *Die Schärfung der Sinne. Jugendprotest als persönliche und kulturelle Chance*, Frankfurt 1984 (Syndikat/Athenäum); (Hg.): *Nach Tschernobyl - regiert wieder das Vergessen?"* Frankfurt 1989 (Fischer, Psychosozial-Verlag); als Co-Autor: *Zwischen Gewalt und Resignation. Jugendprotest in den achtziger Jahren*, Leverkusen 1989 (Leske und Budrich).

Psychosozial-Verlag

Annette Simon

»Bleiben will ich, wo ich nie gewesen bin«

Versuch über ostdeutsche Identitäten

2009 · 165 Seiten · Broschur
ISBN 978-3-89806-653-2

Die Essays der Autorin über ihre widersprüchlichen Erfahrungen als oppositionell engagierte Bürgerin in der DDR wurden zum ersten Bestseller des Verlages. Neben der subtilen psychologischen Analyse des Vereinigungsprozesses und seiner Folgen thematisieren die Texte die ostdeutsche Identität. Deren Veränderungen und Verwerfungen seit 1989 drücken sich etwa im Rechtsradikalismus aus, dessen spezifisch ostdeutsche Wurzeln in einem kontrovers diskutierten Text analysiert werden.

Indem sich die Autorin mit Auswirkungen der Überwachung durch die Staatssicherheit auf Therapeuten und Patienten in der DDR sowie mit deren Nachwirkungen bis in die Gegenwart befasst, zeigt sie sich als eine Psychoanalytikerin, die ihren Beruf und dessen besondere Stellung in der Gesellschaft unaufhörlich reflektiert.

Christoph Seidler, Michael J. Froese (Hg.)

Traumatisierungen in (Ost-)Deutschland

2009 · 288 Seiten · Broschur
ISBN 978-3-8379-2011-6

Das Jahr 1989 brachte den DDR-Bürgern neben der Freiheit auch Entfremdung, Verlust, emotionale Obdachlosigkeit – und damit auch seelische Verwundungen. 20 Jahre nach dem Mauerfall werden diese nun zunehmend sichtbar.

Die Ostdeutschen nehmen an ihrer Geschichtsschreibung nach wie vor wenig teil. Ihre seelischen Traumata werden verdrängt, verleugnet, vergessen. Sie stellen einen abgespaltenen Teil der jüngeren deutschen Geschichte dar. Sprachlosigkeit und Tabus verhindern nicht nur jede Wundheilung, sondern verursachen selbst Verletzungen. Sie spielen auch bei der Weitergabe von Traumata an die nächsten Generationen eine zentrale Rolle. Mit dem Buch melden sich Psychoanalytiker mit politischer Krankengeschichtsschreibung zu Wort. Damit wird ein Blick auf die genuin ostdeutsche Geschichte als Teil der deutschen Geschichte möglich.

Walltorstr. 10 · 35390 Gießen · Tel. 0641-969978-18 · Fax 0641-969978-19
bestellung@psychosozial-verlag.de · www.psychosozial-verlag.de

Psychosozial-Verlag

Carmen Dege

Die Lüge und das Politische

Freiheit und Sicherheit in der Präventionsgesellschaft

2010 · 230 Seiten · Broschur
ISBN 978-3-8379-2065-9

Die Sicherheitsdebatte der letzten Jahrzehnte ist geprägt von einem Konflikt zwischen staatlich zu gewährender Freiheit und dazu nötiger Sicherheit. Möglich wird dieser Diskurs durch die Verdrängung einer spezifischen Vorstellung von Freiheit, der dieses Buch gewidmet ist. Freiheit wird zur organisierten Lüge, die politisches Handeln ausschließt. Der Konflikt zwischen Freiheit und Sicherheit entpuppt sich dabei als nur scheinbar unabwendbar, als Illusion einer maßgeblich an Prävention und Absicherung orientierten Gesellschaftspolitik.

Der Autorin gelingt es mit ihrer Analyse, das Verständnis des Problemkreises zu erweitern. Darüber hinaus betritt sie theoretisches Neuland, indem sie anhand der Arendt'schen Philosophie eine Konzeption der Lüge weiterentwickelt, die bislang sowohl in der Literatur zur Lüge als auch in der Arendt-Debatte nur marginal gewürdigt wurde.

Hans-Jürgen Wirth

Narzissmus und Macht

Zur Psychoanalyse seelischer Störungen in der Politik

4. Aufl. 2011 · 440 Seiten · Broschur
ISBN 978-3-8379-2152-6

Gesellschaftliche Macht übt eine unwiderstehliche Anziehungskraft auf Personen aus, die an einer narzisstischen Persönlichkeitsstörung leiden. Karrierebesessenheit, ungezügelte Selbstbezogenheit, und Größenfantasien sind Eigenschaften, die der narzisstisch gestörten Persönlichkeit den Weg an die Schaltstellen ökonomischer oder politischer Macht ebnen. Fremdenhass und Gewalt gegen Sündenböcke zu schüren, gehört zu den bevorzugten Herrschaftstechniken solcher Führer. Geblendet von eigenen Größen- und Allmachtsfantasien verliert der Narzisst den Kontakt zur gesellschaftlichen Realität und muss letztlich scheitern. Eng verknüpft mit dem Realitätsverlust ist die Abkehr von den Normen, Werten und Idealen, denen die Führungsperson eigentlich verpflichtet ist.

Walltorstr. 10 · 35390 Gießen · Tel. 0641-969978-18 · Fax 0641-969978-19
bestellung@psychosozial-verlag.de · www.psychosozial-verlag.de

Psychosozial-Verlag

Jan Lohl

Gefühlserbschaft und Rechtsextremismus

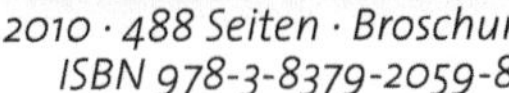
2010 · 488 Seiten · Broschur
ISBN 978-3-8379-2059-8

Folgewirkungen des Nationalsozialismus auf der Täterseite wurden bisher nur lückenhaft untersucht. Jan Lohl schließt diese Lücken in seiner umfassenden Analyse. Ausgehend von einer konzeptuellen Erweiterung der »Unfähigkeit zu trauern« (A. & M. Mitscherlich) werden die Spuren einer affektiven Integration in die NS-Volksgemeinschaft über drei Generationen hinweg systematisch nachgezeichnet. Auf dieser Basis gelingt der Nachweis, dass NS-Gefühlserbschaften in der Enkelgeneration eine Andockstelle für jene paranoiden Ideologien darstellen, die in rechtsextremen Gruppen vermittelt werden. Dieses intergenerationelle Verhältnis ist nicht nur zu erklären, sondern ist selbst ein Erklärungsfaktor für die Entwicklung nationalistischer und antisemitischer Handlungsmuster.

Wolfgang Hegener (Hg.)

Das unmögliche Erbe

Antisemitismus – Judentum – Psychoanalyse

2006 · 200 Seiten · Broschur
ISBN 978-3-89806-502-3

Der Antisemitismus hat besonders unter dem Vorzeichen des islamistischen Fundamentalismus eine neue Aktualität erhalten – es wird gar von einem »Neuen Antisemitismus« gesprochen. Zugleich aber sind die antisemitischen Muster sehr alt, sie haben eine lange Geschichte und bilden die wohl älteste Kulturpathologie überhaupt. Spätestens seit den 30er Jahren haben auch psychoanalytische Autoren sich intensiv mit dem Antisemitismus in dem Spannungsfeld von (Religions-) Geschichte und aktueller (Massen-)Bewegung auseinander gesetzt. Die hier versammelten Beiträge von Autoren aus unterschiedlichen Disziplinen setzen an dieser Tradition an und behandeln die Hintergründe des grassierenden Antisemitismus.

Walltorstr. 10 · 35390 Gießen · Tel. 0641-969978-18 · Fax 0641-969978-19
bestellung@psychosozial-verlag.de · www.psychosozial-verlag.de

Psychosozial-Verlag

Horst-Eberhard Richter

Der Gotteskomplex

Die Geburt und die Krise des Glaubens an die Allmacht des Menschen

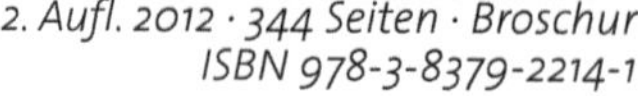
2. Aufl. 2012 · 344 Seiten · Broschur
ISBN 978-3-8379-2214-1

Horst-Eberhard Richter beschreibt die moderne westliche Zivilisation als psychosoziale Störung. Er analysiert die Flucht aus mittelalterlicher Ohnmacht in den Anspruch auf egozentrische gottgleiche Allmacht. Anhand der Geschichte der neueren Philosophie und zahlreicher soziokultureller Phänomene verfolgt er den Weg des angstgetriebenen Machtwillens und der Krankheit, nicht mehr leiden zu können. Die Überwindung des Gotteskomplexes wird zur Überlebensfrage der Gesellschaft und des modernen Menschen.

»Ihre analytische Bestandsaufnahme der modernen westlichen Zivilisation, in der Sie tiefgreifende Verirrungen mit folgenreichen Störungen aufdecken, vermag über alle zeitbedingten Schattierungen hinaus wache Geister zur Nachdenklichkeit anzuregen.«

Aus einem Brief von Kardinal Ratzinger an Horst-Eberhard Richter, 1997

Horst-Eberhard Richter

Die Krise der Männlichkeit in der unerwachsenen Gesellschaft

2006 · 283 Seiten · Broschur
ISBN 978-3-89806-570-2

An sein Hauptwerk Der Gotteskomplex anknüpfend, untersucht der Psychoanalytiker Horst-Eberhard Richter das Schwinden von Menschlichkeit im Rausch der wissenschaftlich-technischen Revolution. Von den erfolgreich konkurrierenden Frauen eingeholt, müssten die Männer ihrerseits mehr psychologische Weiblichkeit entwickeln, um den Ausfall an sozialen Bindungskräften wettzumachen. Geht das Vertrauen in die wechselseitige Abhängigkeit allen Lebens verloren, würde sich die Armutskluft noch verheerender erweitern, und der illusionäre Stärkekult würde die Komplizenschaft von fundamentalistischem Terror und kriegerischer Gegengewalt verewigen. Prominente Zeugen wie McNamara, Sacharow, Weizenbaum, Russell u.a. bekräftigen Richters Mahnung.

Walltorstr. 10 · 35390 Gießen · Tel. 0641-96 99 78-18 · Fax 0641-96 99 78-19
bestellung@psychosozial-verlag.de · www.psychosozial-verlag.de